# 中国林业和草原统计年鉴 2022

CHINA FORESTRY AND GRASSLAND STATISTICAL YEARBOOK

国家林业和草原局 ◎ 编

中国林业出版社
CHINA FORESTRY PUBLISHING HOUSE

**图书在版编目(CIP)数据**

中国林业和草原统计年鉴. 2022 / 国家林业和草原局编. —北京：中国林业出版社，2023. 11
ISBN 978-7-5219-2444-2

Ⅰ. ①中…　Ⅱ. ①国…　Ⅲ. ①林业经济-统计资料-中国-2022-年鉴②草原资源-统计资料-中国-2022-年鉴 Ⅳ. ①F326. 2-66②S812. 8-66

中国国家版本馆 CIP 数据核字(2023)第 224827 号

**策划编辑：** 何　蕊
**责任编辑：** 许　凯
**封面设计：** 睿思视界视觉设计
**翻　　译：** 张　坤

**中国林业和草原统计年鉴** 2022

作者：国家林业和草原局
地址：北京市东城区和平里东街 18 号
电话：010-83143580
出版发行：中国林业出版社(100009，北京市西城区刘海胡同 7 号，电话：010-83223120)
电子邮箱：cfphzbs@ 163. com
网址：www. forestry. gov. cn/lycb. html
印刷：北京中科印刷有限公司
版次：2023 年 11 月第 1 版
印次：2023 年 11 月第 1 次
开本：880mm×1230mm　1/16
印张：13. 25
字数：1000 千字
定价：258. 00 元

# 中国
# 林业和草原统计年鉴2022

俞利平　刘　斌　李国栋　王占印　王际振
杨　涛　王　琰　杜龙辉　韦秋雨　曹攀攀
杨玉金　潘亚鸽　潘雪珍　毛娟娟　殷思静
范玉莲　李清伟　张　镝　何明飞　代　平
陈　振　谭　浩　胡雨生　王译锴　傅保梅
古巧云　王龙远　吴灿军　叶梓锋　高亿波
陈　丽　牛　楚　黄银珊　韦雪芳　刘运强
宋伟丹　孙　凯　石　洁　王丕振　夏儒杰
陈　刚　王元梅　汪永松　齐澜仪　陈玉玺
杨越叶　凌　博　谢桐阳　梁　军　蒙仕春
樊　涵　潘轶梅　陈玉桥　刘明新　陆　辉
杨明辉　罗　洋　田　婧　索朗建材
央金拉姆　肖　勇　李宇星　李　响
张　茹　郝媛媛　徐　威　赵瑞雪　杨晋萍
杨　燕　王　翔　孙　慧　王　凯　谈　静
戴青云　贺万祥　叶瑛瑛　杨瑜婷　贾国晶
崔丽荣　孙　婷　田美玲　傅　强　丁　想
汤努尔·瓦力拜　阿依佳玛丽·依玛尔
刘　景　李　庚　段永清　安国庆　徐艳萍
沙德军　宫秀福　邢　涛　王　博　刘　迪
郭胜男　鲍　骏　高　晗　谢　雨　蓝辛伟
赵泽华　崔宇佳　张艳娟　周方杰　刘远怡
刘中华　苑馨匀　马海林　李　宏

# 说明

一、为了适应改革开放的需要，便于国内外各界了解中国林业建设与发展情况，我们编辑的《中国林业统计年鉴》从 1987 年开始公开出版，每年出版一册，供广大读者作为资料性的工具书使用。自 2018 年开始，草原管理职能调至国家林业和草原局，相关数据编入年鉴，《中国林业统计年鉴》更名为《中国林业和草原统计年鉴》。

二、本书系根据各省、自治区、直辖市林业草原管理部门以及国家林业和草原局相关司局、直属单位上报的 2022 年林业草原统计年报和其他有关资料编辑而成。全书分为：国土绿化、产业发展、从业人员和劳动报酬、林草投资 4 个部分及东北、内蒙古重点国有林区、林业工作站和乡村林场、林草主要灾害、分县造林、历年主要统计指标、主要林草产品进出口和世界主要国家林业情况 7 个附录。

三、本书中大兴安岭指大兴安岭林业集团。本书中进出口数据来源于海关总署，除特别标注外不包括香港特别行政区、澳门特别行政区以及台湾省。

四、“—”表示数据不足本表最小单位数、不详或无该项数据。

五、为了不断提高年鉴质量，竭诚欢迎广大读者提出改进意见。

编　者

2023 年 6 月

# Preface

*China Forestry Statistical Yearbook* has been annually published since 1987. The yearbook, as a reference tool, is used to help people from all walks of life at home and abroad to understand forestry construction and development in China. Since the grassland administration was combined into National Forestry and Grassland Administration, the yearbook was renamed as *China Forestry and Grassland Statistical Yearbook.*

*China Forestry and Grassland Statistical Yearbook 2022* is edited on the basis of some relevant information and the statistics submitted by the competent forestry and grassland departments of provinces, autonomous regions, municipalities directly under the Central Government, relevant departments and bureaus of National Forestry and Grassland Administration. The yearbook is composed of 4 components including national land greening, industrial development, employment and remuneration, investment in forestry and grassland. It also contains 7 appendices of major statistical data of forest industrial enterprises in the key state-owned forest areas of the Northeast region and Inner Mongolia, forestry working stations and rural forest farms, major forest and grassland disasters, national afforestation by county, main forestry statistical indicators over the years, import and export of major forest and grass products, and forestry in major countries of the world.

In the yearbook, Daxing'anling refers to Daxing'anling Forestry Group.

The import and export data in the book are from the General Administration of Customs. Unless otherwise noted, the yearbook does not include the data of Hong Kong Special Administrative Region, Macao Special Administrative Region and Taiwan Province.

"—" indicates that the figure is not large enough to be measured with the smallest unit in the table or the data are not available.

In order to improve the quality of the yearbook, readers' suggestions and comments are warmly welcomed.

Editor
June, 2023

# 目录

# CONTENTS

## 一、国土绿化

## National Land Greening



## 二、产业发展

## Industrial Development

## 三、从业人员和劳动报酬

## Employment and Remuneration

## 四、林草投资

## Investment in Forestry and Grassland

## 附录一：东北、内蒙古重点国有林区

## Annex I Forest Industrial Enterprises in the Key State-owned Forest Areas of the Northeast Region and Inner Mongolia



## 附录二：林业工作站和乡村林场

## Annex II Forestry Workstations and Rural Forest Farms

## 附录三：林草主要灾害

## Annex III Major Forest and Grassland Disasters



## 附录四：分县造林

## Annex IV National Afforestation by County



## 附录五：历年主要统计指标

## Annex V Main Statistical Indicators over the Years

## 附录六：主要林草产品进出口

## Annex VI Import and Export of Major Forest and Grass Products



## 附录七：世界主要国家林业情况

## Annex VII World Forestry in Major Countries

# 1

# 国土绿化

## NATIONAL LAND GREENING

# 全国国土绿化任务完成情况

| 指标名称 | 单　位 | 本年实际 |
| --- | --- | --- |
| **一、造林面积** | **公顷** | **4202790** |
| 1. 人工造林 | 公顷 | 930860 |
| 2. 飞播造林 | 公顷 | 166099 |
| 3. 封山育林 | 公顷 | 1057316 |
| 4. 退化林修复 | 公顷 | 1582935 |
| 5. 人工更新 | 公顷 | 465579 |
| **二、种草改良面积** | **公顷** | **3214088** |
| 1. 人工种草 | 公顷 | 481558 |
| 2. 飞播种草 | 公顷 | — |
| 3. 草原改良 | 公顷 | 722338 |
| 4. 围栏封育 | 公顷 | 2010192 |

# 各地区国土绿化任务完成情况(一)

单位:公顷

| 地区 | 造林面积 | | | | | |
|---|---|---|---|---|---|---|
| | 总计 | 人工造林 | 飞播造林 | 封山育林 | 退化林修复 | 人工更新 |
| **全 国** | **4202790** | **930860** | **166099** | **1057316** | **1582935** | **465579** |
| 北 京 | 3481 | 3481 | — | — | — | 1 |
| 天 津 | 5458 | — | — | 5458 | — | — |
| 河 北 | 193707 | 56685 | 17762 | 85294 | 30880 | 3086 |
| 山 西 | 362017 | 227011 | 11048 | 63654 | 54798 | 5505 |
| 内蒙古 | 261710 | 87884 | 17786 | 30543 | 112285 | 13211 |
| 辽 宁 | 67403 | 27293 | — | 3334 | 31487 | 5290 |
| 吉 林 | 131037 | 1631 | — | 5105 | 109026 | 15276 |
| 黑龙江 | 75470 | 7150 | — | 27212 | 33732 | 7377 |
| 上 海 | 35 | 35 | — | — | — | — |
| 江 苏 | 2588 | 1397 | — | — | 382 | 809 |
| 浙 江 | 13632 | 2666 | — | — | 5208 | 5758 |
| 安 徽 | 37964 | 5826 | — | 14160 | 13372 | 4607 |
| 福 建 | 111123 | 1517 | — | 32579 | 32870 | 44157 |
| 江 西 | 257812 | 6581 | — | 46506 | 139855 | 64869 |
| 山 东 | 15491 | 4995 | — | — | 7481 | 3015 |
| 河 南 | 114527 | 34098 | 16314 | 22335 | 29135 | 12645 |
| 湖 北 | 176322 | 41277 | — | 64218 | 62009 | 8817 |
| 湖 南 | 300184 | 71837 | — | 70462 | 126275 | 31610 |
| 广 东 | 175918 | 3112 | — | 29129 | 43504 | 100172 |
| 广 西 | 119183 | 5953 | — | 3122 | 30952 | 79156 |
| 海 南 | 10517 | 730 | — | — | 8 | 9780 |
| 重 庆 | 133463 | 16634 | 667 | 28533 | 85042 | 2588 |
| 四 川 | 163238 | 13070 | 8 | 69580 | 72101 | 8479 |
| 贵 州 | 184517 | 32717 | — | 3332 | 131974 | 16495 |
| 云 南 | 186903 | 28688 | — | 64804 | 88836 | 4575 |
| 西 藏 | 66937 | 13504 | 51067 | 1256 | — | 1110 |
| 陕 西 | 381952 | 43717 | 50113 | 174312 | 110305 | 3506 |
| 甘 肃 | 252005 | 102277 | — | 52080 | 96923 | 725 |
| 青 海 | 146631 | 17631 | 1334 | 80750 | 43143 | 3772 |
| 宁 夏 | 109814 | 47633 | — | 4723 | 52401 | 5058 |
| 新 疆 | 128487 | 23687 | — | 74834 | 25974 | 3993 |
| 大兴安岭 | 13261 | 145 | — | — | 12977 | 140 |

# 各地区国土绿化任务完成情况(二)

单位:公顷

| 地　区 | 种草改良面积 | | | | |
|---|---|---|---|---|---|
| | 总计 | 人工种草 | 飞播种草 | 草原改良 | 围栏封育 |
| **全　国** | **3214088** | **481558** | **—** | **722338** | **2010192** |
| 北　京 | — | — | — | — | — |
| 天　津 | — | — | — | — | — |
| 河　北 | 26573 | 2040 | — | 3060 | 21473 |
| 山　西 | 20000 | 4693 | — | 7040 | 8267 |
| 内蒙古 | 1076485 | 265867 | — | 398801 | 411817 |
| 辽　宁 | 55600 | 21440 | — | 32160 | 2000 |
| 吉　林 | 11940 | 515 | — | 772 | 10653 |
| 黑龙江 | 8543 | 1460 | — | 2190 | 4893 |
| 上　海 | — | — | — | — | — |
| 江　苏 | — | — | — | — | — |
| 浙　江 | — | — | — | — | — |
| 安　徽 | — | — | — | — | — |
| 福　建 | — | — | — | — | — |
| 江　西 | — | — | — | — | — |
| 山　东 | — | — | — | — | — |
| 河　南 | 19206 | 2349 | — | 3524 | 13333 |
| 湖　北 | — | — | — | — | — |
| 湖　南 | 12586 | 2181 | — | 3272 | 7133 |
| 广　东 | — | — | — | — | — |
| 广　西 | 1180 | 80 | — | 120 | 980 |
| 海　南 | — | — | — | — | — |
| 重　庆 | — | — | — | — | — |
| 四　川 | 200400 | 18693 | — | 28040 | 153667 |
| 贵　州 | 24933 | 7549 | — | 11324 | 6060 |
| 云　南 | 56957 | 15050 | — | 22574 | 19333 |
| 西　藏 | 289965 | 27714 | — | 41571 | 220680 |
| 陕　西 | 13234 | 1787 | — | 2680 | 8767 |
| 甘　肃 | 368460 | 62931 | — | 94396 | 211133 |
| 青　海 | 516666 | 32261 | — | 48392 | 436013 |
| 宁　夏 | 18173 | 6736 | — | 10104 | 1333 |
| 新　疆 | 493187 | 8212 | — | 12318 | 472657 |
| 大兴安岭 | — | — | — | — | — |

# 全国森林经营情况

| 指标名称 | 单　位 | 本年实际 |
|---|---|---|
| **森林抚育面积** | **公顷** | **5737514** |
| 1. 抚育采伐 | 公顷 | 1223827 |
| 2. 补植抚育 | 公顷 | 372882 |
| 3. 人工促进天然更新 | 公顷 | 206524 |
| 4. 其他综合抚育 | 公顷 | 3934281 |

# 各地区森林经营情况

单位:公顷

| 地　区 | 森林抚育面积 | | | | |
|---|---|---|---|---|---|
| | 总计 | 抚育采伐 | 补植抚育 | 人工促进天然更新 | 其他综合抚育 |
| **全　国** | **5737514** | **1223827** | **372882** | **206524** | **3934281** |
| 北　京 | 90480 | — | — | — | 90480 |
| 天　津 | 64560 | 64 | — | — | 64496 |
| 河　北 | 274762 | 36727 | 24547 | 6800 | 206688 |
| 山　西 | 80212 | 63391 | 1719 | 10 | 15092 |
| 内蒙古 | 308710 | 114860 | 3702 | 16643 | 173505 |
| 辽　宁 | 60642 | 47722 | — | — | 12920 |
| 吉　林 | 121325 | 55664 | 2456 | 161 | 63044 |
| 黑龙江 | 337295 | 202988 | 51015 | 37275 | 46017 |
| 上　海 | 667 | — | — | — | 667 |
| 江　苏 | 44533 | 6298 | 2618 | 97 | 35520 |
| 浙　江 | 162847 | 8049 | 3488 | 340 | 150970 |
| 安　徽 | 350601 | 37670 | 3167 | 1231 | 308533 |
| 福　建 | 239195 | 86945 | 8200 | 3485 | 140565 |
| 江　西 | 120149 | 38332 | 6773 | 1009 | 74035 |
| 山　东 | 221491 | 13534 | 7668 | 600 | 199689 |
| 河　南 | 138906 | 47561 | 4121 | 130 | 87094 |
| 湖　北 | 209044 | 33514 | 23726 | 12234 | 139570 |
| 湖　南 | 147870 | 35545 | 4416 | 3045 | 104864 |
| 广　东 | 367607 | 33027 | 93659 | 14300 | 226621 |
| 广　西 | 1014833 | 27665 | 16499 | 39131 | 931538 |
| 海　南 | 18757 | 2973 | — | 4171 | 11613 |
| 重　庆 | 206728 | 109080 | 14761 | 10600 | 72287 |
| 四　川 | 180180 | 36312 | 21449 | 1803 | 120616 |
| 贵　州 | 252962 | 24838 | 39165 | 7351 | 181608 |
| 云　南 | 96780 | 37311 | 269 | 3192 | 56008 |
| 西　藏 | 8172 | 7999 | — | 173 | — |
| 陕　西 | 79926 | 19889 | 7746 | 9268 | 43023 |
| 甘　肃 | 64149 | 8391 | 7902 | 17723 | 30133 |
| 青　海 | 39792 | 329 | 17776 | 10588 | 11099 |
| 宁　夏 | 10319 | — | 1356 | 1295 | 7668 |
| 新　疆 | 289355 | 4275 | 4684 | 3869 | 276527 |
| 大兴安岭 | 134665 | 82874 | — | — | 51791 |

# 全国林草种苗生产情况

| 指标名称 | 单　位 | 本年实际 |
|---|---|---|
| **一、种子生产** | | |
| 1. 林木种子产量 | 吨 | 10896 |
| 其中:良种 | 吨 | 4264 |
| 2. 穗条产量 | 万条(根) | 237358 |
| 3. 草种产量 | 吨 | 5412 |
| **二、苗木生产** | | |
| 1. 育苗面积 | 公顷 | 1123454 |
| 其中:新育 | 公顷 | 81512 |
| 2. 苗木产量 | 万株 | 4298206 |
| 其中:良种 | 万株 | 1062640 |

# 各地区林草种苗生产情况

| 地 区 | 林木种子产量(吨) | | 穗条产量［万条(根)］ | 草种产量(吨) | 育苗面积(公顷) | | 苗木产量(万株) | |
|---|---|---|---|---|---|---|---|---|
| | 合计 | 其中：良种 | | | 合计 | 其中：新育 | 合计 | 其中：良种 |
| **全 国** | **10896** | **4264** | **237358** | **5412** | **1123454** | **81512** | **4298206** | **1062640** |
| 北 京 | 1 | — | 51 | — | 10542 | 122 | 4805 | 36 |
| 天 津 | — | — | 185 | — | 10154 | 1152 | 21428 | 509 |
| 河 北 | 694 | 190 | 746 | 193 | 71382 | 10030 | 214065 | 40959 |
| 山 西 | 1537 | 1308 | 605 | 18 | 66953 | 10180 | 355818 | 227070 |
| 内蒙古 | 946 | 126 | 6142 | 976 | 31771 | 1733 | 169182 | 46434 |
| 辽 宁 | 566 | 493 | 2639 | — | 20975 | 3585 | 162898 | 20222 |
| 吉 林 | 528 | 519 | 4498 | 53 | 13074 | 592 | 204951 | 11301 |
| 黑龙江 | 251 | 187 | 3460 | 70 | 9166 | 1075 | 87745 | 30421 |
| 上 海 | — | — | 40 | — | 5301 | 61 | 3172 | 106 |
| 江 苏 | 381 | 6 | 27367 | — | 204995 | 7510 | 788840 | 34696 |
| 浙 江 | 36 | 2 | 26284 | — | 104088 | 3477 | 369845 | 57612 |
| 安 徽 | 155 | 38 | 13174 | — | 95180 | 4049 | 102124 | 31427 |
| 福 建 | 16 | 10 | 818 | — | 813 | 190 | 24003 | 11035 |
| 江 西 | 21 | 5 | 1374 | — | 37956 | 2002 | 109887 | 46055 |
| 山 东 | 400 | 60 | 14278 | — | 117179 | 7067 | 208926 | 118543 |
| 河 南 | 1068 | 31 | 27415 | — | 47338 | 6905 | 158828 | 34441 |
| 湖 北 | 92 | 7 | 6718 | — | 45222 | 4842 | 114721 | 21478 |
| 湖 南 | 36 | 5 | 10870 | 4 | 7130 | 779 | 46998 | 22539 |
| 广 东 | 9 | 6 | 1294 | — | 1799 | 447 | 27774 | 7277 |
| 广 西 | 337 | 10 | 20061 | 23 | 7140 | 1212 | 118979 | 54070 |
| 海 南 | 743 | 56 | 1635 | — | 1785 | 480 | 7409 | 2482 |
| 重 庆 | 27 | 23 | 793 | — | 10804 | 548 | 46742 | 7654 |
| 四 川 | 122 | 26 | 5169 | 623 | 10075 | 756 | 37724 | 5117 |
| 贵 州 | 246 | 7 | 35814 | 70 | 4289 | 733 | 122042 | 24479 |
| 云 南 | 475 | 71 | 5235 | 17 | 15928 | 1394 | 75591 | 15418 |
| 西 藏 | 106 | 105 | 4898 | 65 | 4622 | 908 | 5838 | 4764 |
| 陕 西 | 649 | 67 | 1065 | 74 | 79271 | 2652 | 178363 | 19279 |
| 甘 肃 | 809 | 411 | 1395 | 1 | 36241 | 2124 | 341031 | 65936 |
| 青 海 | 21 | 2 | 78 | 2838 | 6793 | 83 | 34840 | 1119 |
| 宁 夏 | 521 | 464 | 7634 | 72 | 15880 | 438 | 46271 | 29737 |
| 新 疆 | 103 | 29 | 5623 | 316 | 29531 | 4358 | 105679 | 70278 |
| 大兴安岭 | — | — | — | — | 77 | 28 | 1687 | 146 |

# 2

# 产业发展

## INDUSTRIAL DEVELOPMENT

# 全国林草产业总产值(一)

(按现行价格计算)　　单位:万元

| 指　标 | 本年实际 |
|---|---|
| **林草产业总产值** | **907186591** |
| 1. 第一产业 | 290720198 |
| (1)林木育种和育苗 | 22507195 |
| (2)营造林 | 18817426 |
| (3)木材和竹材采运 | 16447496 |
| (4)经济林产品的种植与采集 | 175779844 |
| (5)花卉及其他观赏植物种植 | 29642526 |
| (6)陆生野生动物繁育 | 2772737 |
| (7)草种植及割草 | 3364315 |
| (8)其他 | 21388660 |
| 2. 第二产业 | 404041590 |
| (1)木材加工和木、竹、藤、棕、苇制品制造 | 147664091 |
| (2)木、竹、藤家具制造 | 76478940 |
| (3)木、竹、苇浆造纸和纸制品 | 75201387 |
| (4)林产化学产品制造 | 6373235 |
| (5)木质工艺品和木质文教体育用品制造 | 10843674 |
| (6)非木质林产品加工制造 | 62311604 |
| (7)饲草加工 | 693284 |
| (8)其他 | 24475376 |

# 全国林草产业总产值(二)

(按现行价格计算)　　　　单位:万元

| 指　标 | 本年实际 |
|---|---|
| 3. 第三产业 | 212424803 |
| (1)林业生产服务 | 9758732 |
| (2)林业旅游与休闲服务 | 161733300 |
| (3)草原旅游与休闲服务 | 1537831 |
| (4)林业生态服务 | 11641206 |
| (5)林业专业技术服务 | 3734168 |
| (6)林草公共管理及其他组织服务 | 8860934 |
| (7)其他 | 15158631 |
| **补充资料:** | |
| 1. 竹产业产值 | 41232473 |
| 2. 林下经济产值 | 97300706 |

# 各地区林草

（按现行

| 地区 | 总产值 | 第一 | | | | |
|---|---|---|---|---|---|---|
| | | 合计 | 林木育种和育苗 | 营造林 | 木材和竹材采运 | 经济林产品的种植与采集 |
| **全国** | **907186591** | **290720198** | **22507195** | **18817426** | **16447496** | **175779844** |
| 北京 | 1620662 | 1041010 | 159086 | 662434 | 9697 | 123140 |
| 天津 | 233911 | 233774 | 5362 | 55071 | 18575 | 111726 |
| 河北 | 14793947 | 6937831 | 465999 | 655655 | 118467 | 5127057 |
| 山西 | 6135599 | 5133899 | 683001 | 1103954 | 18920 | 2844150 |
| 内蒙古 | 6031518 | 3032579 | 427654 | 590119 | 212717 | 454404 |
| 辽宁 | 6906210 | 4160707 | 174080 | 134260 | 141228 | 3121875 |
| 吉林 | 10378695 | 3324721 | 242312 | 163642 | 159078 | 1847894 |
| 黑龙江 | 13606243 | 6652713 | 232493 | 212596 | 148338 | 3730699 |
| 上海 | 2519891 | 192390 | 3085 | 23057 | 1052 | 141653 |
| 江苏 | 51179683 | 11706556 | 2662423 | 592229 | 273504 | 4695034 |
| 浙江 | 56801133 | 11077323 | 1711758 | 216382 | 429775 | 7640056 |
| 安徽 | 53455292 | 15171672 | 1914071 | 1315931 | 1302467 | 7710657 |
| 福建 | 74001840 | 12912211 | 138996 | 372990 | 1869904 | 6991356 |
| 江西 | 62181830 | 13998783 | 1164533 | 811652 | 883140 | 8328161 |
| 山东 | 62186463 | 20352659 | 3748570 | 351836 | 408254 | 13686775 |
| 河南 | 22655119 | 10201402 | 906218 | 767978 | 302726 | 5344483 |
| 湖北 | 49983433 | 18408820 | 1200994 | 1422157 | 1030978 | 10841731 |
| 湖南 | 53731087 | 18321384 | 1684332 | 2073361 | 917686 | 9813864 |
| 广东 | 87137919 | 14871540 | 274419 | 791224 | 1540402 | 9033988 |
| 广西 | 89887210 | 23906869 | 484176 | 1079270 | 3746921 | 12936859 |
| 海南 | 5358298 | 3355451 | 110283 | 56881 | 124121 | 2592765 |
| 重庆 | 16291812 | 6588388 | 296206 | 649910 | 147822 | 4821585 |
| 四川 | 47097325 | 16692097 | 495823 | 782556 | 915968 | 10524925 |
| 贵州 | 40333304 | 12062010 | 777692 | 856302 | 597696 | 7228964 |
| 云南 | 36250284 | 21128851 | 674866 | 616552 | 1024545 | 14975935 |
| 西藏 | 540805 | 432073 | 22550 | 375085 | — | 3278 |
| 陕西 | 16159547 | 12700205 | 1098905 | 696344 | 58987 | 9567503 |
| 甘肃 | 5741517 | 4746974 | 344449 | 686061 | 3590 | 3350065 |
| 青海 | 2222773 | 2014095 | 17011 | 96805 | 64 | 306768 |
| 宁夏 | 1626294 | 806133 | 90956 | 174364 | 817 | 492259 |
| 新疆 | 9475396 | 8245034 | 290350 | 257904 | 39818 | 7349479 |
| 大兴安岭 | 661553 | 310047 | 4543 | 172866 | 240 | 40754 |

# 产业总产值(一)

**价格计算)**

单位:万元

| 产　业 | | | | 第二产业 | | | |
|---|---|---|---|---|---|---|---|
| 花卉及其他观赏植物种植 | 陆生野生动物繁育 | 草种植及割草 | 其他 | 合计 | 木材加工和木、竹、藤、棕、苇制品制造 | 木、竹、藤家具制造 | 木、竹、苇浆造纸和纸制品 |
| **29642526** | **2772737** | **3364315** | **21388660** | **404041590** | **147664091** | **76478940** | **75201387** |
| 48854 | 13217 | — | 24581 | — | — | — | — |
| 19708 | 10 | — | 23321 | — | — | — | — |
| 468233 | 71664 | 5761 | 24996 | 7010795 | 4232810 | 721721 | 29757 |
| 62142 | 3338 | 7687 | 410708 | 470753 | 31966 | 22063 | 867 |
| 11821 | 28423 | 1036388 | 271053 | 770986 | 322369 | 100 | 28841 |
| 128112 | 376268 | 32014 | 52870 | 1956044 | 706655 | 511658 | 312356 |
| 43950 | 220840 | 18894 | 628112 | 4552304 | 1209355 | 126185 | 333850 |
| 17066 | 222176 | 62424 | 2026921 | 3417090 | 1114214 | 311417 | 275849 |
| 23542 | — | — | — | 2319239 | 360900 | 850320 | 1108018 |
| 2883887 | 57958 | 813 | 540709 | 32685540 | 18851653 | 2735420 | 5543933 |
| 689923 | 129565 | — | 259864 | 29165882 | 7405126 | 6358281 | 9953133 |
| 1879100 | 144198 | 21052 | 884195 | 23689706 | 13453565 | 2613923 | 750977 |
| 3376656 | 87484 | 480 | 74346 | 50497384 | 16436614 | 6495867 | 11290814 |
| 1840566 | 28509 | 10 | 942212 | 30027805 | 4512969 | 19325935 | 615511 |
| 1943141 | 141527 | 2960 | 69595 | 37164165 | 23873518 | 2732560 | 5090284 |
| 2160741 | 213152 | 2335 | 503768 | 8813106 | 3918403 | 1365627 | 838667 |
| 1861227 | 84896 | 8961 | 1957875 | 15774272 | 4335805 | 2586667 | 2833174 |
| 2086395 | 141487 | 65376 | 1538882 | 18714700 | 5823495 | 2683905 | 1715093 |
| 2657832 | 23054 | 4565 | 546056 | 55902305 | 4871814 | 18448294 | 24716849 |
| 2265544 | 291948 | 7331 | 3094819 | 42846669 | 29117712 | 2891713 | 4244144 |
| 395551 | 6804 | 180 | 68868 | 1628463 | 173325 | 8273 | 1203667 |
| 496041 | 8771 | 1126 | 166927 | 4566628 | 890820 | 1370439 | 1456120 |
| 1959290 | 83545 | 181243 | 1748747 | 13038686 | 3099186 | 3242410 | 2093496 |
| 294934 | 44602 | 79220 | 2182600 | 6180817 | 1314797 | 458717 | 412838 |
| 1656193 | 182296 | 589883 | 1408581 | 9252738 | 1349781 | 466382 | 340847 |
| 625 | 48 | 2848 | 27640 | 10618 | 5 | 10 | — |
| 292273 | 75540 | 38840 | 871813 | 1809790 | 201688 | 149675 | 11431 |
| 29189 | 83508 | 144384 | 105727 | 356943 | 9836 | 1080 | 770 |
| 988 | 2322 | 825538 | 764600 | 27790 | 3662 | — | — |
| 20366 | 84 | 4367 | 22920 | 365267 | — | — | — |
| 28520 | 103 | 219635 | 59226 | 763205 | 35143 | 300 | 100 |
| 116 | 5400 | — | 86128 | 261901 | 6905 | — | — |

# 各地区林草

(按现行

| 地 区 | 第二产业 | | | | | |
|---|---|---|---|---|---|---|
| | 林产化学产品制造 | 木质工艺品和木质文教体育用品制造 | 非木质林产品加工制造 | 饲草加工 | 其他 | 合计 |
| **全 国** | **6373235** | **10843674** | **62311604** | **693284** | **24475376** | **212424803** |
| 北 京 | — | — | — | — | — | 579653 |
| 天 津 | — | — | — | — | — | 137 |
| 河 北 | — | 17025 | 1861490 | 540 | 147453 | 845321 |
| 山 西 | 1667 | 6100 | 271326 | 260 | 136504 | 530947 |
| 内蒙古 | 260 | 120 | 72682 | 219505 | 127109 | 2227953 |
| 辽 宁 | 431 | 15669 | 271183 | — | 138092 | 789459 |
| 吉 林 | 1475 | 3616 | 1982013 | 14660 | 881151 | 2501670 |
| 黑龙江 | 3579 | 23642 | 615507 | 12660 | 1060222 | 3536440 |
| 上 海 | — | — | — | — | — | 8263 |
| 江 苏 | 846632 | 314594 | 2330828 | — | 2062480 | 6787586 |
| 浙 江 | 136427 | 2117887 | 2409483 | 712 | 784832 | 16557928 |
| 安 徽 | 117494 | 641167 | 4965989 | 9600 | 1136990 | 14593914 |
| 福 建 | 1861418 | 3737298 | 8491417 | — | 2183956 | 10592245 |
| 江 西 | 943379 | 869148 | 2613771 | — | 1147093 | 18155242 |
| 山 东 | 55 | 852100 | 4110998 | — | 504650 | 4669640 |
| 河 南 | 8621 | 223126 | 1796318 | 23210 | 639135 | 3640611 |
| 湖 北 | 33905 | 142148 | 3595756 | 10344 | 2236474 | 15800341 |
| 湖 南 | 206792 | 454573 | 5965638 | 90347 | 1774858 | 16695003 |
| 广 东 | 499667 | 341764 | 4093445 | 30 | 2930442 | 16364074 |
| 广 西 | 800579 | 606667 | 2990155 | 3210 | 2192489 | 23133673 |
| 海 南 | 922 | 20378 | 212391 | — | 9508 | 374383 |
| 重 庆 | 7007 | 28262 | 647003 | 4049 | 162928 | 5136796 |
| 四 川 | 157652 | 116849 | 2913616 | 12590 | 1402887 | 17366542 |
| 贵 州 | 60487 | 229011 | 2576002 | 69442 | 1059524 | 22090477 |
| 云 南 | 677912 | 79143 | 5480057 | 142164 | 716452 | 5868695 |
| 西 藏 | — | — | 30 | — | 10573 | 98113 |
| 陕 西 | 715 | 2530 | 1080920 | 3120 | 359712 | 1649553 |
| 甘 肃 | — | 260 | 290676 | 31984 | 22337 | 637601 |
| 青 海 | — | — | 15818 | 6666 | 1644 | 180888 |
| 宁 夏 | — | — | 337140 | — | 28127 | 454894 |
| 新 疆 | — | 595 | 299650 | 38191 | 389227 | 467157 |
| 大兴安岭 | 6159 | 2 | 20305 | — | 228530 | 89605 |

# 产业总产值(二)

价格计算)

单位:万元

| 第三产业 | | | | | | | 补充资料 | |
|---|---|---|---|---|---|---|---|---|
| 林业生产服务 | 林业旅游与休闲服务 | 草原旅游与休闲服务 | 林业生态服务 | 林业专业技术服务 | 林草公共管理及其他组织服务 | 其他 | 竹产业产值 | 林下经济产值 |
| **9758732** | **161733300** | **1537831** | **11641206** | **3734168** | **8860934** | **15158631** | **41232473** | **97300706** |
| 18377 | 124974 | — | 106564 | 10392 | 242712 | 76634 | — | 13431 |
| — | 137 | — | — | — | — | — | — | 1371 |
| 65087 | 554076 | 4947 | 36075 | 32080 | 122808 | 30248 | — | 192479 |
| 63291 | 218862 | 6249 | 85629 | 9192 | 115150 | 32575 | — | 80623 |
| 64172 | 865548 | 350425 | 312332 | 20182 | 205150 | 410143 | — | 249251 |
| 28061 | 551225 | 30674 | 94382 | 5286 | 44007 | 35825 | 50 | 227501 |
| 310270 | 792832 | 145 | 25971 | 22565 | 462645 | 887243 | — | 487543 |
| 184961 | 912553 | 839 | 161684 | 28827 | 953227 | 1294349 | — | 3605525 |
| — | 8263 | — | — | — | — | — | 49 | 1496 |
| 729009 | 4552959 | 28841 | 570612 | 189926 | 229562 | 486677 | 8102 | 2362166 |
| 188933 | 13614380 | 4200 | 233685 | 189949 | 992450 | 1334330 | 5205358 | 13746204 |
| 917891 | 10284151 | 41240 | 1751761 | 371312 | 863856 | 363703 | 2894412 | 3786231 |
| 240383 | 8869275 | 272 | 609893 | 154956 | 443644 | 273822 | 10005329 | 7514077 |
| 397818 | 13176876 | 35780 | 1909087 | 230352 | 351937 | 2053392 | 4057204 | 18365348 |
| 310058 | 3349485 | 37239 | 414829 | 161872 | 195404 | 200754 | 80 | 895986 |
| 223909 | 2388070 | 13076 | 761972 | 67336 | 126556 | 59692 | 7058 | 2751164 |
| 1881713 | 10408357 | 420259 | 1215926 | 371599 | 441835 | 1060651 | 819604 | 5609491 |
| 1642467 | 10767053 | 241588 | 1416478 | 1005354 | 629050 | 993012 | 3611913 | 4583756 |
| 299169 | 14948422 | — | 146008 | 138957 | 280344 | 551173 | 824611 | 3612283 |
| 586097 | 20912046 | 413 | 215095 | 151951 | 285558 | 982513 | 528638 | 13086749 |
| 5212 | 297743 | 858 | 3396 | 6565 | 57308 | 3301 | 797 | 334209 |
| 188559 | 4250696 | 57798 | 240665 | 119651 | 193766 | 85662 | 1295123 | 711629 |
| 335429 | 14466700 | 27628 | 389537 | 191624 | 223790 | 1731834 | 10207274 | 3696687 |
| 423436 | 20444679 | 20597 | 229947 | 62254 | 196947 | 712617 | 1075107 | 6252021 |
| 275457 | 3510699 | 44066 | 331770 | 117929 | 390855 | 1197919 | 686254 | 3847890 |
| 793 | 67500 | 5 | 2737 | 138 | 24801 | 2139 | 2 | 321 |
| 144139 | 1024470 | 24875 | 118973 | 35605 | 107879 | 193612 | 5507 | 564502 |
| 24991 | 27024 | 4210 | 199719 | 7786 | 341379 | 32492 | — | 515074 |
| 647 | 20764 | 77825 | 2792 | 66 | 75744 | 3050 | — | 878 |
| 153462 | 209360 | 70 | 23291 | 5547 | 49288 | 13876 | — | 27917 |
| 19455 | 110785 | 63713 | 23128 | 20083 | 180887 | 49106 | — | 124419 |
| 35486 | 3335 | — | 7270 | 4830 | 32395 | 6289 | — | 52483 |

# 全国主要林产工业产品产量 2022 年与 2021 年比较

| 主要指标 | 单 位 | 2021 年 | 2022 年 | 2022 年比 2021 年增减(%) |
|---|---|---|---|---|
| **木材产量** | **万立方米** | **11589** | **12193** | **5.21** |
| 1. 原木 | 万立方米 | 10331 | 10586 | 2.47 |
| 2. 薪材 | 万立方米 | 1259 | 1607 | 27.63 |
| **竹材产量** | **万根** | **325568** | **421840** | **29.57** |
| **锯材产量** | **万立方米** | **7952** | **5699** | **-28.33** |
| **人造板产量** | **万立方米** | **33673** | **30110** | **-10.58** |
| **木竹地板产量** | **万平方米** | **82347** | **65058** | **-21.00** |

# 全国主要木材、竹材产品产量

| 指标名称 | 单　位 | 全部产量 |
|---|---|---|
| **一、木材** | **万立方米** | **12193** |
| 1. 原木 | 万立方米 | 10586 |
| 2. 薪材 | 万立方米 | 1607 |
| **二、竹材** | **—** | **—** |
| (一)大径竹 | 万根 | 421840 |
| 1. 毛竹 | 万根 | 256962 |
| 2. 其他 | 万根 | 164878 |
| (二)小杂竹 | 万吨 | 1733 |

注:大径竹一般指直径在 5 厘米以上,以根为计量单位的竹材。

# 各地区主要木材、竹材产品产量

| 地区 | 木材(万立方米) | | | 竹材 | | | |
|---|---|---|---|---|---|---|---|
| | | | | 大径竹(万根) | | | 小杂竹(万吨) |
| | 合计 | 原木 | 薪材 | 合计 | 毛竹 | 其他 | |
| **全国** | **12193** | **10586** | **1607** | **421840** | **256962** | **164878** | **1733** |
| 北京 | — | — | — | — | — | — | — |
| 天津 | 14 | 14 | — | — | — | — | — |
| 河北 | 124 | 99 | 24 | — | — | — | — |
| 山西 | 50 | 31 | 19 | — | — | — | — |
| 内蒙古 | 117 | 112 | 5 | — | — | — | — |
| 辽宁 | 258 | 220 | 38 | — | — | — | — |
| 吉林 | 212 | 205 | 7 | — | — | — | — |
| 黑龙江 | 170 | 155 | 15 | — | — | — | — |
| 上海 | — | — | — | — | — | — | — |
| 江苏 | 236 | 215 | 21 | 715 | 715 | — | 1 |
| 浙江 | 72 | 72 | 1 | 23334 | 22791 | 543 | 52 |
| 安徽 | 551 | 440 | 110 | 18942 | 15790 | 3152 | 46 |
| 福建 | 1069 | 795 | 274 | 97668 | 62772 | 34896 | 127 |
| 江西 | 415 | 386 | 29 | 35831 | 30104 | 5727 | 41 |
| 山东 | 354 | 307 | 47 | — | — | — | — |
| 河南 | 247 | 210 | 37 | 210 | 120 | 90 | 3 |
| 湖北 | 269 | 211 | 59 | 5357 | 5298 | 59 | 7 |
| 湖南 | 434 | 384 | 50 | 46143 | 42130 | 4013 | 27 |
| 广东 | 1254 | 1064 | 190 | 89260 | 20832 | 68428 | 330 |
| 广西 | 3969 | 3592 | 377 | 45578 | 24162 | 21416 | 35 |
| 海南 | 206 | 202 | 4 | — | — | — | — |
| 重庆 | 55 | 43 | 12 | 3137 | 707 | 2430 | 134 |
| 四川 | 289 | 268 | 20 | 23375 | 6555 | 16820 | 818 |
| 贵州 | 786 | 752 | 35 | 3873 | 2218 | 1655 | 69 |
| 云南 | 957 | 738 | 219 | 28064 | 22620 | 5444 | 43 |
| 西藏 | — | — | — | — | — | — | — |
| 陕西 | 19 | 12 | 7 | 353 | 148 | 205 | 1 |
| 甘肃 | 5 | 4 | 1 | — | — | — | — |
| 青海 | — | — | — | — | — | — | — |
| 宁夏 | — | — | — | — | — | — | — |
| 新疆 | 62 | 55 | 7 | — | — | — | — |
| 大兴安岭 | — | — | — | — | — | — | — |

# 全国主要木竹加工产品及林化产品产量

| 指标名称 | 单 位 | 产 量 |
| --- | --- | --- |
| **一、锯材** | **万立方米** | **5699** |
| **二、人造板** | **万立方米** | **30110** |
| 1. 胶合板 | 万立方米 | 17629 |
| 2. 木质纤维板 | 万立方米 | 4364 |
| 3. 木质刨花板 | 万立方米 | 2658 |
| 4. 细木工板 | 万立方米 | 2277 |
| 5. 集成材 | 万立方米 | 104 |
| 6. 其他人造板 | 万立方米 | 3079 |
| **三、木竹地板** | **万平方米** | **65058** |
| 1. 实木地板 | 万平方米 | 5187 |
| 2. 实木复合木地板 | 万平方米 | 12294 |
| 3. 浸渍纸层压木质地板(强化木地板) | 万平方米 | 16145 |
| 4. 竹地板(含竹木复合地板) | 万平方米 | 2393 |
| 5. 其他木地板(含软木地板、木塑和木石塑复合地板等) | 万平方米 | 29039 |
| **四、林化产品** | **—** | **—** |
| 1. 松香类产品 | 吨 | 672106 |
| 2. 栲胶类产品 | 吨 | 52848 |
| 3. 紫胶类产品 | 吨 | 3070 |

# 各地区主要木竹加工

| 地区 | 锯材（万立方米） | 人造板（万立方米） | | | | | | |
|---|---|---|---|---|---|---|---|---|
| | | 总计 | 胶合板 | 木质纤维板 | 木质刨花板 | 细木工板 | 集成材 | 其他人造板 |
| **全 国** | **5699** | **30110** | **17629** | **4364** | **2658** | **2277** | **104** | **3079** |
| 北 京 | — | — | — | — | — | — | — | — |
| 天 津 | — | — | — | — | — | — | — | — |
| 河 北 | 198 | 2017 | 818 | 543 | 85 | 264 | 3 | 304 |
| 山 西 | 4 | 8 | — | — | — | — | 5 | 3 |
| 内蒙古 | 166 | 14 | 9 | — | — | 4 | — | — |
| 辽 宁 | 87 | 125 | 20 | 53 | 4 | 10 | — | 38 |
| 吉 林 | 50 | 106 | 31 | 6 | — | 45 | — | 23 |
| 黑龙江 | 239 | 23 | 6 | 3 | — | — | — | 13 |
| 上 海 | — | — | — | — | — | — | — | — |
| 江 苏 | 330 | 5443 | 3480 | 757 | 867 | 310 | — | 28 |
| 浙 江 | 126 | 243 | 16 | 32 | 8 | 110 | — | 77 |
| 安 徽 | 557 | 2990 | 2007 | 375 | 319 | 98 | 3 | 189 |
| 福 建 | 182 | 1444 | 794 | 57 | 33 | 203 | 66 | 292 |
| 江 西 | 347 | 54 | 9 | 31 | — | 13 | — | 1 |
| 山 东 | 912 | 6415 | 3777 | 1076 | 558 | 596 | 4 | 404 |
| 河 南 | 107 | 1364 | 596 | 274 | 83 | 35 | 2 | 374 |
| 湖 北 | 217 | 483 | 184 | 239 | 35 | 4 | — | 21 |
| 湖 南 | 284 | 376 | 176 | 23 | 22 | 117 | 12 | 26 |
| 广 东 | 175 | 614 | 280 | 149 | 82 | 16 | — | 88 |
| 广 西 | 1023 | 6586 | 5088 | 500 | 375 | 395 | 6 | 223 |
| 海 南 | 65 | 55 | 9 | — | 35 | — | — | 12 |
| 重 庆 | 123 | 93 | 44 | 16 | 31 | — | — | 2 |
| 四 川 | 160 | 447 | 104 | 160 | 41 | 17 | 1 | 124 |
| 贵 州 | 140 | 143 | 24 | 7 | 9 | 32 | — | 70 |
| 云 南 | 199 | 1038 | 143 | 55 | 70 | 7 | 2 | 761 |
| 西 藏 | — | — | — | — | — | — | — | — |
| 陕 西 | 2 | 1 | — | — | — | — | — | 1 |
| 甘 肃 | 2 | 1 | — | — | — | — | — | 1 |
| 青 海 | — | — | — | — | — | — | — | — |
| 宁 夏 | — | — | — | — | — | — | — | — |
| 新 疆 | 4 | 28 | 11 | 9 | — | 1 | — | 7 |
| 大兴安岭 | — | 1 | — | — | — | — | 1 | — |

# 产品及林化产品产量

| 木竹地板(万平方米) | | | | | | 林化产品(吨) | | |
|---|---|---|---|---|---|---|---|---|
| 总计 | 实木地板 | 实木复合木地板 | 浸渍纸层压木质地板(强化木地板) | 竹地板(含竹木复合地板) | 其他木地板(含软木地板、木塑和木石塑复合地板等) | 松香类产品 | 栲胶类产品 | 紫胶类产品 |
| **65058** | **5187** | **12294** | **16145** | **2393** | **29039** | **672106** | **52848** | **3070** |
| — | — | — | — | — | — | — | — | — |
| — | — | — | — | — | — | — | — | — |
| — | — | — | — | — | — | — | — | — |
| — | — | — | — | — | — | — | — | — |
| — | — | — | — | — | — | — | — | — |
| 896 | 374 | 474 | — | — | 49 | — | — | — |
| 734 | 106 | 628 | — | — | — | — | — | — |
| 12 | 11 | — | — | — | 1 | — | — | — |
| — | — | — | — | — | — | — | — | — |
| 45457 | 2738 | 5822 | 8715 | 793 | 27391 | — | — | — |
| 298 | 12 | 77 | — | 208 | — | — | — | — |
| 9291 | 433 | 1310 | 6745 | 518 | 285 | 13428 | — | — |
| 2803 | 637 | 1174 | 259 | 465 | 269 | — | 50064 | — |
| 61 | 16 | 13 | 12 | 20 | — | 95296 | — | — |
| 1162 | 230 | 562 | 348 | — | 22 | — | — | — |
| 410 | 98 | 310 | — | 3 | — | 30 | 1000 | — |
| 1056 | 190 | 783 | — | 84 | — | 7154 | 84 | — |
| 320 | 32 | 53 | 1 | 233 | — | 7150 | — | — |
| 1245 | 195 | 63 | — | 3 | 984 | 146122 | — | — |
| 1084 | 21 | 1005 | — | 22 | 36 | 272840 | 1700 | — |
| — | — | — | — | — | — | 534 | — | — |
| 16 | 10 | 1 | 2 | 2 | — | — | — | — |
| 74 | 24 | 8 | 6 | 36 | — | — | — | — |
| 78 | 19 | 10 | 44 | 3 | 1 | 3026 | — | — |
| 60 | 43 | 3 | 11 | 3 | 1 | 126526 | — | 3070 |
| — | — | — | — | — | — | — | — | — |
| — | — | — | — | — | — | — | — | — |
| — | — | — | — | — | — | — | — | — |
| — | — | — | — | — | — | — | — | — |
| — | — | — | — | — | — | — | — | — |
| — | — | — | — | — | — | — | — | — |
| — | — | — | — | — | — | — | — | — |

# 全国主要经济林产品生产情况(一)

单位:吨

| 指 标 | 产 量 |
|---|---|
| **各类经济林产品总计** | **224254409** |
| **一、水果** | **176473965** |
| 1. 苹果 | 41217941 |
| 2. 柑橘 | 48489614 |
| 3. 梨 | 18072842 |
| 4. 葡萄 | 12415730 |
| 5. 桃 | 17829114 |
| 6. 杏 | 1909703 |
| 7. 荔枝 | 2266368 |
| 8. 龙眼 | 1588850 |
| 9. 猕猴桃 | 2707384 |
| 10. 其他水果 | 29976419 |
| **二、干果** | **12807264** |
| 1. 板栗 | 2343085 |
| 2. 枣 | 6034855 |
| 3. 仁用杏(大扁杏、山杏) | 583572 |
| 4. 柿子 | 2237604 |
| 5. 银杏 | 174675 |
| 6. 榛子 | 176672 |
| 7. 松子 | 194872 |
| 8. 薄壳山核桃 | 129272 |
| 9. 其他干果 | 932658 |
| **三、林产饮料** | **3516337** |
| 1. 毛茶 | 2911975 |
| 2. 咖啡 | 137271 |
| 3. 其他林产饮料 | 467091 |
| **四、林产调料** | **1877670** |
| 1. 花椒 | 1243145 |
| 2. 八角 | 297158 |
| 3. 桂皮 | 106118 |
| 4. 其他林产调料 | 231249 |

# 全国主要经济林产品生产情况(二)

单位:吨

| 指　标 | 产　量 |
|---|---|
| **五、森林食品** | **8014005** |
| 1. 竹笋 | 4730537 |
| 2. 食用菌 | 2308050 |
| 3. 山野菜 | 401696 |
| 4. 香椿 | 149273 |
| 5. 其他森林食品 | 424450 |
| **六、森林药材** | **7722989** |
| 1. 杜仲 | 227316 |
| 2. 黄柏 | 140696 |
| 3. 厚朴 | 189911 |
| 4. 枸杞 | 382927 |
| 5. 山茱萸 | 373041 |
| 6. 沙棘 | 303923 |
| 7. 五味子 | 108776 |
| 8. 其他森林药材 | 5996399 |
| **七、木本油料** | **9342668** |
| 1. 油茶籽 | 2946191 |
| 2. 核桃 | 5934635 |
| 3. 油橄榄 | 83719 |
| 4. 文冠果 | 13026 |
| 5. 油用牡丹 | 67574 |
| 6. 其他木本油料 | 297523 |
| **八、林产工业原料** | **4499511** |
| 1. 漆树 | 8143 |
| 2. 油桐 | 183103 |
| 3. 乌桕 | 3620 |
| 4. 五倍子 | 9200 |
| 5. 棕片 | 30443 |
| 6. 松脂 | 1239694 |
| 7. 紫胶 | 1940 |
| 8. 橡胶 | 979574 |
| 9. 其他工业原料 | 2043794 |

# 各地区主要经济林

| 地区 | 总计 | 各类经济林 | | | | | |
|---|---|---|---|---|---|---|---|
| | | 水果 | | | | | |
| | | 合计 | 苹果 | 柑橘 | 梨 | 葡萄 | 桃 |
| **全国** | **224254409** | **176473965** | **41217941** | **48489614** | **18072842** | **12415730** | **17829114** |
| 北京 | 399559 | 344314 | 56045 | — | 69868 | 19018 | 162233 |
| 天津 | 285774 | 253473 | 21914 | — | 45533 | 65740 | 88766 |
| 河北 | 10157536 | 8550511 | 2257204 | — | 3385940 | 1005739 | 1363576 |
| 山西 | 10315350 | 8010614 | 3887804 | 1200 | 1583005 | 652257 | 1534297 |
| 内蒙古 | 1092866 | 789105 | 323653 | — | 119070 | 47923 | 1513 |
| 辽宁 | 5093374 | 4303602 | 1844334 | — | 1225286 | 283134 | 219947 |
| 吉林 | 548937 | 314532 | 111288 | — | 70794 | 47685 | 604 |
| 黑龙江 | 800838 | 256965 | 137633 | — | 19452 | 35122 | 22 |
| 上海 | 176250 | 176250 | — | 61767 | 24612 | 37829 | 44246 |
| 江苏 | 3164191 | 2995217 | 538272 | 22132 | 712052 | 625564 | 901459 |
| 浙江 | 6292319 | 4538969 | 53 | 1490719 | 416857 | 839459 | 479649 |
| 安徽 | 5403297 | 4709393 | 364005 | 32175 | 1724127 | 550949 | 1432887 |
| 福建 | 7199329 | 4184807 | — | 1908281 | 190602 | 190179 | 135113 |
| 江西 | 6667286 | 5043071 | — | 3997652 | 150145 | 142018 | 108184 |
| 山东 | 18928852 | 17786934 | 9207608 | 147 | 1117867 | 923001 | 4393764 |
| 河南 | 8131856 | 6550228 | 2770275 | 16670 | 1114376 | 522063 | 1462182 |
| 湖北 | 10698280 | 8745591 | 21055 | 5877962 | 433576 | 337480 | 1460605 |
| 湖南 | 9098600 | 6595673 | 101 | 5262012 | 246925 | 345406 | 332619 |
| 广东 | 8567858 | 7427511 | — | 2012171 | 116239 | 26179 | 134998 |
| 广西 | 24821108 | 21751304 | — | 13798189 | 441853 | 306379 | 239098 |
| 海南 | 2783412 | 2189697 | — | 86034 | — | 675 | — |
| 重庆 | 6453559 | 5060355 | 25 | 3545079 | 263299 | 144197 | 203641 |
| 四川 | 16396064 | 13063673 | 866848 | 6795282 | 709172 | 520354 | 780232 |
| 贵州 | 6511369 | 4778438 | 286989 | 808561 | 526223 | 364407 | 610448 |
| 云南 | 15006593 | 9258040 | 717858 | 2268799 | 1200188 | 407864 | 628063 |
| 西藏 | 36758 | 29962 | 2896 | 306 | 842 | 23916 | 880 |
| 陕西 | 16393245 | 11864820 | 8732225 | 500275 | 298903 | 457965 | 453778 |
| 甘肃 | 8806305 | 8000369 | 6844423 | 4200 | 379135 | 305269 | 157545 |
| 青海 | 110336 | 14413 | 5215 | — | 4988 | 94 | 1390 |
| 宁夏 | 565340 | 382166 | 247862 | — | 22660 | 39536 | 25729 |
| 新疆 | 13337947 | 8497300 | 1972356 | — | 1459253 | 3148330 | 471648 |
| 大兴安岭 | 10020 | 6668 | — | — | — | — | — |

# 产品生产情况(一)

单位:吨

| 产品产量总计 | | | | | | | | |
|---|---|---|---|---|---|---|---|---|
| | | | | | 干果 | | | |
| 杏 | 荔枝 | 龙眼 | 猕猴桃 | 其他水果 | 合计 | 板栗 | 枣 | 仁用杏（大扁杏、山杏） |
| **1909703** | **2266368** | **1588850** | **2707384** | **29976419** | **12807264** | **2343085** | **6034855** | **583572** |
| 15420 | — | — | — | 21731 | 45384 | 22774 | 4538 | 3457 |
| 1594 | — | — | 80 | 29846 | 31863 | 2340 | 10946 | 60 |
| 132407 | — | — | 1075 | 404570 | 1352556 | 446662 | 431300 | 141014 |
| 253656 | — | — | — | 98395 | 1751244 | 3482 | 1043561 | 50475 |
| 23652 | — | — | — | 273295 | 213037 | — | 3024 | 205172 |
| 56862 | — | — | 14753 | 659286 | 637221 | 193304 | 120362 | 120586 |
| 1308 | — | — | 36 | 82818 | 50823 | 714 | — | — |
| 1002 | — | — | 17 | 63717 | 44853 | — | — | 3 |
| — | — | — | 1194 | 6603 | — | — | — | — |
| 3418 | — | — | 17280 | 175041 | 60686 | 12457 | 3801 | 36 |
| 172 | — | — | 91626 | 1220435 | 119267 | 55932 | 1352 | — |
| 95436 | — | 4374 | 43399 | 462040 | 152804 | 94198 | 12200 | 60 |
| 1 | 109802 | 144382 | 11677 | 1494771 | 165100 | 103640 | 65 | — |
| — | — | — | 119216 | 525856 | 29318 | 20519 | 501 | — |
| 183136 | — | — | 75613 | 1885799 | 635665 | 226351 | 213557 | 8 |
| 109542 | — | — | 182113 | 373007 | 380458 | 203329 | 48474 | 286 |
| 3126 | — | — | 138655 | 473133 | 386622 | 196283 | 21374 | 10507 |
| 145 | — | — | 123639 | 284827 | 151640 | 93397 | 36694 | — |
| — | 1067273 | 659048 | 73538 | 3338066 | 98692 | 55092 | 162 | — |
| 3466 | 768758 | 466983 | 30393 | 5696185 | 1091470 | 122494 | 2815 | — |
| — | 207685 | 62225 | — | 1833078 | 177917 | — | — | — |
| 2289 | 2028 | 20519 | 27482 | 851795 | 38600 | 18116 | 1895 | 10 |
| 16758 | 66928 | 207980 | 509391 | 2590727 | 127338 | 68145 | 13420 | — |
| 1341 | 21 | 1047 | 298200 | 1881202 | 127586 | 98959 | 1982 | — |
| 7748 | 43868 | 19662 | 42213 | 3921777 | 276123 | 200524 | 11514 | 18 |
| 60 | — | — | — | 1062 | — | — | — | — |
| 70832 | — | 2630 | 904569 | 443643 | 1108498 | 100418 | 747249 | 24245 |
| 116380 | — | — | 1227 | 192191 | 125966 | 3955 | 98907 | 4338 |
| 1955 | — | — | — | 772 | 401 | — | — | — |
| 37087 | — | — | — | 9291 | 112024 | — | 67117 | 10560 |
| 770913 | 5 | — | — | 674795 | 3312258 | — | 3138046 | 12738 |
| — | — | — | — | 6668 | 1850 | — | — | — |

# 各地区主要经济林

| 地区 | 各类经济林 | | | | | |
|---|---|---|---|---|---|---|
| | 干果 | | | | | |
| | 柿子 | 银杏 | 榛子 | 松子 | 薄壳山核桃 | 其他干果 |
| **全　国** | **2237604** | **174675** | **176672** | **194872** | **129272** | **932658** |
| 北　京 | 14596 | — | 4 | — | — | 15 |
| 天　津 | 9732 | — | 6 | — | 6109 | 2670 |
| 河　北 | 289763 | 1 | 27689 | — | — | 16126 |
| 山　西 | 319755 | — | 683 | 2480 | — | 330808 |
| 内蒙古 | — | — | 4657 | 185 | — | — |
| 辽　宁 | — | — | 102107 | 76005 | 817 | 24040 |
| 吉　林 | — | — | 12864 | 27064 | 2683 | 7499 |
| 黑龙江 | 1 | — | 20383 | 21993 | 1390 | 1083 |
| 上　海 | — | — | — | — | — | — |
| 江　苏 | 12301 | 28256 | 80 | — | 3580 | 176 |
| 浙　江 | 21712 | 1659 | — | — | 16706 | 21906 |
| 安　徽 | 13572 | 3315 | 226 | 11 | 13823 | 15400 |
| 福　建 | 28460 | 1804 | 1724 | — | 6 | 29401 |
| 江　西 | 3884 | — | — | 3 | — | 4411 |
| 山　东 | 170454 | 1986 | 5633 | — | 7618 | 10059 |
| 河　南 | 101160 | 3055 | 6 | — | 17016 | 7132 |
| 湖　北 | 37477 | 65786 | — | 1402 | 4180 | 49614 |
| 湖　南 | 10488 | 1310 | — | 1 | 1444 | 8305 |
| 广　东 | 34685 | 779 | — | — | — | 7974 |
| 广　西 | 916912 | 15872 | 200 | 18 | 4112 | 29047 |
| 海　南 | — | — | — | — | — | 177917 |
| 重　庆 | 6558 | 2067 | 20 | 7963 | 340 | 1633 |
| 四　川 | 9617 | 21243 | 25 | 7595 | 5700 | 1594 |
| 贵　州 | 3687 | 1798 | 1 | 6862 | 6167 | 8131 |
| 云　南 | 17257 | 1528 | — | 39875 | 1503 | 3904 |
| 西　藏 | — | — | — | — | — | — |
| 陕　西 | 206331 | 24217 | — | 1491 | 2378 | 2170 |
| 甘　肃 | 9203 | — | 200 | 104 | 2196 | 7062 |
| 青　海 | — | — | — | — | 1 | 400 |
| 宁　夏 | — | — | 68 | — | 168 | 34111 |
| 新　疆 | — | — | 68 | — | 31336 | 130069 |
| 大兴安岭 | — | — | 29 | 1821 | — | — |

# 产品生产情况(二)

单位:吨

| 产品产量总计 | | | | | | | | |
|---|---|---|---|---|---|---|---|---|
| 林产饮料 | | | | 林产调料 | | | | |
| 合计 | 毛茶 | 咖啡 | 其他林产饮料 | 合计 | 花椒 | 八角 | 桂皮 | 其他林产调料 |
| **3516337** | **2911975** | **137271** | **467091** | **1877670** | **1243145** | **297158** | **106118** | **231249** |
| — | — | — | — | — | — | — | — | — |
| — | — | — | — | 28 | 28 | — | — | — |
| — | — | — | — | 3652 | 3652 | — | — | — |
| — | — | — | — | 20583 | 20583 | — | — | — |
| 5332 | — | — | 5332 | — | — | — | — | — |
| — | — | — | — | — | — | — | — | — |
| 4942 | — | — | 4942 | — | — | — | — | — |
| 1640 | — | — | 1640 | — | — | — | — | — |
| — | — | — | — | — | — | — | — | — |
| 10126 | 9265 | — | 861 | 224 | 184 | — | — | 40 |
| 194972 | 179981 | — | 14992 | — | — | — | — | — |
| 138872 | 133895 | — | 4977 | 953 | 405 | — | 72 | 476 |
| 430704 | 424351 | — | 6353 | 173 | 139 | — | 4 | 30 |
| 48223 | 45751 | — | 2472 | 762 | 20 | 9 | — | 733 |
| 148471 | 25847 | — | 122624 | 36396 | 36381 | 5 | — | 10 |
| 141836 | 40890 | — | 100946 | 65721 | 65721 | — | — | — |
| 413642 | 366786 | — | 46857 | 11735 | 8638 | 175 | 15 | 2907 |
| 191448 | 169877 | — | 21571 | 7500 | 907 | 80 | 19 | 6494 |
| 108436 | 88701 | — | 19735 | 56003 | — | 788 | 51360 | 3855 |
| 101615 | 83729 | — | 17886 | 298304 | 668 | 243077 | 54318 | 240 |
| 2649 | 800 | 1849 | — | 8796 | — | — | — | 8796 |
| 35260 | 34599 | — | 661 | 480998 | 480406 | 220 | 115 | 256 |
| 256481 | 236163 | — | 20318 | 154299 | 154151 | 2 | 2 | 144 |
| 369571 | 295487 | — | 74084 | 81617 | 81145 | — | — | 472 |
| 819844 | 684084 | 135422 | 339 | 360806 | 103577 | 52803 | 213 | 204213 |
| — | — | — | — | 145 | 145 | — | — | — |
| 91771 | 91771 | — | — | 170706 | 170706 | — | — | — |
| 136 | — | — | 136 | 115372 | 115372 | — | — | — |
| 2 | — | — | 2 | 20 | 20 | — | — | — |
| — | — | — | — | 263 | 263 | — | — | — |
| 100 | — | — | 100 | 2617 | 35 | — | — | 2582 |
| 265 | — | — | 265 | — | — | — | — | — |

# 各地区主要经济林

| 地区 | 各类经济林 | | | | | |
|---|---|---|---|---|---|---|
| | 森林食品 | | | | | |
| | 合计 | 竹笋 | 食用菌 | 山野菜 | 香椿 | 其他森林食品 |
| **全国** | **8014005** | **4730537** | **2308050** | **401696** | **149273** | **424450** |
| 北京 | — | — | — | — | — | — |
| 天津 | — | — | — | — | — | — |
| 河北 | 15945 | — | 11683 | 4215 | 17 | 30 |
| 山西 | — | — | — | — | — | — |
| 内蒙古 | 12845 | — | 11268 | 1456 | — | 121 |
| 辽宁 | 64276 | — | 24113 | 34492 | — | 5671 |
| 吉林 | 87232 | — | 65039 | 15570 | — | 6623 |
| 黑龙江 | 341390 | — | 233149 | 61182 | — | 47060 |
| 上海 | — | — | — | — | — | — |
| 江苏 | 77835 | 9956 | 66370 | 1000 | 123 | 386 |
| 浙江 | 1294826 | 1199952 | 91570 | 291 | 10 | 3003 |
| 安徽 | 161568 | 99211 | 35860 | 11513 | 11603 | 3380 |
| 福建 | 2007750 | 1399278 | 606890 | — | 346 | 1236 |
| 江西 | 540779 | 404210 | 88022 | 12677 | — | 35871 |
| 山东 | 46907 | — | 3045 | 41 | 43520 | 300 |
| 河南 | 65073 | 17 | 55326 | 498 | 3115 | 6117 |
| 湖北 | 403109 | 73315 | 236502 | 7890 | 43097 | 42305 |
| 湖南 | 355361 | 276308 | 30901 | 32972 | 1040 | 14140 |
| 广东 | 162051 | 128645 | 28898 | 32 | — | 4476 |
| 广西 | 147541 | 84315 | 59494 | 376 | 108 | 3249 |
| 海南 | 2360 | 50 | 2310 | — | — | — |
| 重庆 | 244228 | 218640 | 4087 | 1065 | 11271 | 9166 |
| 四川 | 329846 | 149593 | 131938 | 7293 | 19401 | 21621 |
| 贵州 | 666795 | 287198 | 163866 | 128776 | 2650 | 84305 |
| 云南 | 917114 | 395923 | 310384 | 68327 | 7351 | 135129 |
| 西藏 | 1802 | — | 1802 | — | — | — |
| 陕西 | 64209 | 3908 | 44434 | 10202 | 5615 | 50 |
| 甘肃 | 2214 | 18 | 368 | 1611 | 6 | 211 |
| 青海 | — | — | — | — | — | — |
| 宁夏 | — | — | — | — | — | — |
| 新疆 | — | — | — | — | — | — |
| 大兴安岭 | 948 | — | 730 | 218 | — | — |

# 产品生产情况(三)

单位:吨

| 产品产量总计 | | | | | | | | |
|---|---|---|---|---|---|---|---|---|
| 森林药材 | | | | | | | | |
| 合计 | 杜仲 | 黄柏 | 厚朴 | 枸杞 | 山茱萸 | 沙棘 | 五味子 | 其他森林药材 |
| **7722989** | **227316** | **140696** | **189911** | **382927** | **373041** | **303923** | **108776** | **5996399** |
| — | — | — | — | — | — | — | — | — |
| — | — | — | — | — | — | — | — | — |
| 25470 | 35 | 2 | — | 800 | — | 4400 | 5 | 20228 |
| 159618 | 131 | — | — | 245 | 1112 | 62020 | — | 96110 |
| 64352 | — | — | — | 3972 | — | 34943 | — | 25437 |
| 34973 | — | — | — | — | — | 76 | 16239 | 18658 |
| 78593 | 1 | 200 | — | 62 | — | 1412 | 20158 | 56760 |
| 153320 | 72 | — | — | 1 | — | 66616 | 15667 | 70964 |
| — | — | — | — | — | — | — | — | — |
| 19477 | 10 | — | — | — | — | — | — | 19467 |
| 40688 | 202 | — | 784 | 413 | 2209 | — | 1 | 37079 |
| 83632 | 1470 | 335 | 613 | — | 1478 | — | 5 | 79731 |
| 94447 | 345 | — | 2619 | — | — | — | — | 91483 |
| 276099 | 7416 | 50 | 1239 | — | 176 | — | — | 267219 |
| 122149 | 144 | — | — | 24 | 1 | — | — | 121981 |
| 593902 | 81176 | 34125 | 49725 | 67 | 351421 | — | 627 | 76761 |
| 255476 | 11846 | 13307 | 12618 | 11 | 2693 | — | 65 | 214936 |
| 735209 | 43527 | 5653 | 24975 | 1 | 2702 | — | 29205 | 629147 |
| 250895 | 115 | — | — | — | 795 | — | 17 | 249968 |
| 286775 | 7195 | — | 14214 | 2 | 625 | — | — | 264740 |
| 91352 | — | — | — | — | — | — | — | 91352 |
| 317156 | 10201 | 9275 | 5783 | 307 | 146 | — | 603 | 290842 |
| 226084 | 26893 | 67548 | 49793 | 5 | 1368 | 288 | 171 | 80019 |
| 255734 | 21303 | 6798 | 1846 | — | 372 | — | 15 | 225400 |
| 460359 | 234 | 2734 | 30 | — | — | — | 16 | 457345 |
| — | — | — | — | — | — | — | — | — |
| 2528531 | 15001 | 670 | 25671 | — | 7944 | 42200 | 25930 | 2411114 |
| 156294 | — | — | — | 90406 | — | 62613 | — | 3275 |
| 92263 | — | — | — | 92263 | — | — | — | — |
| 66543 | — | — | — | 64674 | — | 354 | — | 1515 |
| 253310 | — | — | — | 129674 | — | 29001 | — | 94634 |
| 289 | — | — | — | — | — | — | 52 | 237 |

# 各地区主要经济林

| 地区 | 各类经济林 | | | | | | |
|---|---|---|---|---|---|---|---|
| | 木本油料 | | | | | | |
| | 合计 | 油茶籽 | 核桃 | 油橄榄 | 文冠果 | 油用牡丹 | 其他木本油料 |
| **全国** | **9342668** | **2946191** | **5934635** | **83719** | **13026** | **67574** | **297523** |
| 北京 | 9861 | — | 9861 | — | — | — | — |
| 天津 | 410 | — | 267 | — | 133 | 10 | — |
| 河北 | 209403 | — | 208963 | — | 176 | 124 | 140 |
| 山西 | 373291 | — | 372193 | — | 28 | 570 | 500 |
| 内蒙古 | 8195 | — | 5 | — | 5955 | — | 2235 |
| 辽宁 | 53302 | — | 51390 | — | 412 | 1500 | — |
| 吉林 | 12815 | — | 12795 | — | 6 | — | 14 |
| 黑龙江 | 1506 | — | 1506 | — | — | — | — |
| 上海 | — | — | — | — | — | — | — |
| 江苏 | 626 | 320 | 115 | — | — | 192 | — |
| 浙江 | 100962 | 96816 | 598 | — | — | — | 3548 |
| 安徽 | 130711 | 85807 | 31676 | — | 112 | 10144 | 2972 |
| 福建 | 173293 | 171215 | — | — | — | — | 2078 |
| 江西 | 589885 | 583956 | 8 | — | — | 20 | 5901 |
| 山东 | 128340 | — | 111735 | — | 1181 | 13613 | 1810 |
| 河南 | 307373 | 55773 | 237429 | — | 54 | 5702 | 8415 |
| 湖北 | 401630 | 265076 | 62896 | 877 | — | 11029 | 61751 |
| 湖南 | 974995 | 964626 | 7292 | 25 | — | — | 3052 |
| 广东 | 180060 | 179745 | — | 117 | — | — | 198 |
| 广西 | 377359 | 351668 | 4210 | — | — | — | 21480 |
| 海南 | 2705 | 2705 | — | — | — | — | — |
| 重庆 | 45443 | 16455 | 27035 | 1603 | — | 90 | 260 |
| 四川 | 728528 | 15594 | 680284 | 29277 | — | 2030 | 1343 |
| 贵州 | 193859 | 102877 | 90426 | 22 | — | 60 | 474 |
| 云南 | 2126017 | 35332 | 1913316 | 3656 | — | — | 173713 |
| 西藏 | 4849 | — | 4849 | — | — | — | — |
| 陕西 | 522603 | 18226 | 475503 | 42 | 477 | 22145 | 6210 |
| 甘肃 | 404727 | — | 350888 | 48100 | 4214 | 140 | 1384 |
| 青海 | 3237 | — | 3187 | — | — | 5 | 45 |
| 宁夏 | 4345 | — | 4029 | — | 125 | 191 | — |
| 新疆 | 1272341 | — | 1272180 | — | 153 | 8 | — |
| 大兴安岭 | — | — | — | — | — | — | — |

# 产品生产情况(四)

单位:吨

| 产品产量总计 | | | | | | | | | |
|---|---|---|---|---|---|---|---|---|---|
| 林产工业原料 | | | | | | | | | |
| 合计 | 漆树 | 油桐 | 乌桕 | 五倍子 | 棕片 | 松脂 | 紫胶 | 橡胶 | 其他工业原料 |
| **4499511** | **8143** | **183103** | **3620** | **9200** | **30443** | **1239694** | **1940** | **979574** | **2043794** |
| — | — | — | — | — | — | — | — | — | — |
| — | — | — | — | — | — | — | — | — | — |
| — | — | — | — | — | — | — | — | — | — |
| — | — | — | — | — | — | — | — | — | — |
| — | — | — | — | — | — | — | — | — | — |
| — | — | — | — | — | — | — | — | — | — |
| — | — | — | — | — | — | — | — | — | — |
| 1164 | — | — | — | — | — | — | — | — | 1164 |
| — | — | — | — | — | — | — | — | — | — |
| — | — | — | — | — | — | — | — | — | — |
| 2635 | — | 50 | 48 | — | 37 | — | — | — | 2500 |
| 25365 | 25 | 539 | 237 | — | 3302 | 19587 | — | — | 1674 |
| 143055 | — | 10516 | 218 | — | 4049 | 51578 | — | — | 76694 |
| 139148 | — | 10168 | 30 | — | 1417 | 120339 | — | — | 7196 |
| 23991 | — | — | — | — | — | — | — | — | 23991 |
| 27266 | 153 | 14645 | 453 | — | — | 300 | — | — | 11715 |
| 80474 | 971 | 7421 | 1712 | 1760 | 2883 | 13896 | — | 25 | 51805 |
| 86775 | 301 | 5565 | 85 | 977 | 217 | 63235 | — | — | 16395 |
| 284211 | — | 2533 | 255 | — | 218 | 163942 | — | 10489 | 106774 |
| 766741 | 1 | 64989 | 339 | 178 | 1274 | 699269 | — | — | 691 |
| 307936 | — | — | — | — | — | 880 | — | 307056 | — |
| 231520 | 224 | 19245 | 2 | 966 | 887 | — | — | — | 210196 |
| 1509815 | 10 | 244 | — | 20 | 25 | — | — | — | 1509516 |
| 37769 | 48 | 24259 | 111 | 4111 | 285 | 8954 | — | — | — |
| 788289 | 1293 | 10812 | — | 84 | 13490 | 97713 | 1940 | 662004 | 953 |
| — | — | — | — | — | — | — | — | — | — |
| 42109 | 5115 | 12117 | 130 | 1103 | 2360 | — | — | — | 21284 |
| 1227 | 1 | — | — | 2 | — | — | — | — | 1224 |
| — | — | — | — | — | — | — | — | — | — |
| — | — | — | — | — | — | — | — | — | — |
| 22 | — | — | — | — | — | — | — | — | 22 |
| — | — | — | — | — | — | — | — | — | — |

# 全国油茶产业发展情况(一)

| 指　标 | 单　位 | 产　量 |
|---|---|---|
| **一、年末实有油茶林面积** | **公顷** | **4535031** |
| 其中:当年新增 | 公顷 | 156376 |
| 当年低改 | 公顷 | 290662 |
| **二、油茶籽产量** | **吨** | **2946191** |
| **三、茶油产量** | **吨** | **649190** |
| **四、经营主体** | **—** | **—** |
| 1. 小农户 | 户 | 2755457 |
| 2. 家庭林场 | 个 | 50384 |
| 3. 专业合作社 | 个 | 11566 |
| 4. 种植企业 | 个 | 4262 |

# 全国油茶产业发展情况(二)

| 指　标 | 单　位 | 产　量 |
| --- | --- | --- |
| **五、茶油加工** | — | — |
| 1. 小作坊 | — | — |
| (1)数量 | 个 | 14347 |
| (2)产油量 | 吨 | 297058 |
| 2. 规模以上加工企业 | — | — |
| (1)数量 | 个 | 424 |
| (2)产油量 | 吨 | 233704 |
| 3. 其他加工企业 | — | — |
| (1)数量 | 个 | 1428 |
| (2)产油量 | 吨 | 71122 |

# 各地区油茶

| 地区 | 年末实有油茶林面积(公顷) | | | 油茶籽产量(吨) | 茶油产量(吨) |
|---|---|---|---|---|---|
| | 合计 | 其中 | | | |
| | | 当年新增 | 当年低改 | | |
| **全国** | **4535031** | **156376** | **290662** | **2946191** | **649190** |
| 北京 | — | — | — | — | — |
| 天津 | — | — | — | — | — |
| 河北 | — | — | — | — | — |
| 山西 | — | — | — | — | — |
| 内蒙古 | — | — | — | — | — |
| 辽宁 | — | — | — | — | — |
| 吉林 | — | — | — | — | — |
| 黑龙江 | — | — | — | — | — |
| 上海 | — | — | — | — | — |
| 江苏 | 186 | 6 | 5 | 320 | 7 |
| 浙江 | 157963 | 3079 | 4162 | 96816 | 21565 |
| 安徽 | 158724 | 1957 | 5961 | 85807 | 14992 |
| 福建 | 166074 | 771 | 6285 | 171215 | 22192 |
| 江西 | 1039837 | 37995 | 70546 | 583956 | 132961 |
| 山东 | — | — | — | — | — |
| 河南 | 82378 | 8995 | 4983 | 55773 | 13536 |
| 湖北 | 303052 | 9051 | 18908 | 265076 | 56875 |
| 湖南 | 1499834 | 33696 | 95986 | 964626 | 231686 |
| 广东 | 180404 | 8599 | 17335 | 179745 | 41211 |
| 广西 | 434746 | 19811 | 20426 | 351668 | 76924 |
| 海南 | 7569 | 599 | 87 | 2705 | 639 |
| 重庆 | 67960 | 1989 | 2079 | 16455 | 3177 |
| 四川 | 43229 | 4691 | 2094 | 15594 | 3844 |
| 贵州 | 251199 | 22193 | 33842 | 102877 | 18621 |
| 云南 | 110001 | 1885 | 4603 | 35332 | 7434 |
| 西藏 | — | — | — | — | — |
| 陕西 | 31876 | 1061 | 3360 | 18226 | 3525 |
| 甘肃 | — | — | — | — | — |
| 青海 | — | — | — | — | — |
| 宁夏 | — | — | — | — | — |
| 新疆 | — | — | — | — | — |
| 大兴安岭 | — | — | — | — | — |

# 产业发展情况

| 经营主体 | | | | 茶油加工 | | | | | |
|---|---|---|---|---|---|---|---|---|---|
| | | | | 小作坊 | | 规模以上加工企业 | | 其他加工企业 | |
| 小农户（户） | 家庭林场（个） | 专业合作社（个） | 种植企业（个） | 数量（个） | 产油量（吨） | 数量（个） | 产油量（吨） | 数量（个） | 产油量（吨） |
| **2755457** | **50384** | **11566** | **4262** | **14347** | **297058** | **424** | **233704** | **1428** | **71122** |
| — | — | — | — | — | — | — | — | — | — |
| — | — | — | — | — | — | — | — | — | — |
| — | — | — | — | — | — | — | — | — | — |
| — | — | — | — | — | — | — | — | — | — |
| — | — | — | — | — | — | — | — | — | — |
| — | — | — | — | — | — | — | — | — | — |
| — | — | — | — | — | — | — | — | — | — |
| — | — | — | — | — | — | — | — | — | — |
| — | — | — | — | — | — | — | — | — | — |
| 8 | 3 | 1 | — | 3 | 2 | 1 | 5 | — | — |
| 56268 | 502 | 593 | 191 | 491 | 9829 | 17 | 5489 | 30 | 7021 |
| 43797 | 289 | 265 | 356 | 189 | 1748 | 20 | 11202 | 44 | 5120 |
| 88767 | 118 | 423 | 177 | 1100 | 13127 | 28 | 4997 | 52 | 1727 |
| 512190 | 716 | 1640 | 624 | 3952 | 69596 | 73 | 51151 | 97 | 5599 |
| — | — | — | — | — | — | — | — | — | — |
| 24206 | 204 | 266 | 153 | 326 | 3511 | 16 | 5820 | 23 | 4205 |
| 173857 | 47202 | 1094 | 203 | 894 | 20761 | 51 | 27324 | 52 | 10595 |
| 956132 | 555 | 3759 | 1014 | 4222 | 129077 | 110 | 95707 | 840 | 27106 |
| 209515 | 172 | 718 | 245 | 828 | 16509 | 32 | 11114 | 197 | 3483 |
| 216903 | 75 | 1676 | 898 | 1662 | 23059 | 28 | 8862 | 19 | 1216 |
| 4390 | 1 | 10 | 29 | 127 | 205 | 5 | 72 | 17 | 55 |
| 14622 | — | 90 | 102 | 32 | 183 | 4 | 1223 | 13 | 345 |
| 64261 | 28 | 89 | 33 | 75 | 1413 | 2 | 680 | 8 | 1491 |
| 82276 | 508 | 858 | 156 | 308 | 4837 | 21 | 5626 | 26 | 2611 |
| 307672 | 3 | 42 | 22 | 133 | 3162 | 10 | 673 | 4 | 72 |
| — | — | — | — | — | — | — | — | — | — |
| 593 | 8 | 42 | 59 | 5 | 40 | 6 | 3760 | 6 | 477 |
| — | — | — | — | — | — | — | — | — | — |
| — | — | — | — | — | — | — | — | — | — |
| — | — | — | — | — | — | — | — | — | — |
| — | — | — | — | — | — | — | — | — | — |
| — | — | — | — | — | — | — | — | — | — |

# 全国花卉产业发展情况(一)

| 指标名称 | 单　位 | 本年实际 |
|---|---|---|
| **一、年末实有种植面积** | **公顷** | **1494199** |
| 1. 观赏苗木 | 公顷 | 837297 |
| 2. 盆栽植物类(包括盆栽植物、盆景) | 公顷 | 105337 |
| 3. 鲜切花(切花、切叶、切枝) | 公顷 | 71301 |
| 4. 食用与药用花卉 | 公顷 | 315068 |
| 5. 种子、种球、种苗花卉 | 公顷 | 41276 |
| 6. 其他 | 公顷 | 123920 |
| **二、主要类别产量** | **—** | **—** |
| 1. 观赏苗木 | 万株 | 2121678 |
| 2. 盆栽植物类(包括盆栽植物、盆景) | 万盆 | 3915402 |
| 3. 鲜切花(切花、切叶、切枝) | 万支 | 3643330 |
| 4. 食用与药用花卉 | 千克 | 495412288 |

# 全国花卉产业发展情况(二)

| 指标名称 | 单　位 | 本年实际 |
| --- | --- | --- |
| **三、销售额** | **万元** | **22547644** |
| 1. 观赏苗木 | 万元 | 10387205 |
| 2. 盆栽植物类(包括盆栽植物、盆景) | 万元 | 5903840 |
| 3. 鲜切花(切花、切叶、切枝) | 万元 | 2639722 |
| 4. 食用与药用花卉 | 万元 | 1767140 |
| 5. 种子、种球、种苗花卉 | 万元 | 761181 |
| 6. 其他 | 万元 | 1088556 |
| **四、出口额** | **万美元** | **86289** |
| **五、大型花卉市场** | **个** | **879** |
| **六、大型花卉企业** | **个** | **5249** |
| **七、设施化栽培面积** | **万平方米** | **97813** |
| **八、花卉从业人员期末人数** | **人** | **5289258** |
| 其中:花农 | 户 | 1696998 |
| 具有工程师(含)职称以上从业人员 | 人 | 79771 |

# 各地区花卉产业

| 地区 | 年末实有花卉种植面积（公顷） | | | | |
|---|---|---|---|---|---|
| | 合计 | 观赏苗木 | 盆栽植物类（包括盆栽植物、盆景） | 鲜切花（切花、切叶、切枝） | 食用与药用花卉 |
| **全国** | **1494199** | **837297** | **105337** | **71301** | **315068** |
| 北京 | 1946 | 560 | 875 | 92 | 246 |
| 天津 | 419 | 76 | 137 | 142 | 42 |
| 河北 | 40451 | 26401 | 1509 | 242 | 11636 |
| 山西 | 9630 | 4151 | 361 | 1065 | 2444 |
| 内蒙古 | 10028 | 1003 | 2670 | 715 | — |
| 辽宁 | 7493 | 4264 | 932 | 1061 | 223 |
| 吉林 | 2564 | 2145 | 223 | 85 | 40 |
| 黑龙江 | 1490 | 499 | 3 | 27 | 821 |
| 上海 | 1764 | 104 | 597 | 325 | 30 |
| 江苏 | 162625 | 141080 | 3999 | 2437 | 3942 |
| 浙江 | 119191 | 103996 | 4169 | 3511 | 6842 |
| 安徽 | 107910 | 62353 | 4599 | 1685 | 29005 |
| 福建 | 93361 | 65486 | 9987 | 2884 | 7211 |
| 江西 | 49942 | 46289 | 786 | 577 | 874 |
| 山东 | 47754 | 30364 | 7531 | 1417 | 7397 |
| 河南 | 105681 | 74342 | 3767 | 1614 | 9985 |
| 湖北 | 51992 | 33114 | 2233 | 585 | 7549 |
| 湖南 | 99728 | 58535 | 3958 | 1008 | 26524 |
| 广东 | 88045 | 44250 | 26213 | 11709 | 563 |
| 广西 | 83788 | 29051 | 4474 | 2862 | 29160 |
| 海南 | 10933 | 4545 | 3783 | 2161 | 198 |
| 重庆 | 18120 | 11160 | 1030 | 2310 | 1630 |
| 四川 | 93535 | 45179 | 9449 | 6940 | 29066 |
| 贵州 | 75976 | 13154 | 978 | 416 | 60229 |
| 云南 | 155301 | 20092 | 8862 | 23931 | 54744 |
| 西藏 | 78 | 30 | 33 | 3 | — |
| 陕西 | 16682 | 9600 | 1356 | 113 | 3511 |
| 甘肃 | 8531 | 2344 | 373 | 1198 | 3295 |
| 青海 | 338 | 98 | 31 | 5 | 60 |
| 宁夏 | 2161 | 724 | 226 | 144 | 500 |
| 新疆 | 26742 | 2308 | 193 | 37 | 17301 |

# 发展情况(一)

| | | 主要类别产量 | | | | 销售额(万元) | |
|---|---|---|---|---|---|---|---|
| 种子、种球、种苗花卉 | 其他 | 观赏苗木(万株) | 盆栽植物类(包括盆栽植物、盆景)(万盆) | 鲜切花(切花、切叶、切枝)(万支) | 食用与药用花卉(千克) | 合计 | 观赏苗木 |
| **41276** | **123920** | **2121678** | **3915402** | **3643330** | **495412288** | **22547644** | **10387205** |
| 89 | 84 | 733 | 11104 | 1825 | 22 | 40774 | 3725 |
| — | 22 | 160 | 2944 | 1408 | 255000 | 25521 | 53 |
| 241 | 422 | 30904 | 22061 | 7758 | 30101269 | 484769 | 214485 |
| 1007 | 602 | 4280 | 1298 | 3870 | 2049169 | 131609 | 33944 |
| 1424 | 4216 | 8213 | 20661 | 750 | — | 55130 | 8009 |
| 589 | 424 | 42373 | 24227 | 55093 | 1917255 | 292037 | 67672 |
| 49 | 22 | 102430 | 7609 | 5279 | 215000 | 81161 | 42055 |
| 26 | 114 | 2941 | 109 | 360 | 2026910 | 5373 | 2392 |
| 278 | 430 | 215 | 19595 | 6953 | 29320 | 125054 | 2139 |
| 220 | 10947 | 339728 | 148061 | 148790 | 12165768 | 3179068 | 2537538 |
| 192 | 481 | 327916 | 29127 | 33295 | 14840646 | 1677254 | 1244687 |
| 3229 | 7039 | 83520 | 29518 | 58563 | 26066606 | 852174 | 412369 |
| 623 | 7170 | 245232 | 457414 | 213218 | 2632480 | 2697373 | 1239812 |
| 690 | 726 | 31245 | 18162 | 16639 | 10488000 | 397910 | 351796 |
| 480 | 565 | 16826 | 2146390 | 68360 | 23222790 | 1666619 | 212372 |
| 12632 | 3341 | 46607 | 272340 | 33352 | 7056923 | 1189723 | 673585 |
| 7000 | 1511 | 134368 | 48704 | 8263 | 78396027 | 771423 | 486678 |
| 3591 | 6112 | 62895 | 4549 | 9022 | 23924948 | 1271226 | 727200 |
| 2251 | 3059 | 185777 | 377018 | 790006 | 3242880 | 1725676 | 550248 |
| 1288 | 16953 | 147028 | 9529 | 33425 | 16509182 | 1314703 | 399567 |
| 55 | 191 | 1563 | 12160 | 93634 | 1401 | 286571 | 65161 |
| 660 | 1330 | 28200 | 17650 | 4110 | 1235810 | 195020 | 86980 |
| 1665 | 1236 | 18267 | 20749 | 28005 | 15312139 | 1001636 | 566940 |
| 475 | 724 | 17931 | 43540 | 5616 | 4413445 | 162199 | 37817 |
| 440 | 47232 | 61510 | 82251 | 1748940 | 131177093 | 2337685 | 188110 |
| 2 | 10 | 64 | 30 | 500 | — | 572 | 184 |
| 1122 | 980 | 165831 | 76802 | 250834 | 1973593 | 302246 | 124325 |
| 579 | 742 | 10532 | 4319 | 10933 | 28323504 | 174898 | 93658 |
| 139 | 5 | 587 | 617 | 27 | 10200 | 6723 | 5124 |
| 17 | 550 | 2674 | 1830 | 4090 | 48480 | 27102 | 4710 |
| 223 | 6680 | 1128 | 5034 | 412 | 57776428 | 68415 | 3870 |

# 各地区花卉产业

| 地区 | 销售额(万元) | | | | |
|---|---|---|---|---|---|
| | 盆栽植物类(包括盆栽植物、盆景) | 鲜切花(切花、切叶、切枝) | 食用与药用花卉 | 种子、种球、种苗花卉 | 其他 |
| **全国** | **5903840** | **2639722** | **1767140** | **761181** | **1088556** |
| 北京 | 28883 | 3145 | 313 | 4122 | 586 |
| 天津 | 21833 | 3280 | 355 | — | — |
| 河北 | 33170 | 8149 | 148628 | 9209 | 71128 |
| 山西 | 32857 | 45232 | 16757 | 1100 | 1719 |
| 内蒙古 | 25020 | 6563 | — | 4248 | 11290 |
| 辽宁 | 65599 | 96619 | 9899 | 49821 | 2427 |
| 吉林 | 33447 | 3502 | 407 | 1568 | 182 |
| 黑龙江 | 216 | 195 | 1400 | 579 | 591 |
| 上海 | 69467 | 13471 | 414 | 36165 | 3398 |
| 江苏 | 333666 | 136954 | 35014 | 19760 | 116136 |
| 浙江 | 177630 | 72109 | 170932 | 4458 | 7438 |
| 安徽 | 158148 | 27956 | 224562 | 17235 | 11904 |
| 福建 | 641964 | 154729 | 329639 | 46373 | 284856 |
| 江西 | 11790 | 9809 | 4632 | 11040 | 8843 |
| 山东 | 1293471 | 85381 | 55029 | 11674 | 8692 |
| 河南 | 124999 | 139942 | 29381 | 161755 | 60061 |
| 湖北 | 171445 | 12705 | 68803 | 22508 | 9284 |
| 湖南 | 312305 | 47662 | 129645 | 30060 | 24354 |
| 广东 | 935576 | 135332 | 15169 | 64665 | 24686 |
| 广西 | 194331 | 65922 | 201642 | 176128 | 277113 |
| 海南 | 187233 | 32231 | 561 | 918 | 467 |
| 重庆 | 62030 | 20320 | 4580 | 12630 | 8480 |
| 四川 | 286968 | 53862 | 62391 | 10842 | 20633 |
| 贵州 | 71235 | 4824 | 24294 | 15647 | 8382 |
| 云南 | 413294 | 1425344 | 177312 | 33203 | 100422 |
| 西藏 | 307 | 6 | — | 25 | 50 |
| 陕西 | 164123 | 2126 | 4921 | 3563 | 3188 |
| 甘肃 | 29493 | 26877 | 12138 | 9143 | 3589 |
| 青海 | 896 | 78 | 142 | 483 | — |
| 宁夏 | 12806 | 4148 | 1571 | 576 | 3291 |
| 新疆 | 9638 | 1249 | 36609 | 1683 | 15366 |

# 发展情况(二)

| 出口额(万美元) | 大型花卉市场(个) | 大型花卉企业(个) | 设施化栽培面积(万平方米) | 花卉从业人员期末人数(人) | | |
|---|---|---|---|---|---|---|
| | | | | 合计 | 其中:花农(户) | 其中:具有工程师(含)职称以上从业人员 |
| **86289** | **879** | **5249** | **97813** | **5289258** | **1696998** | **79771** |
| 102 | 20 | 56 | 346 | 4859 | 372 | 604 |
| — | 2 | 2 | 321 | 1693 | 383 | 106 |
| — | 10 | 228 | 240 | 211993 | 55924 | 869 |
| — | 47 | 24 | 54 | 10989 | 2891 | 48 |
| — | 3 | 16 | 130 | 32342 | 15478 | 921 |
| — | 16 | 295 | 1867 | 21799 | 8693 | 913 |
| 80 | 41 | 100 | 145 | 5228 | 1948 | 319 |
| — | 3 | 1 | 33 | 1052 | 370 | 77 |
| 237 | 14 | 50 | 1006 | 4789 | 175 | 869 |
| 9164 | 118 | 889 | 12551 | 508480 | 156366 | 4683 |
| 7108 | 32 | 175 | 5279 | 719578 | 140426 | 8038 |
| 1965 | 23 | 99 | 1274 | 159094 | 43185 | 3568 |
| 13178 | 30 | 657 | 4754 | 269013 | 89960 | 7501 |
| — | 52 | 298 | 8941 | 185191 | 54709 | 2840 |
| 1726 | 53 | 66 | 5312 | 353214 | 125534 | 3082 |
| 550 | 63 | 129 | 690 | 547949 | 122157 | 2436 |
| 100 | 55 | 76 | 8 | 173980 | 60798 | 3371 |
| 144 | 57 | 217 | 803 | 349974 | 151278 | 4496 |
| 12257 | 12 | 734 | 10170 | 235318 | 70668 | 13127 |
| 10 | 22 | 201 | 124 | 476761 | 102016 | 1849 |
| 1868 | — | 69 | 1087 | 65467 | 12697 | 632 |
| — | 7 | 160 | 1480 | 75330 | 29230 | 1240 |
| 400 | 100 | 224 | 864 | 310479 | 246325 | 6062 |
| 14 | 7 | 39 | 341 | 53224 | 8332 | 455 |
| 37071 | 12 | 347 | 39095 | 402137 | 148364 | 10325 |
| — | 4 | 4 | 26 | 205 | 32 | 41 |
| — | 35 | 50 | 89 | 38523 | 9580 | 307 |
| 315 | 15 | 12 | 171 | 46716 | 21030 | 695 |
| — | 9 | 2 | 9 | 375 | 111 | 16 |
| — | 2 | 23 | 525 | 1978 | 753 | 124 |
| — | 15 | 6 | 78 | 21528 | 17213 | 157 |

# 3

# 从业人员和劳动报酬

## EMPLOYMENT AND REMUNERATION

# 全国林草系统从业人员和劳动报酬主要指标 2022 年与 2021 年比较

| 主要指标 | 单 位 | 2021 年 | 2022 年 | 2022 年比 2021 年增减(%) |
|---|---|---|---|---|
| **一、单位个数** | **个** | **24626** | **22958** | **-6.77** |
| **二、年末人数** | **人** | **970811** | **890089** | **-8.31** |
| 1. 从业人员 | 人 | 876047 | 792531 | -9.53 |
| ①在岗职工 | 人 | 810656 | 733936 | -9.46 |
| ②其他从业人员 | 人 | 65391 | 58595 | -10.39 |
| 2. 离开本单位仍保留劳动关系人员 | 人 | 94764 | 97558 | 2.95 |
| **三、在岗职工年平均工资** | **元** | **71905** | **81768** | **13.72** |

# 全国林草系统从业人员和劳动报酬情况

单位：人

| 指　标 | 单位数（个） | 年末人数 | | | | | | | |
|---|---|---|---|---|---|---|---|---|---|
| | | 总计 | 单位从业人员 | | | | | | |
| | | | 合计 | 在岗职工 | | | | | |
| | | | | 小计 | 其中：女性 | 其中：专业技术人员 | | | |
| | | | | | | 计 | 其中 | | |
| | | | | | | | 中级技术职称人员 | 副高级技术职称人员 | 正高级技术职称人员 |
| **总　计** | **22958** | **890089** | **792531** | **733936** | **191128** | **203263** | **98413** | **43226** | **6304** |
| 一、企业 | 2488 | 396764 | 307796 | 289574 | 71537 | 48910 | 24431 | 8534 | 1133 |
| 二、事业 | 17635 | 437878 | 429339 | 391077 | 104837 | 145594 | 70317 | 32962 | 4999 |
| 三、机关 | 2835 | 55447 | 55396 | 53285 | 14754 | 8759 | 3665 | 1730 | 172 |

（续表）

| 指　标 | 年末人数 | | | | | | 在岗职工年平均人数 | 在岗职工年工资总额（万元） | 在岗职工年平均工资（元） | 年末实有离退休人员数 |
|---|---|---|---|---|---|---|---|---|---|---|
| | 单位从业人员 | | | | | 离开本单位仍保留劳动关系人员 | | | | |
| | 在岗职工 | | | | 其他从业人员 | | | | | |
| | 按学历结构 | | | | | | | | | |
| | 高中及高中学历以下 | 中专及大专学历 | 大学本科学历 | 研究生学历 | | | | | | |
| **总　计** | **266627** | **258786** | **186462** | **22061** | **58595** | **97558** | **743651** | **6080707** | **81768** | **939415** |
| 一、企业 | 152898 | 100261 | 35056 | 1359 | 18222 | 88968 | 294890 | 1693766 | 57437 | 578102 |
| 二、事业 | 109762 | 143732 | 121288 | 16295 | 38262 | 8539 | 395602 | 3697910 | 93476 | 311906 |
| 三、机关 | 3967 | 14793 | 30118 | 4407 | 2111 | 51 | 53159 | 689031 | 129617 | 49407 |

# 各地区林草系统从业人员和劳动报酬情况

| 地 区 | 单位数（个） | 年末人数（人） | | | | | 在岗职工年平均工资（元） | 离退休人员（人） |
|---|---|---|---|---|---|---|---|---|
| | | 总计 | 从业人员 | | | 离开本单位仍保留劳动关系人员 | | |
| | | | 合计 | 在岗职工 | 其他从业人员 | | | |
| **全 国** | **22958** | **890089** | **792531** | **733936** | **58595** | **97558** | **81768** | **939415** |
| 北 京 | 172 | 13476 | 13468 | 12528 | 940 | 8 | 194841 | 12920 |
| 天 津 | 33 | 510 | 510 | 509 | 1 | — | 119550 | 290 |
| 河 北 | 636 | 14340 | 14195 | 13109 | 1086 | 145 | 94324 | 8886 |
| 山 西 | 808 | 18651 | 18630 | 17573 | 1057 | 21 | 84061 | 10787 |
| 内蒙古 | 1234 | 63526 | 62422 | 60976 | 1446 | 1104 | 83628 | 114864 |
| 辽 宁 | 375 | 14677 | 14671 | 13676 | 995 | 6 | 67434 | 11991 |
| 吉 林 | 703 | 86053 | 69616 | 63873 | 5743 | 16437 | 64266 | 107516 |
| 黑龙江 | 1040 | 234181 | 164880 | 164635 | 245 | 69301 | 51714 | 292028 |
| 上 海 | 12 | 496 | 496 | 475 | 21 | — | 245521 | 443 |
| 江 苏 | 448 | 6889 | 6815 | 5968 | 847 | 74 | 73119 | 5187 |
| 浙 江 | 550 | 6594 | 6510 | 6052 | 458 | 84 | 179446 | 6829 |
| 安 徽 | 965 | 15148 | 15019 | 14208 | 811 | 129 | 94666 | 11442 |
| 福 建 | 1550 | 19068 | 18485 | 16657 | 1828 | 583 | 108842 | 22665 |
| 江 西 | 565 | 27840 | 24994 | 21140 | 3854 | 2846 | 76908 | 30147 |
| 山 东 | 708 | 17171 | 17144 | 16217 | 927 | 27 | 90799 | 9748 |
| 河 南 | 800 | 20467 | 20437 | 20258 | 179 | 30 | 61994 | 8386 |
| 湖 北 | 1496 | 19921 | 18907 | 17963 | 944 | 1014 | 100114 | 15477 |
| 湖 南 | 1340 | 33125 | 30612 | 28955 | 1657 | 2513 | 83772 | 27082 |
| 广 东 | 1011 | 20255 | 20112 | 17824 | 2288 | 143 | 135205 | 22928 |
| 广 西 | 1639 | 46086 | 45473 | 31301 | 14172 | 613 | 67468 | 28439 |
| 海 南 | 113 | 6514 | 6464 | 6463 | 1 | 50 | 67597 | 2713 |
| 重 庆 | 291 | 5001 | 5001 | 4804 | 197 | — | 135579 | 4362 |
| 四 川 | 1554 | 28578 | 28107 | 27600 | 507 | 471 | 104276 | 53569 |
| 贵 州 | 435 | 12015 | 11928 | 11259 | 669 | 87 | 89649 | 9417 |
| 云 南 | 1305 | 39383 | 39283 | 28247 | 11036 | 100 | 92214 | 19414 |
| 西 藏 | 62 | 1383 | 1379 | 1304 | 75 | 4 | 161589 | 274 |
| 陕 西 | 873 | 24045 | 23966 | 23184 | 782 | 79 | 84898 | 13604 |
| 甘 肃 | 920 | 27777 | 27777 | 27053 | 724 | — | 91477 | 16263 |
| 青 海 | 236 | 7605 | 7605 | 3729 | 3876 | — | 152487 | 2033 |
| 宁 夏 | 179 | 5122 | 5121 | 4654 | 467 | 1 | 100349 | 4851 |
| 新 疆 | 789 | 12894 | 12877 | 12437 | 440 | 17 | 108273 | 8969 |
| 直属单位 | 116 | 41298 | 39627 | 39305 | 322 | 1671 | 268982 | 55891 |
| 大兴安岭 | 46 | 32992 | 31335 | 31335 | — | 1657 | 58939 | 50581 |

# 国家林业和草原局机关及直属单位从业人员和劳动报酬情况(一)

单位:人

| 单位名称 | 单位数(个) | 年末人数 | | | |
|---|---|---|---|---|---|
| | | 总计 | 单位从业人数 | | |
| | | | 合计 | 在岗职工 | |
| | | | | 小计 | 其中:女性 |
| **总　计** | **116** | **41298** | **39627** | **39305** | **10289** |
| 国家林业和草原局本级 | 1 | 362 | 362 | 362 | 101 |
| 国家林业和草原局机关服务中心 | 1 | 113 | 113 | 113 | 48 |
| 国家林业和草原局信息中心 | 1 | 24 | 24 | 24 | 11 |
| 国家林业和草原局林业工作站管理总站 | 1 | 27 | 27 | 26 | 12 |
| 国家林业和草原局财会核算审计中心 | 1 | 58 | 58 | 55 | 24 |
| 国家林业和草原局宣传中心 | 1 | 25 | 25 | 24 | 8 |
| 国家林业和草原局生态建设工程管理中心 | 1 | 49 | 49 | 49 | 20 |
| 国家林业和草原局西北华北东北防护林建设局 | 1 | 65 | 65 | 65 | 19 |
| 国家林业和草原局科技发展中心(国家林业和草原局植物新品种保护办公室) | 1 | 25 | 25 | 24 | 13 |
| 国家林业和草原局发展研究中心(国家林业和草原局法律事务中心) | 1 | 65 | 65 | 65 | 41 |
| 国家林业和草原局国际合作交流中心 | 1 | 28 | 28 | 28 | 19 |
| 国家林业和草原局国家公园(自然保护地)发展中心 | 1 | 10 | 10 | 10 | 4 |
| 国家林业和草原局野生动物保护监测中心 | 1 | 17 | 17 | 17 | 10 |
| 国家林业和草原局森林草原火灾预防监测中心 | 1 | 15 | 15 | 15 | 4 |
| 中国林业科学研究院 | 19 | 3577 | 3577 | 3577 | 1261 |
| 国家林业和草原局林草调查规划院 | 1 | 318 | 307 | 284 | 124 |
| 国家林业和草原局产业发展规划院 | 1 | 424 | 424 | 354 | 240 |
| 国家林业和草原局管理干部学院 | 1 | 223 | 223 | 141 | 131 |
| 中国绿色时报社 | 1 | 84 | 84 | 81 | 52 |
| 中国林业出版社 | 1 | 120 | 120 | 114 | 77 |
| 国际竹藤中心 | 2 | 145 | 142 | 141 | 59 |
| 国家林业和草原局亚太森林网络管理中心 | 1 | 14 | 14 | 14 | 5 |
| 中国林学会 | 1 | 38 | 38 | 31 | 22 |
| 中国野生动物保护协会 | 1 | 33 | 33 | 31 | 17 |
| 中国绿化基金会 | 1 | 30 | 30 | 30 | 17 |
| 国家林业和草原局驻内蒙古自治区森林资源监督专员办事处 | 1 | 27 | 27 | 27 | 7 |
| 国家林业和草原局驻长春森林资源监督专员办事处 | 1 | 23 | 23 | 22 | 5 |
| 国家林业和草原局驻黑龙江省森林资源监督专员办事处 | 1 | 25 | 25 | 25 | 8 |
| 国家林业和草原局驻大兴安岭林业集团公司森林资源监督专员办事处 | 1 | 16 | 16 | 16 | 3 |
| 国家林业和草原局驻成都森林资源监督专员办事处 | 1 | 27 | 27 | 27 | 7 |
| 国家林业和草原局驻云南省森林资源监督专员办事处 | 1 | 12 | 12 | 12 | 4 |
| 国家林业和草原局驻福州森林资源监督专员办事处 | 1 | 16 | 16 | 16 | 7 |
| 国家林业和草原局驻西安森林资源监督专员办事处 | 1 | 23 | 23 | 21 | 7 |
| 国家林业和草原局驻武汉森林资源监督专员办事处 | 1 | 18 | 18 | 18 | 3 |
| 国家林业和草原局驻贵阳森林资源监督专员办事处 | 1 | 16 | 16 | 14 | 4 |
| 国家林业和草原局驻广州森林资源监督专员办事处 | 1 | 27 | 27 | 25 | 6 |
| 国家林业和草原局驻合肥森林资源监督专员办事处 | 1 | 15 | 15 | 13 | 3 |
| 国家林业和草原局驻乌鲁木齐森林资源监督专员办事处 | 1 | 19 | 19 | 14 | 5 |
| 国家林业和草原局驻上海森林资源监督专员办事处 | 1 | 16 | 16 | 14 | 6 |
| 国家林业和草原局驻北京森林资源监督专员办事处 | 1 | 22 | 22 | 22 | 6 |
| 国家林业和草原局生物灾害防控中心 | 1 | 109 | 109 | 109 | 38 |
| 国家林业和草原局华东调查规划院 | 1 | 201 | 201 | 201 | 53 |
| 国家林业和草原局中南调查规划院 | 1 | 245 | 245 | 205 | 46 |
| 国家林业和草原局西北调查规划院 | 1 | 268 | 268 | 244 | 82 |
| 国家林业和草原局西南调查规划院 | 1 | 318 | 318 | 318 | 88 |
| 中国大熊猫保护研究中心 | 1 | 254 | 254 | 252 | 97 |
| 大兴安岭林业集团公司 | 46 | 32992 | 31335 | 31335 | 7234 |
| 国家林业和草原局重点国有林区森林资源监测中心 | 1 | 291 | 291 | 271 | 70 |
| 国家林业和草原局幼儿园 | 1 | 77 | 77 | 77 | 69 |
| 四川卧龙国家级自然保护区管理局 | 1 | 153 | 153 | 153 | 42 |
| 陕西佛坪国家级自然保护区管理局 | 1 | 77 | 77 | 57 | 16 |
| 甘肃白水江国家级自然保护区管理局 | 1 | 122 | 122 | 122 | 34 |

# 国家林业和草原局机关及直属单位

| 单位名称 | 单位从业人员：在岗职工：其中：专业技术人员：计 | 其中：中级技术职称人员 | 其中：副高级技术职称人员 | 其中：正高级技术职称人员 | 高中及高中学历以下 |
|---|---|---|---|---|---|
| **总　计** | **7519** | **3465** | **1974** | **680** | **21486** |
| 国家林业和草原局本级 | — | — | — | — | — |
| 国家林业和草原局机关服务中心 | 3 | 1 | 2 | — | 4 |
| 国家林业和草原局信息中心 | 17 | 4 | 11 | 2 | — |
| 国家林业和草原局林业工作站管理总站 | — | — | — | — | — |
| 国家林业和草原局财会核算审计中心 | 31 | 10 | 18 | 3 | — |
| 国家林业和草原局宣传中心 | 2 | — | 2 | — | 1 |
| 国家林业和草原局生态建设工程管理中心 | — | — | — | — | — |
| 国家林业和草原局西北华北东北防护林建设局 | — | — | — | — | — |
| 国家林业和草原局科技发展中心(国家林业和草原局植物新品种保护办公室) | — | — | — | — | — |
| 国家林业和草原局发展研究中心(国家林业和草原局法律事务中心) | 27 | 9 | 8 | 10 | — |
| 国家林业和草原局国际合作交流中心 | — | — | — | — | — |
| 国家林业和草原局国家公园(自然保护地)发展中心 | 3 | 2 | 1 | — | — |
| 国家林业和草原局野生动物保护监测中心 | 15 | 4 | 7 | 4 | — |
| 国家林业和草原局森林草原火灾预防监测中心 | 4 | 2 | 1 | 1 | — |
| 中国林业科学研究院 | 2268 | 834 | 758 | 326 | 782 |
| 国家林业和草原局林草调查规划院 | 252 | 91 | 91 | 55 | 4 |
| 国家林业和草原局产业发展规划院 | 284 | 129 | 80 | 26 | — |
| 国家林业和草原局管理干部学院 | 108 | 70 | 32 | 6 | 1 |
| 中国绿色时报社 | 46 | 21 | 21 | 4 | 2 |
| 中国林业出版社 | 114 | 36 | 21 | 11 | — |
| 国际竹藤中心 | 93 | 30 | 36 | 27 | — |
| 国家林业和草原局亚太森林网络管理中心 | 14 | 5 | 2 | 1 | — |
| 中国林学会 | 31 | 10 | 15 | 4 | — |
| 中国野生动物保护协会 | 2 | — | — | 2 | — |
| 中国绿化基金会 | 30 | 4 | — | 3 | — |
| 国家林业和草原局驻内蒙古自治区森林资源监督专员办事处 | — | — | — | — | — |
| 国家林业和草原局驻长春森林资源监督专员办事处 | 14 | 4 | 5 | 5 | — |
| 国家林业和草原局驻黑龙江省森林资源监督专员办事处 | 14 | 6 | 8 | — | — |
| 国家林业和草原局驻大兴安岭林业集团公司森林资源监督专员办事处 | 12 | 10 | 1 | 1 | — |
| 国家林业和草原局驻成都森林资源监督专员办事处 | — | — | — | — | 2 |
| 国家林业和草原局驻云南省森林资源监督专员办事处 | 9 | 4 | 4 | — | — |
| 国家林业和草原局驻福州森林资源监督专员办事处 | 2 | 1 | 1 | — | 1 |
| 国家林业和草原局驻西安森林资源监督专员办事处 | — | — | — | — | — |
| 国家林业和草原局驻武汉森林资源监督专员办事处 | 8 | 3 | 4 | 1 | — |
| 国家林业和草原局驻贵阳森林资源监督专员办事处 | 6 | 2 | 2 | 2 | — |
| 国家林业和草原局驻广州森林资源监督专员办事处 | — | — | — | — | — |
| 国家林业和草原局驻合肥森林资源监督专员办事处 | 1 | — | — | 1 | — |
| 国家林业和草原局驻乌鲁木齐森林资源监督专员办事处 | 3 | 3 | — | — | — |
| 国家林业和草原局驻上海森林资源监督专员办事处 | — | — | — | — | — |
| 国家林业和草原局驻北京森林资源监督专员办事处 | — | — | — | — | — |
| 国家林业和草原局生物灾害防控中心 | 73 | 21 | 8 | 21 | — |
| 国家林业和草原局华东调查规划院 | 161 | 52 | 45 | 17 | 2 |
| 国家林业和草原局中南调查规划院 | 199 | 71 | 61 | 29 | 6 |
| 国家林业和草原局西北调查规划院 | 116 | 55 | 43 | 18 | 5 |
| 国家林业和草原局西南调查规划院 | 197 | 124 | 62 | 11 | 1 |
| 中国大熊猫保护研究中心 | 85 | 53 | 24 | 8 | 21 |
| 大兴安岭林业集团公司 | 2960 | 1646 | 470 | 61 | 20560 |
| 国家林业和草原局重点国有林区森林资源监测中心 | 170 | 72 | 88 | 10 | 21 |
| 国家林业和草原局幼儿园 | 14 | 13 | 1 | — | 14 |
| 四川卧龙国家级自然保护区管理局 | 52 | 26 | 22 | 4 | 53 |
| 陕西佛坪国家级自然保护区管理局 | 34 | 15 | 16 | 3 | — |
| 甘肃白水江国家级自然保护区管理局 | 45 | 22 | 3 | 3 | 6 |

# 从业人员和劳动报酬情况(二)

单位:人

| 年末人数 | | | | | 在岗职工年平均人数 | 在岗职工年工资总额(万元) | 在岗职工年平均工资(元) | 年末实有离退休人员 |
|---|---|---|---|---|---|---|---|---|
| 业人员 | | | | 离开本单位仍保留劳动关系人员 | | | | |
| 按学历结构 | | | 其他从业人员 | | | | | |
| 中专及大专学历 | 大学本科学历 | 研究生学历 | | | | | | |
| **8629** | **5553** | **3637** | **322** | **1671** | **39065** | **348939** | **89323** | **55891** |
| 6 | 162 | 194 | — | — | 363 | 6373 | 175565 | — |
| 21 | 72 | 16 | — | — | 112 | 1897 | 169375 | 95 |
| 1 | 8 | 15 | — | — | 27 | 403 | 149259 | 7 |
| 1 | 11 | 14 | 1 | — | 26 | 460 | 176923 | 19 |
| 1 | 19 | 35 | 3 | — | 42 | 646 | 153810 | 11 |
| 1 | 12 | 10 | 1 | — | 27 | 443 | 164074 | 10 |
| — | 24 | 25 | — | — | 48 | 868 | 180833 | 16 |
| 14 | 23 | 28 | — | — | 69 | 1123 | 162754 | 73 |
| — | 8 | 16 | 1 | — | 21 | 347 | 165238 | 11 |
| 2 | 15 | 48 | — | — | 64 | 919 | 143594 | 38 |
| — | 9 | 19 | — | — | 30 | 437 | 145667 | 8 |
| — | 6 | 4 | — | — | 10 | 126 | 126000 | 1 |
| 2 | 5 | 10 | — | — | 15 | 261 | 174000 | — |
| — | 9 | 6 | — | — | 12 | 198 | 165000 | 1 |
| 383 | 671 | 1741 | — | — | 3422 | 59094 | 172688 | 3141 |
| 12 | 124 | 144 | 23 | 11 | 282 | 13847 | 491028 | 198 |
| 6 | 176 | 172 | 70 | — | 367 | 12253 | 333869 | 242 |
| 5 | 76 | 59 | 82 | — | 146 | 2730 | 186986 | 113 |
| 5 | 59 | 15 | 3 | — | 83 | 2059 | 248072 | 30 |
| 11 | 41 | 62 | 6 | — | 117 | 2482 | 212137 | 84 |
| 4 | 25 | 112 | 1 | 3 | 129 | 3322 | 257519 | 15 |
| — | 3 | 11 | — | — | 15 | 261 | 174000 | 2 |
| 1 | 9 | 21 | 7 | — | 32 | 710 | 221875 | 29 |
| 1 | 11 | 19 | 2 | — | 32 | 474 | 148125 | 18 |
| 1 | 18 | 11 | — | — | 30 | 553 | 184333 | 5 |
| 1 | 19 | 7 | — | — | 25 | 536 | 214400 | 16 |
| 1 | 12 | 9 | 1 | — | 24 | 273 | 113750 | 16 |
| — | 22 | 3 | — | — | 27 | 340 | 125926 | 21 |
| — | 16 | — | — | — | 16 | 312 | 195000 | 9 |
| 2 | 9 | 14 | — | — | 27 | 290 | 107407 | 4 |
| — | 7 | 5 | — | — | 13 | 322 | 247692 | 7 |
| 2 | 10 | 3 | — | — | 16 | 262 | 163750 | 6 |
| — | 12 | 9 | 2 | — | 22 | 259 | 117727 | 6 |
| 2 | 7 | 9 | — | — | 18 | 247 | 137222 | 3 |
| — | 9 | 5 | 2 | — | 16 | 207 | 129375 | 3 |
| — | 11 | 14 | 2 | — | 25 | 655 | 262000 | 3 |
| — | 8 | 5 | 2 | — | 13 | 286 | 220000 | 3 |
| — | 10 | 4 | 5 | — | 14 | 192 | 137143 | 1 |
| — | 8 | 6 | 2 | — | 14 | 340 | 242857 | 5 |
| 1 | 9 | 12 | — | — | 22 | 373 | 169545 | 4 |
| 3 | 45 | 61 | — | — | 106 | 1246 | 117547 | 83 |
| — | 104 | 95 | — | — | 193 | 7309 | 378705 | 108 |
| 18 | 79 | 102 | 40 | — | 202 | 6755 | 334406 | 104 |
| 14 | 124 | 101 | 24 | — | 238 | 9689 | 407101 | 109 |
| 15 | 110 | 192 | — | — | 315 | 9158 | 290730 | 163 |
| 54 | 148 | 29 | 2 | — | 256 | 3444 | 134531 | 5 |
| 7851 | 2818 | 106 | — | 1657 | 31210 | 183950 | 58939 | 50581 |
| 52 | 166 | 32 | 20 | — | 294 | 5649 | 192143 | 191 |
| 22 | 41 | — | — | — | 81 | 843 | 104074 | 9 |
| 58 | 39 | 3 | — | — | 153 | 1850 | 120915 | 153 |
| 18 | 37 | 2 | 20 | — | 82 | 968 | 118049 | 50 |
| 37 | 77 | 2 | — | — | 122 | 898 | 73607 | 61 |

# 全国生态护林员情况

| 指标名称 | 生态护林员人数（人） | 管护经费（亿元） |
|---|---|---|
| **总　计** | **1858376** | **256.49** |
| **一、脱贫人口生态护林员** | **1048801** | **87.74** |
| 1. 中央资金选聘 | 823389 | 64.29 |
| 2. 地方资金选聘 | 225412 | 23.45 |
| **二、非脱贫人口生态护林员** | **809575** | **168.75** |
| 1. 天然林资源保护 | 226973 | 81.48 |
| 2. 公益林 | 440826 | 68.29 |
| 3. 其他 | 141776 | 18.98 |

# 各地区生态护林员情况(一)

| 省　份 | 人员选聘情况(人) | | | | | | | |
|---|---|---|---|---|---|---|---|---|
| | 总计 | 脱贫人口生态护林员 | | | 非脱贫人口生态护林员 | | | |
| | | 合计 | 中央资金选聘 | 地方资金选聘 | 合计 | 天然林资源保护 | 公益林 | 其他 |
| **全　国** | **1858376** | **1048801** | **823389** | **225412** | **809575** | **226973** | **440826** | **141776** |
| 北　京 | 36114 | — | — | — | 36114 | — | 14 | 36100 |
| 天　津 | 31 | — | — | — | 31 | — | 31 | — |
| 河　北 | 71187 | 50354 | 48568 | 1786 | 20833 | 6642 | 14000 | 191 |
| 山　西 | 49009 | 18915 | 18382 | 533 | 30094 | 12818 | 16133 | 1143 |
| 内蒙古 | 83820 | 17348 | 17348 | — | 66472 | 34257 | 29767 | 2448 |
| 辽　宁 | 18842 | 10 | — | 10 | 18832 | 1593 | 15423 | 1816 |
| 吉　林 | 31041 | 7688 | 7688 | — | 23353 | 18406 | 3403 | 1544 |
| 黑龙江 | 49283 | 13030 | 13030 | — | 36253 | 24626 | 9245 | 2382 |
| 上　海 | — | — | — | — | — | — | — | — |
| 江　苏 | 7590 | 6 | — | 6 | 7584 | — | 6622 | 962 |
| 浙　江 | 16773 | — | — | — | 16773 | 239 | 15119 | 1415 |
| 安　徽 | 30150 | 24066 | 22125 | 1941 | 6084 | 353 | 1332 | 4399 |
| 福　建 | 14666 | 17 | — | 17 | 14649 | 3432 | 7406 | 3811 |
| 江　西 | 36869 | 26502 | 23784 | 2718 | 10367 | 2323 | 3567 | 4477 |
| 山　东 | 25432 | 831 | — | 831 | 24601 | 123 | 22185 | 2293 |
| 河　南 | 51203 | 43878 | 43838 | 40 | 7325 | 3104 | 4211 | 10 |
| 湖　北 | 72071 | 68144 | 66877 | 1267 | 3927 | 1727 | 1145 | 1055 |
| 湖　南 | 56753 | 38146 | 36137 | 2009 | 18607 | 2020 | 7596 | 8991 |
| 广　东 | 32358 | 7718 | — | 7718 | 24640 | 194 | 12605 | 11841 |
| 广　西 | 68251 | 64928 | 64517 | 411 | 3323 | 296 | 1806 | 1221 |
| 海　南 | 8355 | 3972 | 3972 | — | 4383 | 1321 | 2849 | 213 |
| 重　庆 | 37703 | 24734 | 22022 | 2712 | 12969 | 4156 | 7943 | 870 |
| 四　川 | 96478 | 57430 | 55047 | 2383 | 39048 | 34906 | 716 | 3426 |
| 贵　州 | 192077 | 182864 | 72265 | 110599 | 9213 | 6785 | 1968 | 460 |
| 云　南 | 243592 | 183007 | 105484 | 77523 | 60585 | 22718 | 32227 | 5640 |
| 西　藏 | 209922 | 24462 | 24462 | — | 185460 | — | 185460 | — |
| 陕　西 | 64217 | 49721 | 48983 | 738 | 14496 | 10417 | 2786 | 1293 |
| 甘　肃 | 90948 | 66339 | 54224 | 12115 | 24609 | 4451 | 5828 | 14330 |
| 青　海 | 74282 | 19004 | 19004 | — | 55278 | 7760 | 19325 | 28193 |
| 宁　夏 | 14733 | 11300 | 11300 | — | 3433 | 2535 | 878 | 20 |
| 新　疆 | 56834 | 44387 | 44332 | 55 | 12447 | 1979 | 9236 | 1232 |
| 大兴安岭 | 17792 | — | — | — | 17792 | 17792 | — | — |

# 各地区生态护林员情况(二)

| 省 份 | 管护经费(亿元) | | | | | | | |
|---|---|---|---|---|---|---|---|---|
| | 总计 | 脱贫人口生态护林员 | | | 非脱贫人口生态护林员 | | | |
| | | 合计 | 中央资金 | 地方资金 | 合计 | 天然林资源保护 | 公益林 | 其他 |
| **全 国** | **256.49** | **87.74** | **64.29** | **23.45** | **168.75** | **81.48** | **68.29** | **18.98** |
| 北 京 | 3.21 | — | — | — | 3.21 | — | — | 3.21 |
| 天 津 | 0.03 | — | — | — | 0.03 | — | 0.03 | — |
| 河 北 | 4.78 | 3.04 | 2.97 | 0.07 | 1.75 | 0.66 | 1.09 | — |
| 山 西 | 5.13 | 1.37 | 1.33 | 0.04 | 3.76 | 1.81 | 1.85 | 0.11 |
| 内蒙古 | 30.12 | 1.73 | 1.73 | — | 28.39 | 20.02 | 7.44 | 0.93 |
| 辽 宁 | 2.32 | — | — | — | 2.32 | 0.19 | 1.87 | 0.26 |
| 吉 林 | 8.35 | 0.64 | 0.64 | — | 7.71 | 6.39 | 1.05 | 0.27 |
| 黑龙江 | 18.79 | 0.68 | 0.68 | — | 18.12 | 12.98 | 4.22 | 0.92 |
| 上 海 | 3.47 | — | — | — | 3.47 | — | 3.47 | — |
| 江 苏 | 1.60 | — | — | — | 1.60 | — | 1.40 | 0.20 |
| 浙 江 | 2.02 | — | — | — | 2.02 | 0.02 | 1.87 | 0.13 |
| 安 徽 | 2.07 | 1.86 | 1.77 | 0.10 | 0.21 | 0.01 | 0.10 | 0.10 |
| 福 建 | 3.28 | — | — | — | 3.28 | 0.88 | 1.82 | 0.58 |
| 江 西 | 4.42 | 2.70 | 2.38 | 0.32 | 1.72 | 0.46 | 0.59 | 0.67 |
| 山 东 | 3.02 | 0.17 | — | 0.17 | 2.86 | 0.02 | 2.68 | 0.16 |
| 河 南 | 4.56 | 2.94 | 2.93 | — | 1.62 | 0.36 | 1.26 | — |
| 湖 北 | 3.35 | 2.74 | 2.68 | 0.06 | 0.62 | 0.31 | 0.24 | 0.07 |
| 湖 南 | 5.53 | 3.78 | 3.59 | 0.19 | 1.75 | 0.19 | 0.52 | 1.04 |
| 广 东 | 7.36 | 2.96 | — | 2.96 | 4.40 | 0.05 | 3.04 | 1.31 |
| 广 西 | 6.18 | 5.33 | 5.30 | 0.02 | 0.85 | 0.05 | 0.37 | 0.43 |
| 海 南 | 2.89 | 0.40 | 0.40 | — | 2.49 | 0.98 | 1.48 | 0.03 |
| 重 庆 | 2.27 | 1.36 | 1.20 | 0.15 | 0.91 | 0.31 | 0.44 | 0.16 |
| 四 川 | 14.93 | 3.64 | 3.41 | 0.23 | 11.29 | 10.78 | 0.16 | 0.35 |
| 贵 州 | 19.71 | 18.26 | 7.23 | 11.04 | 1.45 | 1.20 | 0.16 | 0.09 |
| 云 南 | 27.65 | 16.86 | 9.76 | 7.10 | 10.79 | 5.07 | 4.94 | 0.78 |
| 西 藏 | 18.43 | 1.37 | 1.37 | — | 17.06 | — | 17.06 | — |
| 陕 西 | 6.70 | 3.18 | 3.14 | 0.03 | 3.52 | 3.05 | 0.26 | 0.21 |
| 甘 肃 | 7.52 | 5.27 | 4.31 | 0.96 | 2.25 | 0.39 | 1.36 | 0.50 |
| 青 海 | 11.73 | 1.90 | 1.90 | — | 9.83 | 1.73 | 1.84 | 6.27 |
| 宁 夏 | 1.94 | 1.13 | 1.13 | — | 0.81 | 0.51 | 0.31 | — |
| 新 疆 | 11.22 | 4.44 | 4.43 | — | 6.78 | 1.18 | 5.39 | 0.21 |
| 大兴安岭 | 11.90 | — | — | — | 11.90 | 11.90 | — | — |

# 全国林草科技机构、人员和资金投入情况

| 指　标 | 单　位 | 本年实际 |
|---|---|---|
| **一、机构数** | **个** | **4796** |
| 1. 科研机构 | 个 | 639 |
| 2. 推广机构 | 个 | 2855 |
| 3. 质检机构 | 个 | 153 |
| 4. 其他 | 个 | 1149 |
| **二、科技人员** | **人** | **72499** |
| 1. 科技管理人员 | 人 | 7700 |
| 2. 科研人员 | 人 | 17270 |
| 3. 科技推广人员 | 人 | 35501 |
| 4. 其他 | 人 | 12028 |
| **三、资金投入** | **万元** | **789372** |
| 其中：中央资金 | 万元 | 283405 |
| 地方资金 | 万元 | 469267 |

# 各地区林草科技机构、

| 地 区 | 机构数(个) | | | | | | |
|---|---|---|---|---|---|---|---|
| | 合计 | 科研机构 | 推广机构 | 质检机构 | 其他 | 合计 | 科技管理人员 |
| **全 国** | **4796** | **639** | **2855** | **153** | **1149** | **72499** | **7700** |
| 北 京 | 13 | 1 | 12 | — | — | 311 | 35 |
| 天 津 | 12 | — | 11 | — | 1 | 189 | 5 |
| 河 北 | 195 | 7 | 156 | 10 | 22 | 2179 | 168 |
| 山 西 | 296 | 6 | 115 | 1 | 174 | 2890 | 311 |
| 内蒙古 | 361 | 20 | 238 | 3 | 100 | 4872 | 309 |
| 辽 宁 | 63 | 10 | 29 | 4 | 20 | 1736 | 441 |
| 吉 林 | 72 | 14 | 36 | 6 | 16 | 1183 | 209 |
| 黑龙江 | 112 | 77 | 15 | 4 | 16 | 3137 | 363 |
| 上 海 | 127 | 7 | 117 | 2 | 1 | 1367 | 105 |
| 江 苏 | 102 | 5 | 83 | 3 | 11 | 1254 | 67 |
| 浙 江 | 89 | 12 | 52 | 7 | 18 | 1721 | 174 |
| 安 徽 | 107 | 10 | 90 | 1 | 6 | 1227 | 103 |
| 福 建 | 107 | 6 | 59 | 1 | 41 | 1372 | 62 |
| 江 西 | 98 | 16 | 71 | 2 | 9 | 2391 | 104 |
| 山 东 | 153 | 14 | 129 | 3 | 7 | 2603 | 411 |
| 河 南 | 198 | 39 | 140 | 1 | 18 | 3056 | 426 |
| 湖 北 | 269 | 49 | 99 | 10 | 111 | 2937 | 383 |
| 湖 南 | 320 | 57 | 162 | 9 | 92 | 3700 | 456 |
| 广 东 | 116 | 56 | 35 | 5 | 20 | 2370 | 328 |
| 广 西 | 192 | 34 | 97 | 1 | 60 | 3676 | 313 |
| 海 南 | 7 | 5 | 1 | 1 | — | 300 | 39 |
| 重 庆 | 53 | 10 | 36 | — | 7 | 560 | 101 |
| 四 川 | 396 | 23 | 307 | 12 | 54 | 4373 | 566 |
| 贵 州 | 88 | 12 | 59 | 5 | 12 | 1231 | 106 |
| 云 南 | 350 | 42 | 171 | 17 | 120 | 3596 | 341 |
| 西 藏 | 17 | 2 | 2 | — | 13 | 1067 | 23 |
| 陕 西 | 197 | 18 | 130 | 22 | 27 | 5001 | 436 |
| 甘 肃 | 143 | 22 | 99 | 10 | 12 | 3468 | 361 |
| 青 海 | 170 | 2 | 90 | — | 78 | 1363 | 94 |
| 宁 夏 | 46 | 4 | 38 | 4 | — | 939 | 75 |
| 新 疆 | 233 | 7 | 157 | 5 | 64 | 2919 | 261 |
| 局直属单位 | 94 | 52 | 19 | 4 | 19 | 3511 | 524 |
| 大兴安岭 | 28 | 5 | 11 | — | 12 | 332 | 57 |

# 人员和资金投入情况

| 科技人员(人) | | | 资金投入(万元) | | |
| --- | --- | --- | --- | --- | --- |
| 科研人员 | 科技推广人员 | 其他 | 合计 | 其中:中央资金 | 其中:地方资金 |
| **17270** | **35501** | **12028** | **789372** | **283405** | **469267** |
| 99 | 133 | 44 | 7916 | 196 | 7720 |
| — | 155 | 29 | 452 | 358 | 94 |
| 204 | 1381 | 426 | 3094 | 1719 | 1375 |
| 365 | 1895 | 319 | 9181 | 2449 | 6733 |
| 745 | 2523 | 1295 | 23809 | 6345 | 17037 |
| 716 | 265 | 314 | 21566 | 5118 | 16448 |
| 336 | 568 | 70 | 9903 | 3260 | 6643 |
| 2199 | 118 | 457 | 63546 | 24413 | 23602 |
| 411 | 721 | 130 | 59668 | 274 | 59394 |
| 88 | 904 | 195 | 5951 | 951 | 5000 |
| 175 | 1097 | 275 | 26280 | 1975 | 24305 |
| 103 | 950 | 71 | 16749 | 1747 | 14966 |
| 303 | 563 | 444 | 20639 | 2945 | 17684 |
| 699 | 1392 | 196 | 21866 | 7464 | 14401 |
| 381 | 1556 | 255 | 8709 | 1020 | 7688 |
| 472 | 1787 | 371 | 12155 | 1549 | 10593 |
| 516 | 1239 | 799 | 24918 | 11287 | 13631 |
| 823 | 2013 | 408 | 12540 | 3233 | 9302 |
| 572 | 853 | 617 | 51095 | 8797 | 42063 |
| 1412 | 1262 | 689 | 21862 | 5708 | 11582 |
| 171 | 16 | 74 | 2827 | 710 | 2117 |
| 167 | 272 | 20 | 10689 | 1352 | 9337 |
| 1034 | 2144 | 629 | 37039 | 2464 | 34575 |
| 449 | 595 | 81 | 7082 | 3205 | 3874 |
| 649 | 2026 | 580 | 34878 | 7402 | 27476 |
| 50 | 99 | 895 | 1494 | 1494 | — |
| 874 | 2989 | 702 | 18203 | 3388 | 14815 |
| 823 | 1800 | 484 | 2632 | 1426 | 1206 |
| 21 | 1129 | 119 | 2673 | 1645 | 1028 |
| 68 | 796 | — | 6400 | 1585 | 4815 |
| 404 | 1772 | 482 | 25000 | 6394 | 18606 |
| 1941 | 488 | 558 | 218558 | 161534 | 41158 |
| 30 | 241 | 4 | 2463 | 1189 | 1274 |

# 全国国有林场情况

| 主要指标 | 单　位 | 本年实际 |
|---|---|---|
| **一、国有林场个数** | **个** | **4286** |
| **二、国有林场经营面积** | **公顷** | **79819253** |
| 其中:林地面积 | 公顷 | 58455997 |
| **三、国有林场在岗职工人数** | **人** | **262958** |

# 各地区国有林场情况

| 地 区 | 国有林场个数（个） | 国有林场经营面积(公顷) | | 国有林场在岗职工人数（人） |
| --- | --- | --- | --- | --- |
| | | 合计 | 其中:林地面积 | |
| **全 国** | **4286** | **79819253** | **58455997** | **262958** |
| 北 京 | 31 | 60723 | 57187 | 1076 |
| 天 津 | 1 | 1376 | 1264 | 40 |
| 河 北 | 130 | 827712 | 788667 | 6263 |
| 山 西 | 226 | 2368108 | 2168458 | 8016 |
| 内蒙古 | 292 | 12263915 | 9086054 | 21721 |
| 辽 宁 | 178 | 887561 | 781603 | 8398 |
| 吉 林 | 89 | 3336930 | 2884991 | 20461 |
| 黑龙江 | 424 | 7631167 | 7284669 | 30130 |
| 上 海 | 1 | 267 | 215 | 158 |
| 江 苏 | 57 | 98926 | 86888 | 3691 |
| 浙 江 | 97 | 256411 | 241651 | 2843 |
| 安 徽 | 100 | 274975 | 272636 | 4807 |
| 福 建 | 129 | 1057197 | 1016386 | 8022 |
| 江 西 | 227 | 1653210 | 1610113 | 18172 |
| 山 东 | 150 | 151738 | 140778 | 7053 |
| 河 南 | 84 | 445184 | 435567 | 8345 |
| 湖 北 | 223 | 599865 | 577441 | 6715 |
| 湖 南 | 216 | 774580 | 743618 | 15904 |
| 广 东 | 201 | 779527 | 723044 | 8850 |
| 广 西 | 145 | 1679708 | 1650391 | 18123 |
| 海 南 | 23 | 101594 | 98498 | 884 |
| 重 庆 | 69 | 354816 | 349794 | 3020 |
| 四 川 | 157 | 2692767 | 2305465 | 6078 |
| 贵 州 | 105 | 360808 | 338534 | 4563 |
| 云 南 | 142 | 3654475 | 3290575 | 8678 |
| 西 藏 | — | — | — | — |
| 陕 西 | 208 | 3819258 | 3643331 | 11390 |
| 甘 肃 | 253 | 4647304 | 3434532 | 13591 |
| 青 海 | 113 | 10947006 | 4458853 | 2144 |
| 宁 夏 | 96 | 979996 | 845847 | 3920 |
| 新 疆 | 106 | 17053328 | 9080757 | 9393 |
| 局直属单位 | 13 | 58821 | 58190 | 509 |

# 4

# 林草投资

## INVESTMENT IN FORESTRY AND GRASSLAND

中国
林业和草原统计年鉴 2022

# 全国林草投资

| 指标名称 | 本年实际 | 中央资金 | |
| --- | --- | --- | --- |
| | | 中央预算内资金 | 中央财政资金 |
| **总　计** | **36616472** | **2643374** | **9132927** |
| 其中:固定资产投资完成额 | 6982736 | 1010268 | 467151 |
| 重点区域生态保护和修复工程项目 | 1836476 | 1633123 | — |
| 一、造林 | 7494975 | 1294977 | 1096512 |
| 二、森林经营 | 6267914 | 125790 | 1576313 |
| 三、草原保护修复 | 976331 | 267860 | 479436 |
| 四、湿地保护修复 | 477386 | 63352 | 194743 |
| 五、荒漠化治理 | 281620 | 150227 | 73814 |
| 六、林草有害生物防治 | 601344 | 34486 | 151355 |
| 七、林草防火 | 741041 | 161719 | 84382 |
| 八、自然保护地管理和监测 | 598051 | 60858 | 189604 |
| 九、生物多样性保护 | 324767 | 118250 | 96589 |
| 十、其他 | 18853045 | 365853 | 5190179 |

# 完成情况

单位:万元

| 地方资金 | 国内贷款 | 利用外资 | 自筹资金 | 其他社会资金 |
|---|---|---|---|---|
| **11394754** | **3038262** | **59181** | **6043319** | **4304655** |
| 1302364 | 795235 | 6023 | 2371298 | 1030397 |
| 113284 | — | — | 90069 | — |
| 2445891 | 952789 | 36194 | 1098334 | 570277 |
| 1219582 | 1499577 | 9421 | 1037136 | 800094 |
| 144012 | — | — | 71950 | 13073 |
| 184464 | 69 | — | 18532 | 16226 |
| 53863 | — | — | 2336 | 1379 |
| 359484 | 146 | — | 39119 | 16754 |
| 448536 | 806 | — | 33140 | 12457 |
| 224225 | — | 220 | 117971 | 5173 |
| 77020 | — | 126 | 23576 | 9206 |
| 6237677 | 584875 | 13219 | 3601226 | 2860016 |

# 各地区林草

| 地区 | 总计 | 其中 | | | 造林 | 森林经营 |
|---|---|---|---|---|---|---|
| | | 国家投资 | 固定资产投资完成额 | 重点区域生态保护和修复工程项目 | | |
| **全　国** | **36616472** | **23171054** | **6982736** | **1836476** | **7494975** | **6267914** |
| 北　京 | 1178884 | 1164385 | 470589 | 50915 | 456698 | 311457 |
| 天　津 | 63945 | 62482 | 48929 | — | 39854 | 19292 |
| 河　北 | 945254 | 869188 | 175990 | 48745 | 424798 | 139635 |
| 山　西 | 972375 | 922538 | 193833 | 232393 | 445023 | 75349 |
| 内蒙古 | 1579871 | 1555741 | 184817 | 89547 | 225269 | 279810 |
| 辽　宁 | 355290 | 347225 | 25125 | 14765 | 74919 | 24277 |
| 吉　林 | 840350 | 799739 | 32873 | 53355 | 85751 | 89257 |
| 黑龙江 | 1858599 | 1520148 | 75425 | 38853 | 79253 | 221323 |
| 上　海 | 104200 | 104070 | 52925 | — | 31835 | 48833 |
| 江　苏 | 328499 | 185789 | 3328 | 69 | 158811 | 52687 |
| 浙　江 | 718221 | 524520 | 13160 | — | 251609 | 48212 |
| 安　徽 | 700701 | 303968 | 82964 | 4633 | 149170 | 222090 |
| 福　建 | 827534 | 505901 | 18763 | 37212 | 245466 | 178434 |
| 江　西 | 1143015 | 728200 | 1755 | 17265 | 275920 | 232724 |
| 山　东 | 621655 | 571895 | 28833 | 9425 | 104419 | 46608 |
| 河　南 | 716659 | 492100 | 57792 | 48829 | 403272 | 48783 |
| 湖　北 | 1210261 | 788176 | 46991 | 92843 | 252215 | 275330 |
| 湖　南 | 1608820 | 1032985 | 162899 | 54987 | 289389 | 395129 |
| 广　东 | 1116216 | 961989 | 15799 | 19275 | 226945 | 123703 |
| 广　西 | 6656842 | 741399 | 3320300 | 113634 | 745013 | 1268916 |
| 海　南 | 156601 | 140073 | 5558 | 7329 | 5435 | 5497 |
| 重　庆 | 811831 | 559497 | 131013 | 42834 | 190922 | 96923 |
| 四　川 | 2354117 | 1271362 | 84953 | 69837 | 257234 | 117072 |
| 贵　州 | 2892679 | 1193941 | 721769 | 178098 | 345802 | 1401798 |
| 云　南 | 1329168 | 1149772 | 86575 | 34031 | 248425 | 176309 |
| 西　藏 | 290159 | 290159 | 7924 | 20960 | 54718 | 2004 |
| 陕　西 | 961330 | 881842 | 198940 | 118054 | 287418 | 78467 |
| 甘　肃 | 1509987 | 1112764 | 217153 | 186024 | 674039 | 48559 |
| 青　海 | 684556 | 678815 | 257611 | 119068 | 123302 | 28343 |
| 宁　夏 | 392794 | 374238 | 145325 | 66820 | 184526 | 32944 |
| 新　疆 | 738108 | 699496 | 35982 | 53676 | 117182 | 127284 |
| 局直属单位 | 947950 | 636655 | 76841 | 13000 | 40345 | 50866 |
| 大兴安岭 | 395344 | 369233 | 49953 | 13000 | 13890 | 40400 |

# 投资完成情况

单位:万元

| 自年初累计完成投资 | | | | | | | |
|---|---|---|---|---|---|---|---|
| 草原保护修复 | 湿地保护修复 | 荒漠化治理 | 林草有害生物防治 | 林草防火 | 自然保护地管理和监测 | 生物多样性保护 | 其他 |
| **976331** | **477386** | **281620** | **601344** | **741041** | **598051** | **324767** | **18853045** |
| — | 1918 | 94 | 11636 | 29683 | 2612 | 13567 | 351219 |
| — | 1417 | — | 1622 | 462 | 120 | 123 | 1056 |
| 22442 | 25003 | — | 15480 | 25520 | 8677 | 1679 | 282019 |
| 17411 | 2201 | 23 | 3663 | 48507 | 5211 | 1534 | 373453 |
| 85647 | 11427 | 6139 | 16209 | 22650 | 21380 | 5287 | 906052 |
| 9961 | 3339 | 620 | 16688 | 9556 | 10912 | 1875 | 203143 |
| 9914 | 6070 | 1502 | 4979 | 18768 | 2465 | 9899 | 611745 |
| 9102 | 13988 | — | 8319 | 38134 | 11601 | 3007 | 1473872 |
| — | 6373 | — | 4606 | 498 | 329 | 1143 | 10584 |
| 15 | 17480 | — | 11264 | 13783 | 1615 | 1414 | 71430 |
| — | 16732 | — | 75281 | 18795 | 27174 | 12996 | 267425 |
| 17832 | 14183 | — | 43496 | 15464 | 7935 | 21243 | 209289 |
| 20861 | 32171 | — | 23236 | 10898 | 23446 | 21944 | 271076 |
| — | 16533 | — | 39639 | 22243 | 12989 | 8135 | 534831 |
| 1098 | 35514 | 84 | 51200 | 59069 | 2818 | 14600 | 306245 |
| 1872 | 12811 | — | 8590 | 12992 | 5170 | 3096 | 220074 |
| 128203 | 37403 | 8105 | 28746 | 19156 | 20958 | 41273 | 398873 |
| 24319 | 16248 | 45489 | 28237 | 26414 | 12582 | 37732 | 733281 |
| — | 38529 | 32 | 42377 | 43069 | 62126 | 23228 | 556208 |
| 23348 | 20518 | 51736 | 30243 | 29403 | 111991 | 7092 | 4368582 |
| — | 18949 | — | 2607 | 1192 | 42315 | 660 | 79945 |
| — | 11897 | 392 | 28353 | 33050 | 12713 | 4786 | 432795 |
| 81916 | 19456 | 10410 | 24211 | 79946 | 51425 | 11594 | 1700853 |
| 63026 | 11723 | 80594 | 8214 | 15848 | 10643 | 2953 | 952079 |
| 95251 | 6879 | 15082 | 6359 | 59338 | 27688 | 30929 | 662909 |
| 47690 | 17866 | 3231 | 1648 | 7465 | 19161 | 1093 | 135283 |
| 15651 | 5649 | 102 | 15388 | 7048 | 10655 | 9629 | 531325 |
| 56257 | 12084 | 9581 | 8355 | 15174 | 36556 | 4494 | 644890 |
| 155695 | 23808 | 27063 | 11362 | 11295 | 8187 | 12338 | 283163 |
| 12422 | 9854 | 14131 | 1929 | 6413 | 3648 | 2188 | 124739 |
| 74666 | 5834 | 3939 | 18429 | 12163 | 4415 | 3227 | 370970 |
| 1733 | 3529 | 3271 | 8978 | 27045 | 18535 | 10010 | 783636 |
| — | 725 | — | 593 | 23914 | 1779 | 70 | 313973 |

# 国家林业和草原局机关及

| 单 位 | 总计 | 其中:固定资产投资完成额 | 造林 | 森林经营 |
|---|---|---|---|---|
| **总 计** | **947950** | **76841** | **40345** | **50866** |
| 国家林业和草原局本级 | 52299 | — | 2572 | 425 |
| 国家林业和草原局机关服务中心 | 6728 | — | 20 | — |
| 国家林业和草原局信息中心 | 12106 | 4241 | — | — |
| 国家林业和草原局林业工作站管理总站 | 1228 | — | — | — |
| 国家林业和草原局财会核算审计中心 | 1324 | — | — | — |
| 国家林业和草原局宣传中心 | 2671 | — | — | — |
| 国家林业和草原局生态建设工程管理中心 | 1007 | — | — | — |
| 国家林业和草原局西北华北东北防护林建设局 | 2539 | — | — | — |
| 国家林业和草原局科技发展中心(国家林业和草原局植物新品种保护办公室) | 1356 | — | — | — |
| 国家林业和草原局发展研究中心(国家林业和草原局法律事务中心) | 3161 | 15 | — | — |
| 国家林业和草原局国际合作交流中心 | 1345 | — | — | — |
| 国家林业和草原局国家公园(自然保护地)发展中心 | 1016 | — | — | — |
| 国家林业和草原局野生动物保护监测中心 | 442 | — | — | — |
| 国家林业和草原局森林草原火灾预防监测中心 | 854 | 40 | — | — |
| 中国林业科学研究院 | 186022 | 11509 | 3992 | 10041 |
| 国家林业和草原局林草调查规划院 | 47881 | 2138 | — | — |
| 国家林业和草原局产业发展规划院 | 28729 | — | — | — |
| 国家林业和草原局管理干部学院 | 9386 | 1631 | — | — |
| 中国绿色时报社 | 3521 | — | — | — |
| 中国林业出版社 | 6385 | — | — | — |
| 国际竹藤中心 | 13077 | 1091 | — | — |
| 国家林业和草原局亚太森林网络管理中心 | 1261 | — | — | — |
| 中国林学会 | 2137 | — | — | — |
| 中国野生动物保护协会 | 762 | — | — | — |
| 中国绿化基金会 | 20705 | — | 19871 | — |
| 国家林业和草原局驻内蒙古自治区森林资源监督专员办事处 | 897 | — | — | — |
| 国家林业和草原局驻长春森林资源监督专员办事处 | 390 | — | — | — |
| 国家林业和草原局驻黑龙江省森林资源监督专员办事处 | 714 | — | — | — |
| 国家林业和草原局驻大兴安岭林业集团公司森林资源监督专员办事处 | 371 | — | — | — |
| 国家林业和草原局驻成都森林资源监督专员办事处 | 562 | — | — | — |
| 国家林业和草原局驻云南省森林资源监督专员办事处 | 713 | — | — | — |
| 国家林业和草原局驻福州森林资源监督专员办事处 | 606 | — | — | — |
| 国家林业和草原局驻西安森林资源监督专员办事处 | 223 | — | — | — |
| 国家林业和草原局驻武汉森林资源监督专员办事处 | 522 | — | — | — |
| 国家林业和草原局驻贵阳森林资源监督专员办事处 | 440 | — | — | — |
| 国家林业和草原局驻广州森林资源监督专员办事处 | 1137 | — | — | — |
| 国家林业和草原局驻合肥森林资源监督专员办事处 | 246 | — | — | — |
| 国家林业和草原局驻乌鲁木齐森林资源监督专员办事处 | 622 | — | — | — |
| 国家林业和草原局驻上海森林资源监督专员办事处 | 682 | — | — | — |
| 国家林业和草原局驻北京森林资源监督专员办事处 | 906 | — | — | — |
| 国家林业和草原局生物灾害防控中心 | 7256 | — | — | — |
| 国家林业和草原局华东调查规划院 | 15762 | — | — | — |
| 国家林业和草原局中南调查规划院 | 17465 | 1422 | — | — |
| 国家林业和草原局西北调查规划院 | 41386 | 1852 | — | — |
| 国家林业和草原局西南调查规划院 | 22656 | 611 | — | — |
| 中国大熊猫保护研究中心 | 11142 | 635 | — | — |
| 大兴安岭林业集团公司 | 395344 | 49953 | 13890 | 40400 |
| 国家林业和草原局重点国有林区森林资源监测中心 | 10252 | — | — | — |
| 国家林业和草原局幼儿园 | 1641 | — | — | — |
| 四川卧龙国家级自然保护区管理局 | 1923 | 1692 | — | — |
| 陕西佛坪国家级自然保护区管理局 | — | — | — | — |
| 甘肃白水江国家级自然保护区管理局 | 6149 | 11 | — | — |

# 直属单位林草投资完成情况

单位:万元

| 自年初累计完成投资 | | | | | | | |
| --- | --- | --- | --- | --- | --- | --- | --- |
| 草原保护修复 | 湿地保护修复 | 荒漠化治理 | 林草有害生物防治 | 林草防火 | 自然保护地管理和监测 | 生物多样性保护 | 其他 |
| **1733** | **3529** | **3271** | **8978** | **27045** | **18535** | **10010** | **783636** |
| 596 | 474 | 796 | 619 | 600 | 1257 | 1030 | 43930 |
| — | — | — | — | — | — | — | 6708 |
| — | — | — | — | — | — | — | 12106 |
| — | — | — | — | — | — | — | 1228 |
| — | — | — | — | — | — | — | 1324 |
| — | — | — | — | — | — | — | 2671 |
| — | — | — | — | — | — | — | 1007 |
| — | — | — | — | — | — | — | 2539 |
| — | — | — | — | — | — | — | 1356 |
| — | — | — | — | — | — | — | 3161 |
| — | — | — | — | — | — | — | 1345 |
| — | — | — | — | — | 825 | — | 192 |
| — | — | — | — | — | — | 209 | 233 |
| — | — | — | — | 854 | — | — | — |
| 790 | 2037 | 1942 | 99 | 970 | 307 | 2905 | 162937 |
| 40 | 11 | 77 | — | 360 | 15 | — | 47378 |
| — | — | — | — | — | — | — | 28729 |
| — | — | — | — | — | — | — | 9386 |
| — | — | — | — | — | — | — | 3521 |
| — | — | — | — | — | — | — | 6385 |
| — | — | — | — | — | — | — | 13077 |
| — | — | — | — | 293 | — | — | 968 |
| — | — | — | — | — | — | — | 2137 |
| — | — | — | — | — | — | — | 762 |
| — | — | — | — | — | — | — | 835 |
| — | — | — | — | — | — | — | 897 |
| — | — | — | — | — | — | — | 390 |
| — | — | — | — | — | — | — | 714 |
| — | — | — | — | — | — | — | 371 |
| — | — | — | — | — | — | — | 562 |
| — | — | — | — | — | — | — | 713 |
| — | — | — | — | — | — | — | 606 |
| — | — | — | — | — | 88 | — | 134 |
| — | — | — | — | — | — | — | 522 |
| — | — | — | — | — | — | — | 440 |
| — | — | — | — | — | — | — | 1137 |
| — | — | — | — | — | — | — | 246 |
| — | — | — | — | — | — | — | 622 |
| — | — | — | — | — | — | — | 682 |
| — | — | — | — | — | — | — | 906 |
| — | — | — | 7256 | — | — | — | — |
| — | — | — | — | — | — | — | 15762 |
| 307 | 282 | 456 | 401 | — | 11088 | 186 | 4745 |
| — | — | — | — | — | — | — | 41386 |
| — | — | — | — | — | — | 15 | 22641 |
| — | — | — | — | — | — | 5214 | 5928 |
| — | 725 | — | 593 | 23914 | 1779 | 70 | 313973 |
| — | — | — | — | — | — | — | 10252 |
| — | — | — | — | — | — | — | 1641 |
| — | — | — | — | — | 95 | 136 | 1692 |
| — | — | — | — | — | — | — | — |
| — | — | — | 10 | 54 | 3082 | 245 | 2758 |

# 各地区自然保护地

| 指标名称 | 存货 | 固定资产原价 | 公共基础设施本年折旧 | 保障性住房本年折旧 | 资产总计 |
|---|---|---|---|---|---|
| **全国** | **303** | **301414** | **4789** | **—** | **643809** |
| 内蒙古 | 1 | 10893 | 2330 | — | 8861 |
| 黑龙江 | — | 116584 | — | — | 41284 |
| 浙江 | — | 93969 | 67 | — | 105331 |
| 安徽 | 60 | 782 | — | — | 383 |
| 福建 | — | 5883 | — | — | 17801 |
| 山东 | 129 | 32936 | 50 | — | 176844 |
| 湖北 | — | 3611 | — | — | 92335 |
| 广东 | — | 15209 | 2342 | — | 123388 |
| 广西 | — | 5848 | — | — | 7081 |
| 四川 | 82 | 1161 | — | — | 47016 |
| 云南 | 25 | 7552 | — | — | 7977 |
| 青海 | 6 | 6986 | — | — | 15508 |

说明：本表统计范围为具有法人资格且财务独立核算的国家公园、国家级自然保护区、国家(级)自然公园中执行行政财务

# 行政单位财务情况(一)

单位:万元

| 负债合计 | 本年收入合计 | 本年支出 | | |
|---|---|---|---|---|
| | | 合计 | 工资福利支出 | 商品和服务支出 |
| | | | | 小计 |
| **127936** | **287041** | **218899** | **46338** | **68846** |
| 882 | 10633 | 11545 | 1678 | 1302 |
| 1367 | 23742 | 25888 | 1847 | 3479 |
| 36919 | 132785 | 67852 | 18228 | 25876 |
| 50 | 914 | 1155 | 264 | 871 |
| 901 | 13528 | 11882 | 2004 | 8862 |
| 2293 | 38592 | 31388 | 8811 | 8528 |
| 1315 | 4123 | 3832 | 2255 | 1154 |
| 34011 | 21580 | 21641 | 2746 | 5097 |
| 157 | 5350 | 4955 | 2211 | 2462 |
| 49030 | 23451 | 23502 | 1943 | 7359 |
| 108 | 9378 | 9421 | 3855 | 3823 |
| 903 | 2965 | 5838 | 496 | 33 |

制度的单位。

# 各地区自然保护地

| 指标名称 | 本年<br>商品和服务支出<br>其中<br>取暖费 | 差旅费 | 因公出国（境）费用 | 劳务费 | 工会经费 | 福利费 |
|---|---|---|---|---|---|---|
| **全　国** | **226** | **700** | **—** | **8087** | **483** | **697** |
| 内蒙古 | 143 | 18 | — | 229 | 3 | 6 |
| 黑龙江 | 73 | 15 | — | 14 | 5 | 16 |
| 浙　江 | — | 115 | — | 461 | 161 | 519 |
| 安　徽 | — | 50 | — | 7 | 14 | 6 |
| 福　建 | — | 30 | — | 76 | 37 | 5 |
| 山　东 | 8 | 80 | — | 2238 | 132 | — |
| 湖　北 | — | 36 | — | 190 | 25 | 99 |
| 广　东 | — | 12 | — | 1369 | 22 | — |
| 广　西 | — | 77 | — | 1601 | 30 | 8 |
| 四　川 | 2 | 96 | — | 489 | 8 | 18 |
| 云　南 | — | 170 | — | 1413 | 41 | 20 |
| 青　海 | — | 1 | — | — | 5 | — |

# 行政单位财务情况(二)

单位:万元

| 支出 | | | | | | |
|---|---|---|---|---|---|---|
| 对个人和家庭的补助 | | | | | | |
| 小计 | 其中 | | | | | |
| | 抚恤金 | 生活补助 | 救济费 | 助学金 | 奖励金 | 生产补贴 |
| **9757** | **258** | **6218** | **7** | **8** | **161** | **283** |
| 6179 | 29 | 5884 | — | — | — | 258 |
| 132 | 22 | — | — | — | — | — |
| 1609 | 17 | 20 | — | — | — | — |
| 20 | — | — | — | — | — | — |
| 139 | — | 117 | — | — | — | — |
| 803 | 37 | 105 | — | — | 159 | — |
| 28 | 8 | 4 | — | — | — | — |
| 433 | 37 | 6 | — | — | — | — |
| 135 | 1 | 7 | 7 | 8 | — | — |
| 19 | — | 11 | — | — | 1 | — |
| 202 | 92 | 62 | — | — | 1 | 25 |
| 58 | 15 | 2 | — | — | — | — |

# 各地区自然保护地

| 指标名称 | 存 货 | 固定资产原价 | 公共基础设施本年折旧 | 保障性住房本年折旧 | 资产总计 |
|---|---|---|---|---|---|
| **全 国** | **8196** | **2351624** | **7780** | **3** | **2942347** |
| 北 京 | 5 | 27841 | 41 | — | 39533 |
| 天 津 | — | 1511 | — | — | 4187 |
| 河 北 | 24 | 26712 | — | — | 30975 |
| 山 西 | 1072 | 19611 | — | — | 37182 |
| 内蒙古 | 3 | 131044 | 1905 | 3 | 225092 |
| 辽 宁 | 325 | 40224 | — | — | 48844 |
| 吉 林 | 21 | 61276 | — | — | 72079 |
| 黑龙江 | 144 | 53947 | 153 | — | 64634 |
| 上 海 | — | 79864 | — | — | 94280 |
| 江 苏 | — | 16988 | — | — | 23288 |
| 浙 江 | 1368 | 65879 | 70 | — | 165054 |
| 安 徽 | — | 14117 | 3 | — | 14912 |
| 福 建 | 4 | 18278 | 51 | — | 31164 |
| 江 西 | 213 | 32784 | 50 | — | 109786 |
| 山 东 | — | 40313 | 291 | — | 38079 |
| 河 南 | 402 | 35658 | — | — | 59922 |
| 湖 北 | 253 | 54732 | 37 | — | 123014 |
| 湖 南 | 23 | 42690 | 167 | — | 65774 |
| 广 东 | -28 | 115522 | 2210 | — | 321114 |
| 广 西 | 184 | 74995 | 2550 | — | 131179 |
| 海 南 | — | 29282 | 35 | — | 55040 |
| 重 庆 | — | 10535 | — | — | 14813 |
| 四 川 | 465 | 450790 | — | — | 447776 |
| 贵 州 | — | 24658 | — | — | 40025 |
| 云 南 | 3505 | 48593 | — | — | 77140 |
| 西 藏 | — | 1965 | 133 | — | 1446 |
| 陕 西 | — | 28810 | — | — | 51382 |
| 甘 肃 | 115 | 510019 | 84 | — | 171153 |
| 青 海 | — | 24699 | — | — | 40672 |
| 宁 夏 | 90 | 73721 | — | — | 74125 |
| 新 疆 | — | 176042 | — | — | 258828 |
| 大兴安岭 | 8 | 18524 | — | — | 9855 |

说明：本表统计范围为具有法人资格且财务独立核算的国家公园、国家级自然保护区、国家(级)自然公园中执行事业财务

# 事业单位财务情况(一)

单位:万元

| 负债合计 | 本年收入 合计 | 其中 事业收入 | 其中 经营收入 | 本年支出 合计 | 工资福利支出 | 商品和服务支出 小计 |
|---|---|---|---|---|---|---|
| **562907** | **1297956** | **72894** | **3765** | **1189943** | **423318** | **415080** |
| 2841 | 33149 | 7575 | — | 28627 | 15253 | 7368 |
| 2905 | 2535 | — | — | 2714 | 1985 | 702 |
| 4553 | 14525 | — | — | 20807 | 7954 | 9410 |
| 3807 | 17651 | — | 682 | 19173 | 3153 | 8608 |
| 39434 | 72616 | 1903 | — | 73079 | 28495 | 15164 |
| 4837 | 34146 | 5780 | — | 28363 | 11140 | 6950 |
| 4647 | 24977 | — | — | 24315 | 8810 | 8651 |
| 9743 | 29327 | 10774 | 19 | 31072 | 6359 | 14684 |
| 4520 | 5389 | 129 | — | 5325 | 866 | 4123 |
| 2019 | 15208 | 262 | — | 9548 | 1437 | 6235 |
| 140228 | 145487 | 4919 | 1583 | 109309 | 24862 | 56022 |
| 272 | 8409 | 1191 | — | 9202 | 2642 | 4380 |
| 2780 | 16448 | — | — | 19035 | 7039 | 5257 |
| 56888 | 67223 | 935 | 172 | 41918 | 16178 | 18882 |
| 2686 | 3689 | 744 | — | 4565 | 1595 | 1805 |
| 12107 | 28308 | 1752 | 30 | 29225 | 15300 | 5755 |
| 11624 | 43669 | — | 5 | 44778 | 13465 | 14629 |
| 15193 | 37675 | 580 | 107 | 34804 | 14911 | 11015 |
| 27900 | 96036 | 7818 | — | 106592 | 42114 | 40013 |
| 14782 | 58422 | 10118 | 408 | 51407 | 17621 | 19088 |
| 10838 | 43684 | — | — | 42059 | 22457 | 10338 |
| 1272 | 11945 | — | — | 11600 | 3096 | 5012 |
| 104049 | 100572 | 12332 | 37 | 70193 | 30037 | 18198 |
| 15651 | 30510 | — | — | 31688 | 5878 | 22166 |
| 4124 | 56404 | 5423 | — | 51937 | 26700 | 16280 |
| 18 | 6160 | — | — | 6160 | 953 | 4905 |
| 1735 | 25939 | 231 | — | 22568 | 9197 | 5746 |
| 9171 | 120764 | — | 722 | 111718 | 36898 | 42293 |
| 914 | 8662 | 428 | — | 11206 | 1355 | 1126 |
| 1724 | 53823 | — | — | 54154 | 22698 | 16570 |
| 48184 | 75459 | — | — | 75698 | 17662 | 12024 |
| 1461 | 9145 | — | — | 7104 | 5208 | 1681 |

制度的单位。

# 各地区自然保护地

| 指标名称 | 商品和服务支出 | | | | | |
|---|---|---|---|---|---|---|
| | 其中 | | | | | |
| | 取暖费 | 差旅费 | 因公出国（境）费用 | 劳务费 | 工会经费 | 福利费 |
| **全　国** | **4583** | **5926** | **28** | **104145** | **3888** | **3407** |
| 北　京 | 96 | 3 | — | 942 | 147 | 68 |
| 天　津 | 13 | 5 | — | 26 | 15 | 51 |
| 河　北 | 49 | 68 | — | 619 | 70 | 54 |
| 山　西 | 96 | 57 | — | 2400 | 45 | 121 |
| 内蒙古 | 1391 | 259 | 4 | 3837 | 146 | 181 |
| 辽　宁 | 219 | 59 | — | 2242 | 117 | 4 |
| 吉　林 | 244 | 159 | — | 1645 | 61 | 74 |
| 黑龙江 | 326 | 82 | — | 5950 | 25 | 16 |
| 上　海 | — | 1 | — | 18 | 10 | 7 |
| 江　苏 | — | 51 | — | 849 | 17 | 6 |
| 浙　江 | — | 180 | — | 29213 | 302 | 1035 |
| 安　徽 | — | 22 | — | 230 | 27 | 10 |
| 福　建 | — | 80 | — | 933 | 106 | 23 |
| 江　西 | 18 | 196 | 15 | 2774 | 253 | 134 |
| 山　东 | 8 | 11 | — | 43 | 20 | — |
| 河　南 | 47 | 157 | 9 | 1075 | 195 | 156 |
| 湖　北 | 41 | 316 | — | 2209 | 173 | 71 |
| 湖　南 | 4 | 381 | — | 1102 | 295 | 99 |
| 广　东 | — | 118 | — | 825 | 436 | 482 |
| 广　西 | — | 483 | — | 1751 | 145 | 45 |
| 海　南 | — | 330 | — | 1636 | 183 | 1 |
| 重　庆 | — | 142 | — | 495 | 84 | 15 |
| 四　川 | 4 | 684 | — | 1234 | 139 | 228 |
| 贵　州 | 26 | 249 | — | 14024 | 41 | 66 |
| 云　南 | 18 | 901 | — | 5084 | 268 | 96 |
| 西　藏 | — | 5 | — | 70 | 17 | — |
| 陕　西 | 71 | 280 | — | 1079 | 112 | 67 |
| 甘　肃 | 1117 | 374 | — | 12245 | 170 | 225 |
| 青　海 | 20 | 12 | — | 531 | 8 | — |
| 宁　夏 | 360 | 61 | — | 7485 | 105 | 1 |
| 新　疆 | 97 | 151 | — | 1390 | 69 | 28 |
| 大兴安岭 | 318 | 49 | — | 189 | 87 | 43 |

# 事业单位财务情况(二)

单位:万元

| 本年支出 | | | | | | | | |
|---|---|---|---|---|---|---|---|---|
| 对个人和家庭的补助 | | | | | | | 经营支出 | 应交增值税 |
| 小计 | 其中 | | | | | | | |
| | 抚恤金 | 生活补助 | 救济费 | 助学金 | 奖励金 | 生产补贴 | | |
| **42511** | **2182** | **11647** | **304** | **2** | **1791** | **7747** | **4128** | **1075** |
| 344 | 75 | 28 | — | — | — | — | — | — |
| 14 | 1 | 1 | — | — | — | — | — | — |
| 1851 | 28 | 557 | 13 | — | 123 | — | — | — |
| 301 | 37 | 29 | — | — | 10 | — | 154 | 2 |
| 3090 | 119 | 431 | — | — | 3 | 277 | 173 | — |
| 2474 | 361 | 1562 | 285 | 2 | 3 | — | — | — |
| 243 | 44 | 66 | — | — | 3 | — | — | — |
| 3036 | 45 | 78 | — | — | 30 | 2495 | 12 | — |
| 2 | — | — | — | — | — | — | — | — |
| 50 | 4 | — | — | — | — | — | — | — |
| 1097 | 20 | 363 | — | — | 19 | 278 | — | 1 |
| 226 | 5 | 5 | — | — | 73 | — | — | — |
| 1551 | 44 | 368 | — | — | — | 118 | — | — |
| 321 | 72 | 97 | — | — | 5 | 4 | 113 | — |
| 83 | — | 10 | — | — | 9 | — | — | — |
| 4355 | 106 | 188 | 5 | — | — | 3312 | 30 | 9 |
| 1566 | 37 | 87 | — | — | 33 | 753 | 5 | 3 |
| 1526 | 146 | 797 | — | — | 6 | 402 | 113 | 670 |
| 7591 | 213 | 49 | — | — | 23 | — | 3 | 180 |
| 1379 | 174 | 139 | — | — | 48 | — | 576 | 49 |
| 67 | 11 | 35 | 1 | — | 3 | — | — | 1 |
| 147 | — | 123 | — | — | — | — | — | — |
| 921 | 48 | 677 | — | — | 40 | — | 15 | 14 |
| 551 | 58 | 75 | — | — | — | — | — | — |
| 1688 | 195 | 1330 | — | — | 1 | 38 | — | — |
| 301 | 3 | 298 | — | — | — | — | — | — |
| 103 | 33 | 28 | — | — | — | — | — | — |
| 3085 | 86 | 708 | — | — | 1350 | — | 2934 | 10 |
| 1182 | 12 | 1164 | — | — | — | — | — | — |
| 778 | 62 | 136 | — | — | — | 69 | — | — |
| 2581 | 143 | 2211 | — | — | 9 | 1 | — | 136 |
| 7 | — | 7 | — | — | — | — | — | — |

# 各地区自然保护地

| 指标名称 | 存　货 | 固定资产原价 | 累计折旧 | | 资产总计 | 负债合计 | 营业收入 | 营业成本 | 税金及附加 | 销售费用 |
|---|---|---|---|---|---|---|---|---|---|---|
| | | | 合计 | 其中：本年折旧 | | | | | | |
| **全　国** | **192560** | **161949** | **68880** | **7259** | **962880** | **668621** | **64488** | **37870** | **369** | **7750** |
| 北　京 | 36 | 939 | 581 | 48 | 1788 | 3728 | 1498 | 184 | 10 | 63 |
| 内蒙古 | 119 | 17540 | 6163 | 461 | 21432 | 3510 | 157 | 137 | — | 3 |
| 浙　江 | 1450 | 92767 | 37867 | 4234 | 485340 | 413442 | 17992 | 9385 | 193 | 5740 |
| 江　西 | — | 1637 | — | — | 48751 | 37936 | 307 | 279 | 7 | 24 |
| 广　东 | 49 | 5710 | 4703 | 349 | 7294 | 4804 | 7567 | 2311 | 24 | 1373 |
| 广　西 | 190906 | 43356 | 19566 | 2167 | 398275 | 205201 | 36967 | 25574 | 135 | 547 |

说明：本表统计范围为具有法人资格且财务独立核算的国家公园、国家级自然保护区、国家（级）自然公园中执行企业财务

# 企业财务情况

单位:万元

| 管理费用 | | 财务费用 | | 资产减值损失 | 公允价值变动收益 | 投资收益 | 其他收益 | 营业利润 | 营业外收入 | | 应付职工薪酬 | 本年应交增值税 |
|---|---|---|---|---|---|---|---|---|---|---|---|---|
| 合计 | 其中:差旅费 | 合计 | 其中:利息净支出 | | | | | | 合计 | 其中:政府补助 | | |
| **28233** | **114** | **927** | **934** | **—** | **—** | **31** | **2233** | **-8112** | **2885** | **2391** | **20558** | **572** |
| 1264 | — | 1 | — | — | — | 1 | 11 | -4 | 14 | — | 430 | 29 |
| 601 | — | 42 | — | — | — | — | 445 | -68 | 1791 | 1791 | 1998 | 6 |
| 12034 | 31 | 751 | 730 | — | — | 9 | 1558 | -8568 | 1010 | 574 | 13643 | 221 |
| 302 | 7 | 41 | 41 | — | — | — | — | -346 | — | — | 176 | 44 |
| 3532 | 67 | 207 | 94 | — | — | — | — | 123 | 68 | 26 | 2953 | 221 |
| 10500 | 9 | -115 | 69 | — | — | 21 | 219 | 751 | 2 | — | 1358 | 51 |

制度的单位。

# 附录一

# 东北、内蒙古重点国有林区

ANNEX Ⅰ

# 东北、内蒙古重点国有林区森工企业造林和森林抚育情况

单位：公顷

| 指标名称 | 本年实际 |
|---|---|
| **一、造林面积** | **181507** |
| 1. 人工造林 | 2234 |
| 2. 飞播造林 | — |
| 3. 封山育林 | 23986 |
| 4. 退化林修复 | 154027 |
| 5. 人工更新 | 1260 |
| **二、森林抚育面积** | **665930** |

说明：东北、内蒙古重点国有林区 87 个森工企业包括：①内蒙古森工集团：阿尔山、绰尔、绰源、乌尔旗汉、库都尔、图里河、伊图里河、克一河、甘河、吉文、阿里河、根河、金河、阿龙山、满归、得耳布尔、莫尔道嘎、大杨树、毕拉河。②吉林森工集团：临江、三岔子、湾沟、松江河、泉阳、露水河、白石山、红石。③长白山森工集团：黄泥河、敦化、大石头、八家子、和龙、汪清、大兴沟、天桥岭、白河、珲春。④龙江森工集团：大海林、柴河、东京城、穆棱、绥阳、海林、林口、八面通、桦南、双鸭山、鹤立、鹤北、东方红、迎春、清河、山河屯、苇河、亚布力、方正、兴隆、绥棱、通北、沾河。⑤伊春森工集团：双丰、铁力、桃山、朗乡、南岔、金山屯、美溪、乌马河、翠峦、友好、上甘岭、五营、红星、新青、汤旺河、乌伊岭、带岭。⑥大兴安岭林业集团：松岭、新林、塔河、呼中、阿木尔、西林吉、十八站、图强、韩家园、加格达奇。

# 东北、内蒙古重点国有林区87个森工企业造林和森林抚育情况(一)

单位：公顷

| 单位名称 | 造林面积 | | | | | | 森林抚育面积 |
|---|---|---|---|---|---|---|---|
| | 总计 | 人工造林 | 飞播造林 | 封山育林 | 退化林修复 | 人工更新 | |
| **合　计** | **181507** | **2234** | **—** | **23986** | **154027** | **1260** | **665930** |
| **内蒙古森工集团** | **27106** | **402** | **—** | **—** | **26704** | **—** | **193389** |
| 阿尔山 | — | — | — | — | — | — | 6000 |
| 绰尔 | — | — | — | — | — | — | 12000 |
| 绰源 | — | — | — | — | — | — | 7333 |
| 乌尔旗汉 | 2910 | 240 | — | — | 2670 | — | 12334 |
| 库都尔 | 2677 | — | — | — | 2677 | — | 12340 |
| 图里河 | 2667 | — | — | — | 2667 | — | 11338 |
| 伊图里河 | 2750 | 72 | — | — | 2678 | — | 8667 |
| 克一河 | — | — | — | — | — | — | 11335 |
| 甘河 | — | — | — | — | — | — | 11338 |
| 吉文 | — | — | — | — | — | — | 11336 |
| 阿里河 | — | — | — | — | — | — | 13335 |
| 根河 | 3333 | — | — | — | 3333 | — | 17343 |
| 金河 | 2667 | — | — | — | 2667 | — | 9336 |
| 阿龙山 | 2765 | 90 | — | — | 2675 | — | 7334 |
| 满归 | 2667 | — | — | — | 2667 | — | 9334 |
| 得耳布尔 | 2000 | — | — | — | 2000 | — | 5337 |
| 莫尔道嘎 | 2670 | — | — | — | 2670 | — | 12670 |
| 大杨树 | — | — | — | — | — | — | 7335 |
| 毕拉河 | — | — | — | — | — | — | 7344 |
| **吉林森工集团** | **37185** | **—** | **—** | **—** | **36901** | **284** | **38611** |
| 临江 | 3761 | — | — | — | 3737 | 24 | 5121 |
| 三岔子 | 4419 | — | — | — | 4340 | 79 | 5334 |
| 湾沟 | 5105 | — | — | — | 5105 | — | 2545 |
| 松江河 | 5655 | — | — | — | 5655 | — | 5147 |
| 泉阳 | 4342 | — | — | — | 4322 | 20 | 5151 |
| 露水河 | 3666 | — | — | — | 3666 | — | 5113 |
| 白石山 | 5956 | — | — | — | 5956 | — | 5183 |
| 红石 | 4281 | — | — | — | 4120 | 161 | 5017 |
| **长白山森工集团** | **55585** | **4** | **—** | **—** | **55216** | **365** | **53690** |
| 黄泥河 | 3927 | — | — | — | 3927 | — | 5800 |

# 东北、内蒙古重点国有林区 87 个森工企业造林和森林抚育情况(二)

单位：公顷

| 单位名称 | 造林面积 | | | | | | 森林抚育面积 |
|---|---|---|---|---|---|---|---|
| | 总计 | 人工造林 | 飞播造林 | 封山育林 | 退化林修复 | 人工更新 | |
| 敦化 | 6342 | — | — | — | 6342 | — | 5601 |
| 大石头 | 6257 | — | — | — | 6257 | — | 5936 |
| 八家子 | 6593 | — | — | — | 6593 | — | 5198 |
| 和龙 | 5200 | — | — | — | 5200 | — | 5000 |
| 汪清 | 7958 | — | — | — | 7958 | — | 5334 |
| 大兴沟 | 5621 | — | — | — | 5256 | 365 | 4954 |
| 天桥岭 | 6084 | — | — | — | 6084 | — | 5200 |
| 白河 | 4330 | 4 | — | — | 4326 | — | 5334 |
| 珲春 | 3273 | — | — | — | 3273 | — | 5333 |
| **龙江森工集团** | **33038** | **832** | **—** | **21826** | **9956** | **425** | **149643** |
| 大海林 | 467 | — | — | — | 467 | — | 8007 |
| 柴河 | 193 | 11 | — | — | 167 | 16 | 7167 |
| 东京城 | 6800 | 9 | — | 6667 | 67 | 57 | 8334 |
| 穆棱 | 400 | — | — | — | 400 | — | 5920 |
| 绥阳 | 1400 | — | — | 1333 | 67 | — | 9333 |
| 海林 | 1467 | — | — | 1000 | 400 | 67 | 5120 |
| 林口 | 4000 | — | — | 2000 | 2000 | — | 6327 |
| 八面通 | 673 | 6 | — | — | 667 | 1 | 3734 |
| 桦南 | — | — | — | — | — | — | 4940 |
| 双鸭山 | — | — | — | — | — | — | 5067 |
| 鹤立 | 1367 | 21 | — | — | 1333 | 12 | 3381 |
| 鹤北 | 2137 | — | — | 1803 | 334 | — | 10000 |
| 东方红 | — | — | — | — | — | — | 7654 |
| 迎春 | — | — | — | — | — | — | 3973 |
| 清河 | — | — | — | — | — | — | 4073 |
| 山河屯 | 680 | — | — | — | 667 | 13 | 4740 |
| 苇河 | 713 | — | — | — | 667 | 47 | 5653 |
| 亚布力 | 420 | 5 | — | — | 413 | 2 | 7060 |
| 方正 | 67 | — | — | — | 67 | — | 6473 |
| 兴隆 | 575 | — | — | — | 575 | — | 7753 |
| 绥棱 | 6681 | — | — | 6015 | 667 | — | 5167 |
| 通北 | 333 | — | — | — | 333 | — | 5647 |

# 东北、内蒙古重点国有林区 87 个森工企业造林和森林抚育情况(三)

单位：公顷

| 单位名称 | 造林面积 | | | | | | 森林抚育面积 |
|---|---|---|---|---|---|---|---|
| | 总计 | 人工造林 | 飞播造林 | 封山育林 | 退化林修复 | 人工更新 | |
| 沾河 | 4664 | 779 | — | 3007 | 667 | 210 | 14120 |
| **伊春森工集团** | **17358** | **881** | **—** | **2160** | **14234** | **83** | **95932** |
| 双丰 | 1000 | — | — | 667 | 333 | — | 2953 |
| 铁力 | 400 | — | — | — | 400 | — | 7267 |
| 桃山 | 667 | — | — | — | 667 | — | 4087 |
| 朗乡 | 840 | — | — | — | 840 | — | 7213 |
| 南岔 | 2000 | — | — | — | 2000 | — | 7453 |
| 金山屯 | 2000 | — | — | — | 2000 | — | 6147 |
| 美溪 | 400 | — | — | — | 400 | — | 6420 |
| 乌马河 | 333 | — | — | — | 333 | — | 3813 |
| 翠峦 | 667 | — | — | — | 667 | — | 3687 |
| 友好 | 800 | — | — | — | 800 | — | 6313 |
| 上甘岭 | 800 | — | — | — | 800 | — | 4873 |
| 五营 | 400 | — | — | — | 400 | — | 3173 |
| 红星 | 1493 | 52 | — | 427 | 933 | 82 | 7653 |
| 新青 | 800 | — | — | — | 800 | — | 8420 |
| 汤旺河 | 1400 | — | — | 733 | 667 | — | 5653 |
| 乌伊岭 | 2624 | 829 | — | — | 1793 | 2 | 7340 |
| 带岭 | 733 | — | — | 333 | 400 | — | 3467 |
| **大兴安岭林业集团** | **11234** | **116** | **—** | **—** | **11017** | **102** | **134665** |
| 松岭 | — | — | — | — | — | — | 13333 |
| 新林 | — | — | — | — | — | — | 14667 |
| 塔河 | 2120 | — | — | — | 2093 | 27 | 14666 |
| 呼中 | 2981 | 17 | — | — | 2947 | 17 | 12667 |
| 阿木尔 | 2107 | 73 | — | — | 2034 | — | 13333 |
| 西林吉 | — | — | — | — | — | — | 12666 |
| 十八站 | 1935 | 14 | — | — | 1901 | 19 | 14000 |
| 图强 | 2091 | 11 | — | — | 2042 | 38 | 12667 |
| 韩家园 | — | — | — | — | — | — | 14000 |
| 加格达奇 | — | — | — | — | — | — | 12666 |

# 东北、内蒙古重点国有林区森工企业产业发展情况

| 指标名称 | 计量单位 | 本年实际 |
|---|---|---|
| **一、林草产业产值(按现行价格计算)** | **万元** | **3227952** |
| 1. 第一产业 | 万元 | 1175868 |
| 2. 第二产业 | 万元 | 256687 |
| 3. 第三产业 | 万元 | 1795397 |
| **二、木材产量** | **立方米** | **327861** |
| **三、经济林产品产量** | **吨** | **47391** |
| 其中：松子 | 吨 | 9357 |
| 食用菌 | 吨 | 10953 |
| 山野菜 | 吨 | 2584 |

# 东北、内蒙古重点国有林区 87 个森工企业产业发展情况(一)

| 单位名称 | 林草产业产值(万元) | | | | 木材产量(立方米) | 经济林产品产量(吨) | | | |
|---|---|---|---|---|---|---|---|---|---|
| | | | | | | 合计 | 其中 | | |
| | 总计 | 第一产业 | 第二产业 | 第三产业 | | | 松子 | 食用菌 | 山野菜 |
| **合　计** | **3227952** | **1175868** | **256687** | **1795397** | **327861** | **47391** | **9357** | **10953** | **2584** |
| **内蒙古森工集团** | **619744** | **283096** | **61559** | **275089** | **41009** | **1717** | **180** | **331** | **—** |
| 阿尔山 | 36553 | 18885 | 3345 | 14323 | — | 7 | — | — | — |
| 绰尔 | 43076 | 16923 | 10038 | 16115 | — | — | — | — | — |
| 绰源 | 20637 | 9451 | 1706 | 9480 | — | — | — | — | — |
| 乌尔旗汉 | 39618 | 19469 | 3007 | 17142 | 4653 | 27 | — | — | — |
| 库都尔 | 35140 | 16844 | 1561 | 16735 | 371 | 21 | — | 1 | — |
| 图里河 | 30570 | 12874 | 7580 | 10116 | 149 | 10 | — | — | — |
| 伊图里河 | 24869 | 11899 | 2442 | 10528 | 169 | — | — | — | — |
| 克一河 | 25143 | 12571 | 1075 | 11497 | 416 | 74 | — | 21 | — |
| 甘河 | 36478 | 17380 | 2050 | 17048 | 460 | — | — | — | — |
| 吉文 | 27473 | 11589 | 5586 | 10298 | 1048 | 2 | — | — | — |
| 阿里河 | 39465 | 19032 | 1265 | 19168 | 498 | 833 | — | 300 | — |
| 根河 | 57716 | 23927 | 9975 | 23814 | 1416 | 544 | — | — | — |
| 金河 | 30245 | 14216 | 982 | 15047 | 1284 | 180 | 180 | — | — |
| 阿龙山 | 33577 | 15847 | 3248 | 14482 | — | 2 | — | 2 | — |
| 满归 | 26494 | 12945 | 1124 | 12425 | — | 7 | — | 7 | — |
| 得耳布尔 | 25452 | 10137 | 942 | 14373 | 1360 | — | — | — | — |
| 莫尔道嘎 | 38118 | 16916 | 667 | 20535 | 817 | — | — | — | — |
| 大杨树 | 28821 | 13589 | 2401 | 12831 | 83 | 10 | — | — | — |
| 毕拉河 | 20299 | 8602 | 2565 | 9132 | 28285 | — | — | — | — |
| **吉林森工集团** | **319658** | **250798** | **8964** | **59896** | **152710** | **10786** | **2286** | **1491** | **823** |
| 临江 | 32907 | 28547 | — | 4360 | 27139 | 529 | 298 | 4 | 110 |
| 三岔子 | 43865 | 38800 | — | 5066 | 19514 | 1107 | 120 | — | 167 |
| 湾沟 | 30880 | 17450 | 5600 | 7830 | 4519 | 1224 | 125 | 15 | 80 |
| 松江河 | 45313 | 35157 | — | 10156 | 14536 | 743 | 461 | 3 | 63 |
| 泉阳 | 24648 | 19341 | — | 5307 | 7726 | 137 | 25 | 3 | 83 |
| 露水河 | 37796 | 31822 | 703 | 5271 | 26114 | 1434 | 500 | 215 | 134 |
| 白石山 | 48258 | 32701 | — | 15557 | 44144 | 1374 | 50 | 1150 | — |
| 红石 | 55989 | 46980 | 2661 | 6348 | 9018 | 4238 | 707 | 101 | 186 |
| **长白山森工集团** | **743381** | **197140** | **69685** | **476557** | **50067** | **17682** | **4374** | **5341** | **983** |
| 黄泥河 | 90001 | 19372 | 14936 | 55693 | 7027 | 6118 | 127 | 803 | 72 |

# 东北、内蒙古重点国有林区 87 个森工企业产业发展情况(二)

| 单位名称 | 林草产业产值(万元) | | | | 木材产量(立方米) | 经济林产品产量(吨) | | | |
|---|---|---|---|---|---|---|---|---|---|
| | | | | | | 合计 | 其中 | | |
| | 总计 | 第一产业 | 第二产业 | 第三产业 | | | 松子 | 食用菌 | 山野菜 |
| 敦化 | 88580 | 17641 | 3452 | 67487 | 8105 | 270 | — | 135 | 135 |
| 大石头 | 89874 | 40670 | 16320 | 32884 | 12278 | 2890 | 1361 | 1334 | — |
| 八家子 | 80005 | 16733 | 12167 | 51105 | 13971 | 1305 | 855 | 46 | 145 |
| 和龙 | 66705 | 13188 | 4020 | 49497 | 2603 | 825 | 307 | 414 | 93 |
| 汪清 | 60200 | 6300 | 7300 | 46600 | — | 536 | 67 | 447 | 22 |
| 大兴沟 | 45400 | 18943 | 2360 | 24097 | — | 680 | 440 | — | 5 |
| 天桥岭 | 66405 | 23951 | 2561 | 39893 | — | 2626 | 349 | 1995 | 261 |
| 白河 | 105511 | 25501 | 4569 | 75441 | 3584 | 1964 | 750 | 151 | 234 |
| 珲春 | 50700 | 14841 | 2000 | 33859 | 2499 | 468 | 118 | 16 | 16 |
| **龙江森工集团** | **832173** | **166779** | **55452** | **609942** | **80320** | **6177** | **696** | **3109** | **534** |
| 大海林 | 31946 | 5853 | 415 | 25678 | 11953 | 140 | 140 | — | — |
| 柴河 | 34220 | 2379 | 486 | 31355 | — | — | — | — | — |
| 东京城 | 37269 | 10615 | — | 26654 | 3073 | 2606 | — | 2458 | — |
| 穆棱 | 34531 | 6899 | 6037 | 21595 | 1916 | 1150 | — | 40 | 230 |
| 绥阳 | 32067 | 5139 | 785 | 26143 | 13808 | 44 | — | 40 | 4 |
| 海林 | 25110 | 6401 | — | 18709 | 4793 | 885 | 360 | 200 | 300 |
| 林口 | 34092 | 4622 | 141 | 29329 | 6560 | — | — | — | — |
| 八面通 | 23496 | 2664 | — | 20832 | 5535 | 196 | 196 | — | — |
| 桦南 | 57775 | 1785 | 5236 | 50754 | 9644 | — | — | — | — |
| 双鸭山 | 22572 | 3098 | 317 | 19157 | 2549 | 222 | — | 17 | — |
| 鹤立 | 18952 | 4756 | 3655 | 10541 | 723 | — | — | — | — |
| 鹤北 | 39376 | 4971 | 7132 | 27273 | 675 | — | — | — | — |
| 东方红 | 45718 | 3935 | 3595 | 38188 | 11678 | — | — | — | — |
| 迎春 | 23726 | 1192 | 732 | 21802 | 720 | — | — | — | — |
| 清河 | 23116 | 1455 | 3176 | 18485 | — | — | — | — | — |
| 山河屯 | 29788 | 2780 | — | 27008 | — | 581 | — | 84 | — |
| 苇河 | 36394 | 3117 | 3709 | 29568 | — | 353 | — | 270 | — |
| 亚布力 | 33593 | 8743 | 4509 | 20341 | 2427 | — | — | — | — |
| 方正 | 58699 | 3498 | — | 55201 | — | — | — | — | — |
| 兴隆 | 36131 | 3310 | 1518 | 31303 | 238 | — | — | — | — |
| 绥棱 | 29540 | 8850 | 7840 | 12850 | — | — | — | — | — |
| 通北 | 77490 | 62158 | 1592 | 13740 | 3341 | — | — | — | — |

# 东北、内蒙古重点国有林区 87 个森工企业产业发展情况(三)

| 单位名称 | 林草产业产值(万元) | | | | 木材产量(立方米) | 经济林产品产量(吨) | | | |
|---|---|---|---|---|---|---|---|---|---|
| | | | | | | 合计 | 其中 | | |
| | 总计 | 第一产业 | 第二产业 | 第三产业 | | | 松子 | 食用菌 | 山野菜 |
| 沾河 | 46572 | 8559 | 4577 | 33436 | 687 | — | — | — | — |
| **伊春森工集团** | **393419** | **63456** | **16342** | **313621** | **2435** | **1064** | **—** | **11** | **12** |
| 双丰 | 26441 | 1394 | 2579 | 22468 | — | — | — | — | — |
| 铁力 | 20914 | 2614 | 3640 | 14660 | — | — | — | — | — |
| 桃山 | 29420 | 1968 | 245 | 27207 | — | — | — | — | — |
| 朗乡 | 20574 | 2978 | 5248 | 12348 | 837 | — | — | — | — |
| 南岔 | 27871 | 4628 | — | 23243 | 270 | — | — | — | — |
| 金山屯 | 22040 | 6480 | — | 15560 | — | — | — | — | — |
| 美溪 | 14618 | 2976 | 231 | 11411 | — | 23 | — | 11 | 12 |
| 乌马河 | 19915 | 2043 | 27 | 17845 | — | — | — | — | — |
| 翠峦 | 28283 | 10472 | 160 | 17651 | — | — | — | — | — |
| 友好 | 21850 | 2752 | 75 | 19023 | 1016 | — | — | — | — |
| 上甘岭 | 24876 | 4182 | — | 20694 | — | — | — | — | — |
| 五营 | 19888 | 1686 | — | 18202 | — | — | — | — | — |
| 红星 | 22649 | 4285 | 1767 | 16597 | — | — | — | — | — |
| 新青 | 26542 | 3687 | — | 22855 | — | — | — | — | — |
| 汤旺河 | 22732 | 3311 | 288 | 19133 | 312 | 1041 | — | — | — |
| 乌伊岭 | 24340 | 6233 | 77 | 18030 | — | — | — | — | — |
| 带岭 | 20466 | 1767 | 2005 | 16694 | — | — | — | — | — |
| **大兴安岭林业集团** | **319577** | **214600** | **44685** | **60292** | **1320** | **9965** | **1821** | **670** | **232** |
| 松岭 | 30665 | 16635 | 6764 | 7266 | — | 210 | — | — | — |
| 新林 | 32720 | 23982 | 1391 | 7347 | — | 3172 | 851 | 233 | — |
| 塔河 | 40382 | 22464 | 10626 | 7292 | — | 99 | — | — | — |
| 呼中 | 39782 | 30258 | 5020 | 4504 | — | 1685 | 700 | 100 | 15 |
| 阿木尔 | 24883 | 20568 | 315 | 4000 | — | 1249 | 130 | 75 | 10 |
| 西林吉 | 42780 | 26516 | 4754 | 11510 | — | 2366 | 100 | 99 | 43 |
| 十八站 | 35956 | 18200 | 14164 | 3592 | — | 73 | — | 51 | 19 |
| 图强 | 25106 | 19575 | 700 | 4831 | — | 831 | 40 | 81 | — |
| 韩家园 | 23870 | 17585 | 951 | 5334 | 1320 | 113 | — | 28 | 24 |
| 加格达奇 | 23433 | 18817 | — | 4616 | — | 167 | — | 3 | 121 |

# 东北、内蒙古重点国有林区森工企业人员和投资完成情况

| 指标名称 | 计量单位 | 本年实际 |
|---|---|---|
| **一、林草投资完成额** | **万元** | **2290876** |
| 其中：中央投资 | 万元 | 2073336 |
| **二、人员情况** | **—** | **—** |
| 1. 在岗职工 | 人 | 209168 |
| 2. 在岗职工年平均工资 | 元 | 56181 |

# 东北、内蒙古重点国有林区 87 个森工企业人员和投资完成情况(一)

| 单位名称 | 林草投资完成额(万元) | | 人员情况 | |
|---|---|---|---|---|
| | 合计 | 其中：中央投资 | 在岗职工数(人) | 在岗职工年平均工资(元) |
| **合　计** | **2290876** | **2073336** | **209168** | **56181** |
| **内蒙古森工集团** | **537223** | **510784** | **32198** | **80778** |
| 阿尔山 | 25834 | 24393 | 1926 | 79367 |
| 绰尔 | 29832 | 28663 | 1908 | 77678 |
| 绰源 | 18360 | 17050 | 1026 | 82845 |
| 乌尔旗汉 | 32708 | 30438 | 1896 | 85566 |
| 库都尔 | 32593 | 31330 | 2329 | 79194 |
| 图里河 | 26707 | 25595 | 1248 | 78025 |
| 伊图里河 | 22846 | 22365 | 1241 | 88873 |
| 克一河 | 22682 | 22149 | 1382 | 88085 |
| 甘河 | 33121 | 32416 | 2470 | 76017 |
| 吉文 | 27033 | 25534 | 1519 | 76399 |
| 阿里河 | 33039 | 32482 | 1996 | 80999 |
| 根河 | 54231 | 49262 | 3041 | 77775 |
| 金河 | 27825 | 26857 | 1774 | 82688 |
| 阿龙山 | 27307 | 23965 | 1650 | 80642 |
| 满归 | 23970 | 22510 | 1316 | 81520 |
| 得耳布尔 | 24303 | 23440 | 1494 | 82255 |
| 莫尔道嘎 | 35912 | 35104 | 2286 | 79623 |
| 大杨树 | 21229 | 19949 | 860 | 90601 |
| 毕拉河 | 17691 | 17282 | 836 | 78233 |

# 东北、内蒙古重点国有林区 87 个森工企业人员和投资完成情况(二)

| 单位名称 | 林草投资完成额(万元) | | 人员情况 | |
|---|---|---|---|---|
| | 合计 | 其中：中央投资 | 在岗职工数(人) | 在岗职工年平均工资(元) |
| **吉林森工集团** | **185305** | **183810** | **13234** | **63781** |
| 临江 | 22127 | 22094 | 1462 | 65092 |
| 三岔子 | 27155 | 26558 | 1523 | 59665 |
| 湾沟 | 16670 | 16670 | 1038 | 54175 |
| 松江河 | 25728 | 25698 | 2150 | 65985 |
| 泉阳 | 20176 | 19605 | 1366 | 66951 |
| 露水河 | 23999 | 23969 | 1793 | 63555 |
| 白石山 | 21408 | 21174 | 1539 | 66613 |
| 红石 | 28042 | 28042 | 2363 | 64530 |
| **长白山森工集团** | **291166** | **274567** | **16753** | **70368** |
| 黄泥河 | 26201 | 23576 | 1584 | 66450 |
| 敦化 | 50726 | 49693 | 2097 | 69972 |
| 大石头 | 24918 | 24590 | 2437 | 62411 |
| 八家子 | 26824 | 24371 | 1302 | 76407 |
| 和龙 | 31306 | 28163 | 1325 | 77189 |
| 汪清 | 28074 | 27015 | 1755 | 75223 |
| 大兴沟 | 16155 | 15332 | 1372 | 69100 |
| 天桥岭 | 25358 | 25058 | 1702 | 61594 |
| 白河 | 34197 | 30469 | 1923 | 76810 |
| 珲春 | 27408 | 26300 | 1256 | 74200 |
| **龙江森工集团** | **621029** | **470255** | **66719** | **47139** |
| 大海林 | 32582 | 20499 | 3037 | 59241 |
| 柴河 | 22305 | 19542 | 3145 | 50893 |
| 东京城 | 38345 | 28329 | 4873 | 54085 |
| 穆棱 | 19352 | 18546 | 3438 | 33349 |
| 绥阳 | 23237 | 19642 | 3650 | 52137 |
| 海林 | 22137 | 17128 | 1806 | 58763 |
| 林口 | 20562 | 19393 | 3060 | 44128 |
| 八面通 | 16885 | 13925 | 1922 | 65093 |
| 桦南 | 26237 | 24548 | 2609 | 37168 |
| 双鸭山 | 21361 | 14900 | 2559 | 52644 |
| 鹤立 | 22690 | 16536 | 2859 | 29508 |
| 鹤北 | 38458 | 27420 | 3079 | 47334 |
| 东方红 | 40127 | 24071 | 2681 | 45819 |
| 迎春 | 16416 | 15007 | 2008 | 49211 |
| 清河 | 22761 | 14050 | 1834 | 53324 |
| 山河屯 | 29754 | 20897 | 2930 | 46896 |

# 东北、内蒙古重点国有林区 87 个森工企业人员和投资完成情况(三)

| 单位名称 | 林草投资完成额(万元) | | 人员情况 | |
|---|---|---|---|---|
| | 合计 | 其中：中央投资 | 在岗职工数(人) | 在岗职工年平均工资(元) |
| 苇河 | 34695 | 19816 | 2075 | 51592 |
| 亚布力 | 23464 | 22282 | 2679 | 52382 |
| 方正 | 40884 | 18198 | 2761 | 51120 |
| 兴隆 | 29335 | 21826 | 3497 | 48309 |
| 绥棱 | 21045 | 20299 | 3126 | 43192 |
| 通北 | 22644 | 18208 | 3062 | 31552 |
| 沾河 | 35753 | 35193 | 4029 | 51380 |
| **伊春森工集团** | **348470** | **338846** | **52752** | **44555** |
| 双丰 | 25195 | 22304 | 3921 | 31522 |
| 铁力 | 14623 | 14623 | 4152 | 34940 |
| 桃山 | 34262 | 34262 | 2783 | 51912 |
| 朗乡 | 23032 | 23032 | 2973 | 46915 |
| 南岔 | 21420 | 21418 | 3681 | 33673 |
| 金山屯 | 15557 | 15557 | 1013 | 48000 |
| 美溪 | 18755 | 18525 | 1001 | 55242 |
| 乌马河 | 16024 | 16019 | 2739 | 52326 |
| 翠峦 | 18364 | 18364 | 3105 | 53335 |
| 友好 | 23169 | 22731 | 3896 | 41313 |
| 上甘岭 | 15844 | 15844 | 3802 | 51304 |
| 五营 | 16916 | 16916 | 2504 | 53049 |
| 红星 | 21155 | 19496 | 3205 | 51878 |
| 新青 | 26524 | 24770 | 5146 | 40586 |
| 汤旺河 | 21274 | 18639 | 2743 | 47339 |
| 乌伊岭 | 23878 | 23868 | 2448 | 46343 |
| 带岭 | 12478 | 12478 | 3640 | 42430 |
| **大兴安岭林业集团** | **307683** | **295074** | **27512** | **55960** |
| 松岭 | 28238 | 28238 | 2395 | 50718 |
| 新林 | 33572 | 31218 | 2986 | 55992 |
| 塔河 | 32484 | 32484 | 3395 | 57818 |
| 呼中 | 30665 | 30597 | 2825 | 55075 |
| 阿木尔 | 27580 | 26557 | 2373 | 62188 |
| 西林吉 | 34050 | 32854 | 3499 | 52681 |
| 十八站 | 31434 | 28345 | 2458 | 60580 |
| 图强 | 29080 | 27423 | 2952 | 50032 |
| 韩家园 | 28974 | 28065 | 2006 | 58498 |
| 加格达奇 | 31606 | 29293 | 2623 | 58419 |

# 附录二

# 林业工作站和乡村林场

ANNEX Ⅱ

# 各地区地、县级

| 地区 | 地(市) | | | | | | | | |
|---|---|---|---|---|---|---|---|---|---|
| | 林业工作站总数(个) | 管理人员数量(人) | | | | | | | |
| | | 文化程度 | | | | 专业技术人员 | | | |
| | | 合计 | 本科及以上学历 | 大专学历 | 中专及以下学历 | 合计 | 高级 | 中级 | 初级 |
| **全　国** | **151** | **2248** | **1660** | **434** | **154** | **1509** | **549** | **603** | **357** |
| 北　京 | — | — | — | — | — | — | — | — | — |
| 天　津 | — | — | — | — | — | — | — | — | — |
| 河　北 | 9 | 77 | 69 | 4 | 4 | 72 | 42 | 20 | 10 |
| 山　西 | — | 9 | 9 | — | — | 8 | 3 | 4 | 1 |
| 内蒙古 | 7 | 166 | 108 | 43 | 15 | 122 | 60 | 46 | 16 |
| 辽　宁 | 6 | 63 | 50 | 9 | 4 | 40 | 19 | 16 | 5 |
| 吉　林 | 9 | 66 | 48 | 12 | 6 | 16 | 2 | 5 | 9 |
| 黑龙江 | 5 | 38 | 30 | 6 | 2 | 18 | 2 | 10 | 6 |
| 上　海 | — | — | — | — | — | — | — | — | — |
| 江　苏 | 13 | 163 | 138 | 19 | 6 | 127 | 52 | 46 | 29 |
| 浙　江 | 4 | 35 | 30 | 5 | — | 24 | 8 | 15 | 1 |
| 安　徽 | 9 | 76 | 69 | 6 | 1 | 49 | 18 | 16 | 15 |
| 福　建 | — | 30 | 30 | — | — | 19 | 7 | 7 | 5 |
| 江　西 | 5 | 33 | 19 | 11 | 3 | 12 | 3 | 6 | 3 |
| 山　东 | 4 | 50 | 46 | 2 | 2 | 36 | 18 | 10 | 8 |
| 河　南 | 15 | 265 | 214 | 42 | 9 | 204 | 82 | 90 | 32 |
| 湖　北 | 1 | 37 | 30 | 7 | — | 10 | 2 | 5 | 3 |
| 湖　南 | 6 | 34 | 32 | 2 | — | 15 | 4 | 9 | 2 |
| 广　东 | 3 | 34 | 31 | 3 | — | 8 | 1 | 5 | 2 |
| 广　西 | 11 | 70 | 53 | 12 | 5 | 28 | 3 | 16 | 9 |
| 海　南 | — | — | — | — | — | — | — | — | — |
| 重　庆 | — | — | — | — | — | — | — | — | — |
| 四　川 | 2 | 52 | 46 | 4 | 2 | 25 | 11 | 11 | 3 |
| 贵　州 | 1 | 35 | 33 | 2 | — | 23 | 5 | 15 | 3 |
| 云　南 | — | 48 | 44 | 4 | — | 11 | 6 | 4 | 1 |
| 西　藏 | 1 | 12 | 5 | 2 | 5 | 5 | — | 5 | — |
| 陕　西 | 12 | 366 | 226 | 103 | 37 | 258 | 92 | 101 | 65 |
| 甘　肃 | 7 | 44 | 30 | 9 | 5 | 33 | 13 | 13 | 7 |
| 青　海 | 8 | 167 | 103 | 42 | 22 | 132 | 40 | 54 | 38 |
| 宁　夏 | 5 | 96 | 77 | 18 | 1 | 85 | 35 | 24 | 26 |
| 新　疆 | 8 | 182 | 90 | 67 | 25 | 129 | 21 | 50 | 58 |
| 新疆兵团 | — | — | — | — | — | — | — | — | — |

# 林业工作站基本情况

| 县(市、区) | | | | | | | | |
| --- | --- | --- | --- | --- | --- | --- | --- | --- |
| 林业工作站总数(个) | 管理人员数量(人) | | | | | | | |
| | 文化程度 | | | | 专业技术人员 | | | |
| | 合计 | 本科及以上学历 | 大专学历 | 中专及以下学历 | 合计 | 高级 | 中级 | 初级 |
| **1349** | **17945** | **9537** | **5867** | **2541** | **12112** | **3236** | **5388** | **3488** |
| 12 | 48 | 43 | 4 | 1 | 27 | 8 | 13 | 6 |
| — | 12 | 11 | 1 | — | 7 | 4 | 1 | 2 |
| 130 | 639 | 398 | 189 | 52 | 420 | 164 | 182 | 74 |
| 8 | 555 | 228 | 215 | 112 | 337 | 57 | 152 | 128 |
| 53 | 1087 | 635 | 290 | 162 | 705 | 228 | 294 | 183 |
| 37 | 287 | 170 | 101 | 16 | 199 | 50 | 114 | 35 |
| 62 | 574 | 308 | 175 | 91 | 430 | 147 | 180 | 103 |
| 49 | 587 | 315 | 215 | 57 | 471 | 191 | 184 | 96 |
| 9 | 218 | 187 | 25 | 6 | 166 | 32 | 64 | 70 |
| 73 | 786 | 564 | 178 | 44 | 653 | 293 | 231 | 129 |
| 49 | 723 | 509 | 149 | 65 | 523 | 101 | 263 | 159 |
| 48 | 404 | 245 | 129 | 30 | 341 | 112 | 133 | 96 |
| 16 | 211 | 165 | 40 | 6 | 194 | 53 | 81 | 60 |
| 47 | 493 | 151 | 173 | 169 | 279 | 26 | 125 | 128 |
| 65 | 635 | 454 | 120 | 61 | 461 | 129 | 243 | 89 |
| 100 | 1448 | 605 | 566 | 277 | 886 | 190 | 402 | 294 |
| 1 | 163 | 99 | 51 | 13 | 112 | 23 | 70 | 19 |
| 60 | 429 | 194 | 196 | 39 | 268 | 39 | 156 | 73 |
| 35 | 655 | 251 | 256 | 148 | 208 | 9 | 95 | 104 |
| 69 | 377 | 178 | 167 | 32 | 277 | 20 | 159 | 98 |
| — | — | — | — | — | — | — | — | — |
| 23 | 184 | 141 | 41 | 2 | 117 | 27 | 63 | 27 |
| 37 | 707 | 343 | 292 | 72 | 437 | 129 | 176 | 132 |
| 29 | 293 | 216 | 60 | 17 | 232 | 53 | 109 | 70 |
| — | 389 | 278 | 104 | 7 | 235 | 107 | 91 | 37 |
| 28 | 167 | 117 | 35 | 15 | 86 | 1 | 20 | 65 |
| 100 | 3017 | 1168 | 1161 | 688 | 1934 | 511 | 878 | 545 |
| 61 | 710 | 385 | 210 | 115 | 482 | 156 | 206 | 120 |
| 37 | 520 | 307 | 163 | 50 | 397 | 70 | 191 | 136 |
| 20 | 413 | 325 | 75 | 13 | 352 | 168 | 115 | 69 |
| 91 | 1214 | 547 | 486 | 181 | 876 | 138 | 397 | 341 |
| 13 | 127 | 104 | 21 | 2 | 106 | 19 | 38 | 49 |

# 各地区乡镇林业

| 地区 | 总站数(个) | | | | | | |
|---|---|---|---|---|---|---|---|
| | 合计 | 按机构类型 | | | | | |
| | | 按乡独立设站 | 片站 | | 加挂林业站站牌 | | |
| | | | 小计 | 管理乡镇数 | 农业综合服务中心加挂牌子 | 自然资源所(机构)加挂牌子 | 其他乡镇机构加挂牌子 |
| **全　国** | **23322** | **6633** | **864** | **2587** | **5186** | **823** | **570** |
| 北　京 | 172 | 38 | 1 | 2 | — | — | 106 |
| 天　津 | — | — | — | — | — | — | — |
| 河　北 | 1204 | 21 | 31 | 127 | 359 | 106 | 30 |
| 山　西 | 576 | — | — | — | 12 | — | — |
| 内蒙古 | 609 | 20 | 2 | 4 | — | — | — |
| 辽　宁 | 904 | 602 | — | — | 55 | — | 21 |
| 吉　林 | 686 | 5 | — | — | 5 | — | 3 |
| 黑龙江 | 733 | 161 | 12 | 28 | 10 | — | 17 |
| 上　海 | 106 | — | — | — | 18 | — | 31 |
| 江　苏 | 305 | 17 | 5 | 10 | 68 | — | 2 |
| 浙　江 | 633 | 71 | 28 | 100 | 50 | 27 | 22 |
| 安　徽 | 836 | 328 | 104 | 326 | 69 | 224 | 13 |
| 福　建 | 903 | 819 | 24 | 68 | 22 | 25 | — |
| 江　西 | 958 | 245 | 85 | 229 | 144 | — | 31 |
| 山　东 | 1226 | 98 | 1 | 2 | 341 | 19 | 42 |
| 河　南 | 1678 | 134 | 70 | 188 | 644 | 79 | 9 |
| 湖　北 | 780 | 569 | 58 | 151 | 2 | 66 | 18 |
| 湖　南 | 1710 | 705 | 82 | 257 | 285 | 54 | 19 |
| 广　东 | 1061 | 302 | 39 | 103 | 287 | 5 | 73 |
| 广　西 | 1038 | 349 | 7 | 15 | 100 | 5 | 4 |
| 海　南 | 196 | — | — | — | 187 | 1 | 8 |
| 重　庆 | 780 | 19 | — | — | 226 | 23 | 4 |
| 四　川 | 1071 | 197 | 175 | 543 | 259 | 185 | — |
| 贵　州 | 1394 | 1097 | — | — | 258 | 2 | 32 |
| 云　南 | 1390 | 549 | — | — | 638 | — | 45 |
| 西　藏 | 140 | 6 | — | — | 134 | — | — |
| 陕　西 | 631 | 143 | 65 | 178 | 240 | 2 | 19 |
| 甘　肃 | 308 | 34 | 75 | 256 | 83 | — | 5 |
| 青　海 | 205 | 20 | — | — | 65 | — | — |
| 宁　夏 | 167 | — | — | — | — | — | — |
| 新　疆 | 922 | 84 | — | — | 625 | — | 16 |
| 新疆兵团 | 148 | — | — | — | — | — | — |

# 工作站基本情况(一)

| | | | | | | | |
|---|---|---|---|---|---|---|---|
| | | | | | 本年新设站数(个) | 林业站加挂其他机构牌子数(个) | |
| | | 按管理体制 | | | | | |
| 无林业站机构编制文件但正常履职的站 | | | | | | | |
| 小计 | 其中林业工作人员3名以上、同时履行林业站职能的林长办 | 派出机构 | 双重领导 | 乡镇管理 | | 加挂林长办牌子站数 | 加挂野保站牌子站数 |
| **9246** | **2902** | **4200** | **1606** | **17516** | **612** | **10989** | **2757** |
| 27 | 27 | — | 18 | 154 | — | 145 | — |
| — | — | — | — | — | — | — | — |
| 657 | 115 | 54 | 25 | 1125 | 1 | 263 | 30 |
| 564 | 320 | — | — | 576 | 10 | 385 | 3 |
| 587 | 136 | 22 | — | 587 | — | 353 | — |
| 226 | 9 | 33 | 97 | 774 | 7 | 286 | 147 |
| 673 | 283 | 15 | 4 | 667 | 8 | 417 | 64 |
| 533 | 42 | 173 | — | 560 | — | 302 | 25 |
| 57 | 27 | — | — | 106 | — | 61 | 1 |
| 213 | 34 | 51 | 12 | 242 | — | 17 | 2 |
| 435 | 3 | 160 | 47 | 426 | — | 68 | 6 |
| 98 | 32 | 530 | 116 | 190 | 32 | 358 | 138 |
| 13 | — | 903 | — | — | — | 617 | 536 |
| 453 | 150 | 188 | 49 | 721 | 52 | 724 | 132 |
| 725 | 136 | 18 | 34 | 1174 | 3 | 479 | 6 |
| 742 | 205 | 141 | 137 | 1400 | 6 | 474 | 29 |
| 67 | — | 666 | 76 | 38 | — | 132 | 108 |
| 565 | 534 | 327 | 244 | 1139 | 377 | 1283 | 376 |
| 355 | 142 | 95 | 76 | 890 | 22 | 443 | 56 |
| 573 | 422 | 60 | 85 | 893 | — | 1038 | — |
| — | — | — | — | 196 | — | 108 | 14 |
| 508 | 117 | — | — | 780 | 6 | 212 | 34 |
| 255 | 55 | 517 | 204 | 350 | 75 | 468 | 107 |
| 5 | — | — | 241 | 1153 | 8 | 428 | 351 |
| 158 | — | 1 | — | 1389 | 4 | 1064 | 290 |
| — | — | 6 | — | 134 | — | 47 | — |
| 162 | 16 | 113 | 56 | 462 | — | 264 | 175 |
| 111 | 29 | 112 | 24 | 172 | 1 | 80 | 22 |
| 120 | 14 | 13 | 20 | 172 | — | 36 | — |
| 167 | 31 | — | — | 167 | — | 58 | 7 |
| 197 | 23 | 2 | 41 | 879 | — | 379 | 98 |
| 148 | — | — | — | 148 | — | 68 | — |

# 各地区乡镇林业

| 地区 | 林业站加挂其他机构牌子数(个) | | | | | | 至本年底核定编制数(人) |
|---|---|---|---|---|---|---|---|
| | 加挂科技推广站牌子站数 | 加挂公益林管护站牌子站数 | 加挂森林防火指挥部(所)牌子站数 | 加挂病虫害防治(林业有害生物防治)站牌子站数 | 加挂天然林资源管护站牌子站数 | 加挂生态监测站牌子站数 | |
| **全　国** | **1599** | **2152** | **2638** | **1609** | **1969** | **545** | **73724** |
| 北　京 | — | — | 1 | — | — | — | 752 |
| 天　津 | — | — | — | — | — | — | — |
| 河　北 | 14 | 20 | 38 | 16 | 8 | 2 | 2881 |
| 山　西 | — | 12 | 16 | 1 | 28 | — | 711 |
| 内蒙古 | 8 | 27 | 9 | 9 | 10 | 1 | 1609 |
| 辽　宁 | 14 | 183 | 93 | 49 | 37 | 11 | 2715 |
| 吉　林 | 66 | 55 | 55 | 50 | 36 | 29 | 2680 |
| 黑龙江 | 38 | — | 16 | 6 | — | — | 1767 |
| 上　海 | — | — | — | 1 | — | — | 373 |
| 江　苏 | — | — | 1 | 2 | — | — | 501 |
| 浙　江 | — | 52 | 6 | 1 | — | — | 1787 |
| 安　徽 | 24 | 14 | 29 | 69 | 14 | 2 | 3040 |
| 福　建 | 280 | 113 | 164 | 163 | 114 | 68 | 3580 |
| 江　西 | 42 | 77 | 86 | 127 | 31 | 21 | 2311 |
| 山　东 | 4 | 16 | 40 | 19 | 2 | 3 | 2045 |
| 河　南 | 80 | 100 | 154 | 60 | 74 | 14 | 3935 |
| 湖　北 | 69 | 68 | 66 | 49 | 230 | 5 | 3188 |
| 湖　南 | 352 | 462 | 462 | 354 | 294 | 195 | 6807 |
| 广　东 | 54 | 69 | 117 | 40 | 22 | 35 | 3332 |
| 广　西 | 12 | 1 | 59 | — | — | — | 3075 |
| 海　南 | 8 | 32 | 82 | 5 | 2 | 2 | 250 |
| 重　庆 | 30 | 37 | 52 | 62 | 32 | 6 | 1643 |
| 四　川 | 39 | 15 | 144 | 6 | 25 | — | 4813 |
| 贵　州 | 93 | 180 | 299 | 125 | 393 | 65 | 5146 |
| 云　南 | 202 | 321 | 486 | 164 | 351 | 20 | 7619 |
| 西　藏 | — | — | — | — | — | — | 167 |
| 陕　西 | 96 | 98 | 75 | 109 | 223 | 47 | 1976 |
| 甘　肃 | 8 | 38 | 9 | 11 | 18 | — | 1246 |
| 青　海 | — | 75 | — | — | — | — | 348 |
| 宁　夏 | — | 5 | — | 2 | 12 | — | 634 |
| 新　疆 | 66 | 82 | 79 | 109 | 13 | 19 | 2793 |
| 新疆兵团 | — | — | — | — | — | — | 377 |

# 工作站基本情况(二)

| 林业站年末在岗职工人数(人) | | | | | | 其他涉林机构及人员 | | |
|---|---|---|---|---|---|---|---|---|
| | | 按经费渠道 | | | | 机构数(个) | | |
| 合计 | 其中:长期职工人数 | 财政全额 | 财政差额 | 林业经费 | 自收自支 | 小计 | 其中设置1~2名林业工作人员的林长办 | 林业工作人员(人) |
| **76097** | **71778** | **67023** | **2438** | **3625** | **3011** | **6820** | **3741** | **10248** |
| 822 | 742 | 720 | 7 | 16 | 79 | — | — | — |
| — | — | — | — | — | — | 158 | 134 | 172 |
| 4045 | 3164 | 2709 | 318 | 49 | 969 | 587 | 215 | 1134 |
| 745 | 592 | 637 | 35 | 17 | 56 | 593 | 551 | 596 |
| 1913 | 1683 | 1694 | 74 | 135 | 10 | 136 | 119 | 255 |
| 2620 | 2497 | 2273 | 27 | 100 | 220 | 156 | 131 | 228 |
| 2550 | 2547 | 2364 | 31 | 86 | 69 | 4 | 4 | 9 |
| 1819 | 1806 | 1580 | 223 | — | 16 | 93 | 13 | 127 |
| 447 | 445 | 417 | — | 3 | 27 | — | — | — |
| 613 | 556 | 504 | 79 | — | 30 | 240 | 134 | 272 |
| 1864 | 1776 | 1773 | 29 | 24 | 38 | 609 | 134 | 749 |
| 2592 | 2545 | 2523 | 4 | 32 | 33 | 239 | 161 | 304 |
| 3045 | 2921 | 2619 | 11 | 255 | 160 | — | — | — |
| 2508 | 2422 | 1942 | 230 | 102 | 234 | 291 | 290 | 553 |
| 2725 | 2613 | 2446 | 143 | 11 | 125 | 443 | 272 | 621 |
| 4346 | 4222 | 3693 | 214 | 79 | 360 | 196 | 108 | 257 |
| 3862 | 3798 | 2621 | 342 | 567 | 332 | 37 | 29 | 268 |
| 6688 | 5834 | 6349 | 193 | 53 | 93 | 16 | 16 | 28 |
| 3903 | 3782 | 3381 | 326 | 133 | 63 | 141 | 118 | 569 |
| 3057 | 3048 | 2998 | 17 | 38 | 4 | 70 | 70 | 104 |
| 456 | 362 | 394 | 3 | 56 | 3 | 94 | 89 | 158 |
| 1847 | 1797 | 1815 | 13 | 9 | 10 | 181 | 181 | 257 |
| 4560 | 4428 | 3321 | 25 | 1184 | 30 | 1366 | 237 | 1884 |
| 4728 | 4254 | 4266 | 9 | 452 | 1 | 109 | 49 | 340 |
| 6812 | 6655 | 6812 | — | — | — | — | — | — |
| 160 | 135 | 160 | — | — | — | — | — | — |
| 2202 | 2202 | 2032 | 29 | 137 | 4 | 28 | 25 | 44 |
| 1267 | 1226 | 1195 | 7 | 53 | 12 | 786 | 514 | 1058 |
| 351 | 347 | 347 | 4 | — | — | 154 | 90 | 132 |
| 618 | 600 | 614 | — | 3 | 1 | 67 | 48 | 85 |
| 2932 | 2779 | 2824 | 45 | 31 | 32 | 26 | 9 | 44 |
| 380 | 380 | 380 | — | — | — | — | — | — |

# 各地区乡镇林业工作站

| 地区 | 年末在岗职工数 | 文化程度情况 | | | | |
|---|---|---|---|---|---|---|
| | | 大专及以上学历人数 | 中专学历人数 | 高中学历人数 | 初中及以下学历人数 | 其中:涉林专业人数 |
| **全国** | **76097** | **52503** | **13230** | **7730** | **2634** | **24111** |
| 北京 | 822 | 697 | 46 | 50 | 29 | 166 |
| 天津 | — | — | — | — | — | — |
| 河北 | 4045 | 2390 | 912 | 575 | 168 | 477 |
| 山西 | 745 | 261 | 336 | 116 | 32 | 42 |
| 内蒙古 | 1913 | 1402 | 313 | 122 | 76 | 573 |
| 辽宁 | 2620 | 2093 | 273 | 120 | 134 | 644 |
| 吉林 | 2550 | 1699 | 606 | 183 | 62 | 926 |
| 黑龙江 | 1819 | 1259 | 424 | 92 | 44 | 585 |
| 上海 | 447 | 382 | 26 | 16 | 23 | 16 |
| 江苏 | 613 | 454 | 112 | 40 | 7 | 180 |
| 浙江 | 1864 | 1592 | 114 | 118 | 40 | 707 |
| 安徽 | 2592 | 1878 | 535 | 142 | 37 | 1392 |
| 福建 | 3045 | 2353 | 386 | 255 | 51 | 1776 |
| 江西 | 2508 | 1189 | 608 | 570 | 141 | 631 |
| 山东 | 2725 | 1911 | 480 | 214 | 120 | 388 |
| 河南 | 4346 | 2631 | 891 | 707 | 117 | 457 |
| 湖北 | 3862 | 2171 | 796 | 639 | 256 | 1429 |
| 湖南 | 6688 | 3557 | 1463 | 1381 | 287 | 1912 |
| 广东 | 3903 | 2420 | 751 | 536 | 196 | 750 |
| 广西 | 3057 | 2440 | 398 | 169 | 50 | 1399 |
| 海南 | 456 | 249 | 94 | 59 | 54 | 63 |
| 重庆 | 1847 | 1549 | 150 | 109 | 39 | 219 |
| 四川 | 4560 | 2956 | 840 | 499 | 265 | 1762 |
| 贵州 | 4728 | 3834 | 576 | 203 | 115 | 1478 |
| 云南 | 6812 | 5743 | 711 | 216 | 142 | 3631 |
| 西藏 | 160 | 124 | 11 | — | 25 | 7 |
| 陕西 | 2202 | 1478 | 429 | 263 | 32 | 666 |
| 甘肃 | 1267 | 911 | 162 | 150 | 44 | 513 |
| 青海 | 351 | 282 | 48 | 12 | 9 | 129 |
| 宁夏 | 618 | 532 | 75 | 3 | 8 | 211 |
| 新疆 | 2932 | 2066 | 664 | 171 | 31 | 982 |
| 新疆兵团 | 380 | 366 | 12 | 2 | — | 119 |

# 人员素质和培训情况

单位：人

| 专业技术人员 | | | 年龄结构情况 | | | 年度培训情况（人次） | | | |
|---|---|---|---|---|---|---|---|---|---|
| | | | | | | 站长 | | | 站员培训人次数 |
| 高级 | 中级 | 初级 | 35 岁以下 | 36~50 岁 | 51 岁以上 | 计 | 初任培训人次数 | 能力提升培训人次数 | |
| **6236** | **18177** | **16278** | **16164** | **40353** | **19580** | **25980** | **4836** | **21144** | **77683** |
| 25 | 85 | 42 | 262 | 384 | 176 | 254 | 83 | 171 | 1317 |
| — | — | — | — | — | — | — | — | — | — |
| 183 | 765 | 627 | 1278 | 2100 | 667 | 423 | 119 | 304 | 879 |
| 7 | 262 | 40 | 59 | 554 | 132 | 409 | 79 | 330 | 756 |
| 267 | 378 | 307 | 340 | 1092 | 481 | 316 | 71 | 245 | 1254 |
| 106 | 758 | 432 | 350 | 1519 | 751 | 1338 | 265 | 1073 | 2668 |
| 281 | 793 | 683 | 240 | 1202 | 1108 | 311 | 24 | 287 | 2351 |
| 293 | 546 | 321 | 299 | 1001 | 519 | 185 | 46 | 139 | 557 |
| 14 | 39 | 57 | 140 | 217 | 90 | 57 | 1 | 56 | 248 |
| 72 | 217 | 113 | 82 | 304 | 227 | 406 | 107 | 299 | 857 |
| 46 | 615 | 381 | 609 | 608 | 647 | 349 | 74 | 275 | 1273 |
| 509 | 884 | 631 | 409 | 1244 | 939 | 1660 | 243 | 1417 | 3722 |
| 369 | 827 | 943 | 806 | 1111 | 1128 | 752 | 77 | 675 | 3342 |
| 134 | 517 | 560 | 494 | 1316 | 698 | 914 | 123 | 791 | 1241 |
| 227 | 632 | 493 | 359 | 1628 | 738 | 1465 | 203 | 1262 | 2383 |
| 93 | 584 | 681 | 791 | 2799 | 756 | 1568 | 356 | 1212 | 3397 |
| 92 | 1203 | 775 | 383 | 2037 | 1442 | 1632 | 264 | 1368 | 5934 |
| 314 | 1422 | 1531 | 865 | 3791 | 2032 | 1572 | 388 | 1184 | 4618 |
| 32 | 583 | 669 | 831 | 1901 | 1171 | 1318 | 287 | 1031 | 3448 |
| 116 | 814 | 997 | 886 | 1414 | 757 | 860 | 106 | 754 | 3994 |
| 1 | 10 | 97 | 112 | 235 | 109 | 307 | 100 | 207 | 283 |
| 112 | 502 | 247 | 508 | 914 | 425 | 501 | 115 | 386 | 1210 |
| 312 | 861 | 926 | 902 | 2326 | 1332 | 643 | 109 | 534 | 3877 |
| 291 | 960 | 1155 | 1702 | 2284 | 742 | 2580 | 399 | 2181 | 4342 |
| 1720 | 1834 | 1699 | 1969 | 3693 | 1150 | 4614 | 808 | 3806 | 17460 |
| — | 2 | 30 | 122 | 33 | 5 | 85 | — | 85 | 67 |
| 199 | 538 | 346 | 465 | 1310 | 427 | 675 | 215 | 460 | 2093 |
| 130 | 255 | 220 | 347 | 652 | 268 | 157 | 33 | 124 | 1021 |
| 25 | 124 | 91 | 100 | 181 | 70 | 43 | 4 | 39 | 59 |
| 125 | 204 | 95 | 72 | 369 | 177 | 34 | 6 | 28 | 127 |
| 141 | 963 | 1089 | 382 | 2134 | 416 | 552 | 131 | 421 | 2905 |
| 53 | 154 | 100 | 108 | 186 | 86 | 69 | 17 | 52 | 618 |

# 各地区乡镇林业工

| 地区 | 本年完成投资(万元) | | | | 至本年底自有 | |
|---|---|---|---|---|---|---|
| | 合计 | 国家投资 | 地方投资 | | 自有业务用房林业站数量(个) | 自有业务用房面积(平方米) |
| | | | 计 | 其中:省级投资 | | |
| **全 国** | **24969** | **14510** | **10459** | **2446** | **12265** | **2305147** |
| 北 京 | — | — | — | — | 16 | 5391 |
| 天 津 | — | — | — | — | — | — |
| 河 北 | 870 | 870 | — | — | 388 | 17963 |
| 山 西 | — | — | — | — | 100 | 4765 |
| 内蒙古 | — | — | — | — | 246 | 20395 |
| 辽 宁 | 575 | 510 | 65 | — | 904 | 81575 |
| 吉 林 | 90 | — | 90 | — | 449 | 47184 |
| 黑龙江 | 500 | 460 | 40 | — | 301 | 25865 |
| 上 海 | 20 | — | 20 | 20 | 95 | 15645 |
| 江 苏 | 85 | — | 85 | — | 91 | 9243 |
| 浙 江 | 955 | 410 | 545 | 187 | 151 | 42331 |
| 安 徽 | 1427 | 470 | 957 | — | 480 | 132004 |
| 福 建 | 3592 | 2160 | 1432 | 850 | 754 | 326967 |
| 江 西 | 2082 | 990 | 1092 | 116 | 313 | 101804 |
| 山 东 | 421 | 160 | 261 | 100 | 467 | 21497 |
| 河 南 | 772 | 600 | 172 | 10 | 868 | 85748 |
| 湖 北 | 1547 | 1020 | 527 | — | 620 | 284605 |
| 湖 南 | 3939 | 550 | 3389 | 177 | 619 | 164672 |
| 广 东 | 915 | 410 | 505 | — | 476 | 72790 |
| 广 西 | 1729 | 1070 | 659 | 642 | 567 | 135489 |
| 海 南 | 66 | — | 66 | 3 | 78 | 5598 |
| 重 庆 | 331 | — | 331 | 330 | 390 | 17355 |
| 四 川 | 1180 | 1150 | 30 | — | 483 | 121675 |
| 贵 州 | 886 | 850 | 36 | 12 | 932 | 120755 |
| 云 南 | 360 | 360 | — | — | 1129 | 257833 |
| 西 藏 | — | — | — | — | 20 | 2000 |
| 陕 西 | 774 | 770 | 4 | — | 369 | 46779 |
| 甘 肃 | 745 | 670 | 75 | — | 204 | 36491 |
| 青 海 | 200 | 200 | — | — | 145 | 13431 |
| 宁 夏 | — | — | — | — | 51 | 3879 |
| 新 疆 | 909 | 830 | 79 | — | 559 | 83419 |
| 新疆兵团 | — | — | — | — | 41 | 2784 |

# 作站投资完成情况

| 业务用房情况 | | 至本年底交通工具配备情况 | | | 至本年底计算机配备情况 | | |
|---|---|---|---|---|---|---|---|
| 其中：本年新建站数（个） | 其中：本年新建面积（平方米） | 有交通工具林业站数量（个） | 交通工具数量（辆） | 其中本年新增交通工具的站数（个） | 有计算机林业站数量（个） | 计算机数量（台） | 其中：本年新增计算机的站数（个） |
| **107** | **25812** | **6878** | **10659** | **350** | **20781** | **52270** | **1263** |
| 1 | 300 | 70 | 126 | — | 172 | 874 | 10 |
| — | — | — | — | — | — | — | — |
| 17 | 2210 | 104 | 112 | 2 | 649 | 1049 | 30 |
| 1 | 135 | 28 | 44 | 3 | 516 | 529 | 7 |
| — | — | 212 | 249 | 4 | 594 | 1382 | 32 |
| — | — | 668 | 789 | 9 | 836 | 1892 | 48 |
| 3 | 360 | 198 | 253 | 5 | 671 | 1897 | 51 |
| — | — | 179 | 202 | 14 | 733 | 1328 | 28 |
| — | — | 61 | 136 | 3 | 106 | 397 | 3 |
| — | — | 24 | 27 | — | 284 | 643 | 3 |
| 1 | 200 | 142 | 164 | 1 | 633 | 1937 | 10 |
| 7 | 3478 | 272 | 408 | 22 | 782 | 2380 | 58 |
| 9 | 5198 | 548 | 964 | 6 | 902 | 3350 | 110 |
| 9 | 1377 | 292 | 331 | 20 | 945 | 1510 | 66 |
| 8 | 835 | 196 | 602 | 22 | 949 | 1322 | 41 |
| 12 | 2787 | 500 | 656 | 16 | 1678 | 2682 | 108 |
| 9 | 4029 | 314 | 363 | 32 | 753 | 2673 | 124 |
| 8 | 1420 | 241 | 403 | 10 | 1616 | 3523 | 93 |
| 3 | 360 | 515 | 1289 | 18 | 815 | 2509 | 52 |
| — | — | 384 | 571 | — | 972 | 2531 | 47 |
| — | — | 44 | 139 | 2 | 127 | 173 | 2 |
| 11 | 1527 | 99 | 106 | 12 | 780 | 1609 | 38 |
| — | — | 162 | 209 | 25 | 777 | 2219 | 48 |
| 1 | 1 | 386 | 500 | 67 | 1299 | 3454 | 91 |
| — | — | 818 | 1370 | 46 | 1388 | 6705 | 86 |
| — | — | — | — | — | — | — | — |
| 1 | 40 | 34 | 34 | 1 | 442 | 821 | 29 |
| 4 | 1492 | 45 | 69 | 4 | 273 | 597 | 23 |
| — | — | 74 | 145 | — | 169 | 337 | 1 |
| 1 | 44 | 32 | 36 | 1 | 126 | 380 | 5 |
| 1 | 18 | 236 | 362 | 5 | 794 | 1567 | 19 |
| — | — | 59 | 111 | 4 | 148 | 409 | 6 |

# 各地区乡镇林业工作站

| 地区 | 受委托行使林业行政执法权站数（个） | 持有林业行政执法证人数（人） | 直接办理林政案件数（件） | 协助办理林政案件数（件） | 参与调处林权纠纷（件） | 受理林业承包合同纠纷（件） |
|---|---|---|---|---|---|---|
| **全国** | **5271** | **18855** | **18854** | **39043** | **27325** | **4688** |
| 北京 | — | — | — | 132 | 83 | 49 |
| 天津 | — | — | 3 | 23 | 4 | — |
| 河北 | 115 | 214 | 49 | 217 | 192 | 81 |
| 山西 | 17 | 19 | 29 | 320 | 162 | 31 |
| 内蒙古 | 28 | 136 | 187 | 1759 | 613 | 44 |
| 辽宁 | 240 | 577 | 2129 | 1471 | 981 | 474 |
| 吉林 | 132 | 337 | 114 | 557 | 378 | 121 |
| 黑龙江 | 183 | 359 | 243 | 456 | 180 | 63 |
| 上海 | — | — | — | 20 | 10 | — |
| 江苏 | 1 | 80 | 3 | 69 | 12 | 3 |
| 浙江 | 51 | 484 | 99 | 872 | 985 | 177 |
| 安徽 | 175 | 1375 | 463 | 1470 | 757 | 360 |
| 福建 | 390 | 1626 | 986 | 2544 | 1128 | 238 |
| 江西 | 424 | 1213 | 1413 | 1353 | 1376 | 257 |
| 山东 | 15 | 52 | 13 | 384 | 110 | 33 |
| 河南 | 48 | 274 | 124 | 716 | 696 | 133 |
| 湖北 | 466 | 2022 | 1539 | 1405 | 1759 | 361 |
| 湖南 | 379 | 1540 | 1267 | 2417 | 2371 | 396 |
| 广东 | 101 | 609 | 598 | 1545 | 1298 | 128 |
| 广西 | 172 | 658 | 1370 | 8443 | 5693 | 665 |
| 海南 | 12 | 16 | 21 | 231 | 148 | 21 |
| 重庆 | 223 | 388 | 402 | 1391 | 620 | 170 |
| 四川 | 245 | 1148 | 947 | 2087 | 447 | 56 |
| 贵州 | 504 | 829 | 519 | 2493 | 2999 | 280 |
| 云南 | 1036 | 3869 | 5833 | 5208 | 3597 | 402 |
| 西藏 | — | 3 | 1 | 42 | 5 | — |
| 陕西 | 159 | 589 | 416 | 987 | 470 | 86 |
| 甘肃 | 69 | 208 | 32 | 137 | 126 | 7 |
| 青海 | 25 | 25 | — | 28 | 4 | — |
| 宁夏 | 33 | 41 | 5 | 43 | 22 | 20 |
| 新疆 | 28 | 164 | 49 | 223 | 99 | 32 |
| 新疆兵团 | — | 21 | — | 74 | 11 | 18 |

# 职能作用发挥情况

| 政策等宣传数（人天） | 开展一站式、全程代理服务站数（个） | 参与森林保险工作的站数（个） | 指导、扶持的林业经济合作组织个数 |  | 培训林农（人次） | 科技推广 |  |
|---|---|---|---|---|---|---|---|
|  |  |  | 合计（个） | 带动农户（户） |  | 站办示范基地面积（公顷） | 本年推广面积（公顷） |
| **1518792** | **5755** | **8898** | **58710** | **1947604** | **4086015** | **91052** | **275031** |
| 9882 | 13 | 15 | 296 | 3762 | 20759 | 50 | 1001 |
| 620 | — | — | 38 | 1285 | 5535 | 216 | 1305 |
| 4683 | 73 | 194 | 804 | 35735 | 112501 | 1560 | 8961 |
| 7280 | 5 | 51 | 939 | 56197 | 27810 | 1039 | 2553 |
| 14041 | 195 | 266 | 238 | 10396 | 57267 | 260 | 1365 |
| 34152 | 265 | 523 | 703 | 19804 | 33248 | 1206 | 338 |
| 18112 | 242 | 18 | 1489 | 6895 | 10959 | 60 | 164 |
| 6059 | 51 | 2 | 58 | 2241 | 11387 | 470 | 262 |
| 1372 | — | 89 | 203 | 639 | 1737 | — | 5 |
| 2551 | 1 | — | 143 | 8251 | 15760 | 279 | 5930 |
| 14213 | 79 | 174 | 1543 | 55334 | 45614 | 1645 | 4545 |
| 35338 | 362 | 485 | 3593 | 128841 | 151652 | 4953 | 23945 |
| 56106 | 317 | 697 | 4638 | 62625 | 58676 | 2143 | 6688 |
| 42493 | 232 | 326 | 4136 | 35122 | 29362 | 2823 | 4623 |
| 28834 | 61 | 343 | 1584 | 84909 | 116065 | 3804 | 4189 |
| 27941 | 147 | 251 | 2890 | 83423 | 151856 | 1926 | 7571 |
| 61815 | 419 | 339 | 5514 | 252159 | 227224 | 6513 | 30643 |
| 62653 | 989 | 853 | 4360 | 235901 | 203736 | 15463 | 16845 |
| 39597 | 48 | 517 | 679 | 6422 | 27883 | 1118 | 840 |
| 68858 | 134 | 390 | 2696 | 25438 | 139251 | 880 | 6781 |
| 2885 | 36 | 8 | 111 | 2216 | 6684 | 2 | 34 |
| 59836 | 225 | 450 | 1144 | 91250 | 127125 | 1558 | 5776 |
| 64364 | 258 | 503 | 1518 | 93120 | 225499 | 1314 | 14167 |
| 274427 | 399 | 949 | 5074 | 194768 | 202769 | 5767 | 7179 |
| 495121 | 810 | 970 | 10264 | 261659 | 891122 | 4705 | 58833 |
| 2434 | — | — | 1 | 34 | 121 | — | — |
| 26269 | 108 | 157 | 1219 | 68428 | 205782 | 14361 | 21552 |
| 6857 | 94 | 131 | 1005 | 42370 | 92580 | 2709 | 7064 |
| 2096 | 2 | 72 | 260 | 4414 | 7808 | 32 | 43 |
| 7841 | 13 | 13 | 154 | 11027 | 36587 | 470 | 8205 |
| 40062 | 177 | 112 | 1416 | 62939 | 841656 | 13725 | 23624 |
| 5710 | 148 | — | 140 | 8063 | 79017 | 235 | 3466 |

# 各地区乡村

| 地　区 | 乡村生态护林员总人数(人) | 按人员类别(人) | | 按文化程度(人) | | |
|---|---|---|---|---|---|---|
| | | 专职 | 兼职 | 大专以上 | 中专高中 | 初中以下 |
| **全　国** | **1726736** | **845038** | **881698** | **25159** | **251495** | **1450082** |
| 北　京 | 38050 | 35576 | 2474 | 1192 | 4952 | 31906 |
| 天　津 | 1293 | 200 | 1093 | 29 | 346 | 918 |
| 河　北 | 73137 | 45817 | 27320 | 1081 | 10443 | 61613 |
| 山　西 | 43041 | 23615 | 19426 | 751 | 9153 | 33137 |
| 内蒙古 | 47347 | 31146 | 16201 | 1754 | 11523 | 34070 |
| 辽　宁 | 15162 | 12656 | 2506 | 685 | 2725 | 11752 |
| 吉　林 | 19494 | 11171 | 8323 | 480 | 3547 | 15467 |
| 黑龙江 | 14374 | 13110 | 1264 | 90 | 1389 | 12895 |
| 上　海 | 5661 | 5234 | 427 | 334 | 1018 | 4309 |
| 江　苏 | 8284 | 2485 | 5799 | 598 | 2853 | 4833 |
| 浙　江 | 18242 | 8762 | 9480 | 966 | 4762 | 12514 |
| 安　徽 | 43735 | 18215 | 25520 | 780 | 5032 | 37923 |
| 福　建 | 13030 | 8658 | 4372 | 725 | 4076 | 8229 |
| 江　西 | 35857 | 23930 | 11927 | 370 | 6278 | 29209 |
| 山　东 | 38246 | 18005 | 20241 | 976 | 9059 | 28211 |
| 河　南 | 59620 | 31858 | 27762 | 888 | 12912 | 45820 |
| 湖　北 | 77682 | 21807 | 55875 | 1473 | 12451 | 63758 |
| 湖　南 | 54864 | 35791 | 19073 | 988 | 10298 | 43578 |
| 广　东 | 27955 | 19317 | 8638 | 1371 | 7940 | 18644 |
| 广　西 | 66535 | 26307 | 40228 | 249 | 4012 | 62274 |
| 海　南 | 6369 | 4456 | 1913 | 58 | 1245 | 5066 |
| 重　庆 | 39081 | 3224 | 35857 | 716 | 6046 | 32319 |
| 四　川 | 162447 | 12843 | 149604 | 1266 | 58577 | 102604 |
| 贵　州 | 187072 | 126091 | 60981 | 1492 | 13059 | 172521 |
| 云　南 | 230951 | 127663 | 103288 | 2083 | 16957 | 211911 |
| 西　藏 | 169726 | 35540 | 134186 | 19 | 3940 | 165767 |
| 陕　西 | 52829 | 38000 | 14829 | 820 | 9264 | 42745 |
| 甘　肃 | 61001 | 27957 | 33044 | 1259 | 6259 | 53483 |
| 青　海 | 50968 | 42466 | 8502 | 704 | 4746 | 45518 |
| 宁　夏 | 11997 | 5024 | 6973 | 98 | 599 | 11300 |
| 新　疆 | 52686 | 28114 | 24572 | 864 | 6034 | 45788 |
| 新疆兵团 | 3055 | 1526 | 1529 | 360 | 798 | 1897 |

# 护林员情况

| 按年龄结构(人) | | | 按报酬来源(人) | | | 管护林地总面积(公顷) |
|---|---|---|---|---|---|---|
| 45岁以下 | 46~60岁 | 61岁以上 | 财政补助 | 林业经费 | 乡镇、村组自筹 | |
| **520048** | **1056815** | **149873** | **1290329** | **368658** | **67749** | **199364991** |
| 3621 | 20709 | 13720 | 34705 | 2962 | 383 | 833300 |
| 330 | 904 | 59 | 102 | 230 | 961 | 51214 |
| 10744 | 45467 | 16926 | 57015 | 10219 | 5903 | 4987322 |
| 7807 | 29324 | 5910 | 22028 | 17896 | 3117 | 4900316 |
| 11395 | 30640 | 5312 | 36614 | 10716 | 17 | 9807245 |
| 6786 | 8323 | 53 | 8233 | 6705 | 224 | 5157871 |
| 3808 | 11108 | 4578 | 14017 | 1692 | 3785 | 2019773 |
| 2976 | 9309 | 2089 | 13075 | 38 | 1261 | 734056 |
| 802 | 4443 | 416 | 4423 | 223 | 1015 | 39207 |
| 790 | 4308 | 3186 | 2118 | 2235 | 3931 | 367779 |
| 3391 | 10895 | 3956 | 7515 | 9926 | 801 | 5343509 |
| 5402 | 29055 | 9278 | 33470 | 1406 | 8859 | 3637063 |
| 4009 | 8519 | 502 | 5573 | 6760 | 697 | 8238304 |
| 7192 | 26449 | 2216 | 28742 | 6851 | 264 | 9050354 |
| 5463 | 24525 | 8258 | 18237 | 6694 | 13315 | 1245099 |
| 13269 | 38005 | 8346 | 45069 | 8033 | 6518 | 2536343 |
| 18855 | 52236 | 6591 | 57342 | 14413 | 5927 | 7173703 |
| 11313 | 39349 | 4202 | 47407 | 6474 | 983 | 11453891 |
| 9930 | 17098 | 927 | 19545 | 6524 | 1886 | 10206410 |
| 22491 | 43325 | 719 | 64217 | 2042 | 276 | 6894160 |
| 3743 | 2586 | 40 | 5445 | 635 | 289 | 960697 |
| 6445 | 24785 | 7851 | 20258 | 14198 | 4625 | 4397523 |
| 35014 | 104774 | 22659 | 61271 | 100173 | 1003 | 9552050 |
| 56665 | 123146 | 7261 | 153510 | 33378 | 184 | 10081533 |
| 101219 | 122973 | 6759 | 165092 | 65077 | 782 | 21460802 |
| 78685 | 89729 | 1312 | 160292 | 8782 | 652 | 19796312 |
| 13028 | 37480 | 2321 | 47880 | 4949 | — | 6604218 |
| 17384 | 40908 | 2709 | 51574 | 9403 | 24 | 4048849 |
| 31094 | 19741 | 133 | 46957 | 4011 | — | 23347717 |
| 3764 | 7623 | 610 | 11594 | 403 | — | 554108 |
| 22633 | 29079 | 974 | 47009 | 5610 | 67 | 3884264 |
| 1486 | 1547 | 22 | 977 | 2078 | — | 1135738 |

# 各地区乡村林场基本情况

| 地 区 | 林场个数(个) | | | 经营面积(公顷) | | | | 年末实有从业人员(人) |
|---|---|---|---|---|---|---|---|---|
| | 合计 | 其中 | | 合计 | 公益林 | 商品林 | 其他 | |
| | | 集体林场 | 家庭林场 | | | | | |
| **全 国** | **19429** | **10281** | **8976** | **6992265** | **3978612** | **2375282** | **638371** | **133945** |
| 北 京 | 136 | 134 | — | 262196 | 226063 | 3085 | 33048 | 17419 |
| 天 津 | 12 | 12 | — | 1227 | 909 | 259 | 59 | 30 |
| 河 北 | 301 | 43 | 257 | 115806 | 87502 | 21530 | 6774 | 1379 |
| 山 西 | 146 | 57 | 88 | 126371 | 107843 | 1892 | 16636 | 1400 |
| 内蒙古 | 364 | 89 | 275 | 1065703 | 935098 | 1411 | 129194 | 1160 |
| 辽 宁 | 450 | 58 | 392 | 170390 | 78777 | 90249 | 1364 | 2279 |
| 吉 林 | 29 | 17 | 12 | 93341 | 10472 | 42984 | 39885 | 250 |
| 黑龙江 | 106 | 79 | 27 | 30046 | 13878 | 15956 | 212 | 425 |
| 上 海 | 1 | 1 | — | 4 | — | 4 | — | 61 |
| 江 苏 | 32 | 31 | — | 39052 | 27239 | 10853 | 960 | 850 |
| 浙 江 | 805 | 204 | 598 | 105666 | 62900 | 40601 | 2165 | 3472 |
| 安 徽 | 3668 | 1681 | 1987 | 389765 | 118793 | 262932 | 8041 | 23720 |
| 福 建 | 1247 | 379 | 862 | 450288 | 120393 | 308149 | 21746 | 11432 |
| 江 西 | 863 | 497 | 339 | 574220 | 209929 | 331365 | 32925 | 7415 |
| 山 东 | 492 | 257 | 222 | 59546 | 37693 | 19974 | 1878 | 4788 |
| 河 南 | 910 | 175 | 734 | 132691 | 75615 | 38215 | 18861 | 7471 |
| 湖 北 | 2932 | 1983 | 891 | 531762 | 226105 | 210755 | 94902 | 16007 |
| 湖 南 | 3200 | 2200 | 964 | 452589 | 189689 | 188232 | 74668 | 13428 |
| 广 东 | 577 | 278 | 299 | 288539 | 92612 | 190157 | 5769 | 4569 |
| 广 西 | 641 | 587 | 54 | 202660 | 63463 | 125079 | 14118 | 2174 |
| 海 南 | 15 | 8 | 6 | 15124 | 3808 | 7117 | 4200 | 92 |
| 重 庆 | 260 | 168 | 92 | 96302 | 34845 | 59182 | 2275 | 731 |
| 四 川 | 135 | 68 | 66 | 285685 | 232385 | 49628 | 3672 | 3245 |
| 贵 州 | 1237 | 964 | 261 | 837601 | 494716 | 325257 | 17628 | 4618 |
| 云 南 | 63 | 51 | 12 | 31622 | 17918 | 12987 | 717 | 340 |
| 西 藏 | — | — | — | — | — | — | — | — |
| 陕 西 | 114 | 95 | 19 | 64702 | 35190 | 10771 | 18742 | 378 |
| 甘 肃 | 391 | 77 | 314 | 86622 | 78360 | 2765 | 5496 | 1753 |
| 青 海 | 76 | 75 | 1 | 330203 | 304240 | 344 | 25618 | 84 |
| 宁 夏 | 218 | 6 | 203 | 67605 | 21861 | 1440 | 44303 | 2442 |
| 新 疆 | 8 | 7 | 1 | 84940 | 70317 | 2109 | 12514 | 533 |
| 新疆兵团 | — | — | — | — | — | — | — | — |

# 附录三
# 林草主要灾害

ANNEX Ⅲ

# 全国林业主要灾害情况

| 指标名称 | 单　位 | 2021年 | 2022年 | 2022年比2021年增减(%) |
|---|---|---|---|---|
| 林业有害生物 | | | | |
| 1.发生面积 | 千公顷 | 12554 | 11871 | -5.44 |
| 2.防治面积 | 千公顷 | 10088 | 9600 | -4.84 |
| 3.防治率 | % | 80.36 | 80.87 | 0.51 |
| (一)林业病害 | | | | |
| 1.发生面积 | 千公顷 | 2847 | 2630 | -7.63 |
| 2.防治面积 | 千公顷 | 2251 | 2051 | -8.86 |
| 3.防治率 | % | 79.04 | 77.99 | -1.05 |
| (二)林业虫害 | | | | |
| 1.发生面积 | 千公顷 | 7767 | 7297 | -6.05 |
| 2.防治面积 | 千公顷 | 6394 | 6040 | -5.54 |
| 3.防治率 | % | 82.33 | 82.77 | 0.44 |
| (三)林业鼠(兔)害 | | | | |
| 1.发生面积 | 千公顷 | 1747 | 1770 | 1.34 |
| 2.防治面积 | 千公顷 | 1304 | 1382 | 6.00 |
| 3.防治率 | % | 74.65 | 78.08 | 3.43 |
| (四)有害植物 | | | | |
| 1.发生面积 | 千公顷 | 193 | 174 | -9.91 |
| 2.防治面积 | 千公顷 | 140 | 127 | -9.13 |
| 3.防治率 | % | 72.36 | 73.01 | 0.65 |

说明:防治率增减幅度用百分点表示。

# 各地区林业有害生物发生防治情况(一)

| 地 区 | 林业有害生物 | | | 一、林业病害 | | | 二、林业虫害 | |
|---|---|---|---|---|---|---|---|---|
| | 发生面积（公顷） | 防治面积（公顷） | 防治率（%） | 发生面积（公顷） | 防治面积（公顷） | 防治率（%） | 发生面积（公顷） | 防治面积（公顷） |
| **全 国** | **11870900** | **9599861** | **80.87** | **2629535** | **2050731** | **77.99** | **7297390** | **6040117** |
| 北 京 | 30411 | 30411 | 100 | 1688 | 1688 | 100 | 28723 | 28723 |
| 天 津 | 48405 | 48405 | 100 | 4076 | 4076 | 100 | 44329 | 44329 |
| 河 北 | 435110 | 410300 | 94.30 | 21463 | 19934 | 92.88 | 386083 | 368824 |
| 山 西 | 223982 | 191396 | 85.45 | 13298 | 11197 | 84.20 | 150044 | 129891 |
| 内蒙古 | 1008349 | 576752 | 57.20 | 174905 | 86174 | 49.27 | 663414 | 400720 |
| 辽 宁 | 474788 | 447637 | 94.28 | 33692 | 29610 | 87.88 | 434480 | 412084 |
| 吉 林 | 284566 | 275286 | 96.74 | 17707 | 15731 | 88.84 | 224427 | 217124 |
| 黑龙江 | 406320 | 386709 | 95.17 | 29087 | 21502 | 73.92 | 228923 | 211911 |
| 上 海 | 10261 | 10246 | 99.85 | 1065 | 1065 | 100 | 9196 | 9181 |
| 江 苏 | 82716 | 75334 | 91.08 | 12891 | 11897 | 92.29 | 68708 | 62320 |
| 浙 江 | 421349 | 374682 | 88.92 | 372999 | 331363 | 88.84 | 48350 | 43319 |
| 安 徽 | 372639 | 330387 | 88.66 | 111285 | 90234 | 81.08 | 261354 | 240153 |
| 福 建 | 266866 | 256961 | 96.29 | 77403 | 77403 | 100 | 189463 | 179558 |
| 江 西 | 485823 | 465565 | 95.83 | 266611 | 264941 | 99.37 | 219177 | 200606 |
| 山 东 | 468320 | 428644 | 91.53 | 106144 | 79315 | 74.72 | 362176 | 349329 |
| 河 南 | 460619 | 415683 | 90.24 | 95571 | 86038 | 90.03 | 365048 | 329645 |
| 湖 北 | 454685 | 316191 | 69.54 | 109419 | 17992 | 16.44 | 272325 | 240399 |
| 湖 南 | 386062 | 186550 | 48.32 | 85896 | 14451 | 16.82 | 300166 | 172099 |
| 广 东 | 447342 | 420427 | 93.98 | 279547 | 279546 | 100 | 124704 | 101016 |
| 广 西 | 365820 | 112619 | 30.79 | 74970 | 44676 | 59.59 | 274896 | 57590 |
| 海 南 | 27743 | 5442 | 19.62 | 8 | 8 | 100 | 8487 | 4313 |
| 重 庆 | 355714 | 355714 | 100 | 122979 | 122979 | 100 | 218877 | 218877 |
| 四 川 | 592108 | 461323 | 77.91 | 118810 | 89951 | 75.71 | 442244 | 343825 |
| 贵 州 | 179265 | 169914 | 94.78 | 24409 | 20329 | 83.28 | 150065 | 144794 |
| 云 南 | 365041 | 362532 | 99.31 | 59497 | 59193 | 99.49 | 275598 | 273709 |
| 西 藏 | 228466 | 75700 | 33.13 | 65933 | 21846 | 33.13 | 121273 | 40183 |
| 陕 西 | 377745 | 303656 | 80.39 | 88075 | 57003 | 64.72 | 210055 | 179467 |
| 甘 肃 | 380266 | 281969 | 74.15 | 72777 | 54737 | 75.21 | 171475 | 125670 |
| 青 海 | 257900 | 202247 | 78.42 | 29299 | 22078 | 75.35 | 107661 | 82799 |
| 宁 夏 | 251249 | 123307 | 49.08 | 777 | 543 | 69.88 | 78044 | 48151 |
| 新 疆 | 1573840 | 1461422 | 92.86 | 130964 | 107260 | 81.90 | 833572 | 771291 |
| 大兴安岭 | 147130 | 36450 | 24.77 | 26290 | 5971 | 22.71 | 24053 | 8217 |

# 各地区林业有害生物发生防治情况(二)

| 地区 | 二、林业虫害 | 三、林业鼠(兔)害 | | | 四、林业有害植物 | | |
|---|---|---|---|---|---|---|---|
| | 防治率(%) | 发生面积(公顷) | 防治面积(公顷) | 防治率(%) | 发生面积(公顷) | 防治面积(公顷) | 防治率(%) |
| **全　国** | **82.77** | **1770143** | **1382091** | **78.08** | **173832** | **126922** | **73.01** |
| 北　京 | 100 | — | — | — | — | — | — |
| 天　津 | 100 | — | — | — | — | — | — |
| 河　北 | 95.53 | 27564 | 21542 | 78.15 | — | — | — |
| 山　西 | 86.57 | 59470 | 49905 | 83.92 | 1170 | 403 | 34.44 |
| 内蒙古 | 60.40 | 170030 | 89858 | 52.85 | — | — | — |
| 辽　宁 | 94.85 | 6616 | 5943 | 89.83 | — | — | — |
| 吉　林 | 96.75 | 42432 | 42431 | 100 | — | — | — |
| 黑龙江 | 92.57 | 148310 | 153296 | 103.36 | — | — | — |
| 上　海 | 99.84 | — | — | — | — | — | — |
| 江　苏 | 90.70 | — | — | — | 1117 | 1117 | 100 |
| 浙　江 | 89.59 | — | — | — | — | — | — |
| 安　徽 | 91.89 | — | — | — | — | — | — |
| 福　建 | 94.77 | — | — | — | — | — | — |
| 江　西 | 91.53 | — | — | — | 35 | 18 | 51.43 |
| 山　东 | 96.45 | — | — | — | — | — | — |
| 河　南 | 90.30 | — | — | — | — | — | — |
| 湖　北 | 88.28 | 4348 | 4092 | 94.11 | 68593 | 53708 | 78.30 |
| 湖　南 | 57.33 | — | — | — | — | — | — |
| 广　东 | 81.00 | — | — | — | 43091 | 39865 | 92.51 |
| 广　西 | 20.95 | 270 | 258 | 95.56 | 15684 | 10095 | 64.36 |
| 海　南 | 50.82 | — | — | — | 19248 | 1121 | 5.82 |
| 重　庆 | 100 | 12392 | 12392 | 100 | 1466 | 1466 | 100 |
| 四　川 | 77.75 | 30951 | 27444 | 88.67 | 103 | 103 | 100 |
| 贵　州 | 96.49 | 2419 | 2419 | 100 | 2372 | 2372 | 100 |
| 云　南 | 99.31 | 13645 | 13472 | 98.73 | 16301 | 16158 | 99.12 |
| 西　藏 | 33.13 | 40527 | 13428 | 33.13 | 733 | 243 | 33.15 |
| 陕　西 | 85.44 | 79562 | 67133 | 84.38 | 53 | 53 | 100 |
| 甘　肃 | 73.29 | 136012 | 101562 | 74.67 | 2 | — | — |
| 青　海 | 76.91 | 117169 | 97203 | 82.96 | 3771 | 167 | 4.43 |
| 宁　夏 | 61.70 | 172335 | 74580 | 43.28 | 93 | 33 | 35.48 |
| 新　疆 | 92.53 | 609304 | 582871 | 95.66 | — | — | — |
| 大兴安岭 | 34.16 | 96787 | 22262 | 23.00 | — | — | — |

# 全国草原主要灾害情况

| 指标名称 | 单位 | 本年实际 |
| --- | --- | --- |
| **草原有害生物** | | |
| 1. 发生面积 | 千公顷 | 48422 |
| 2. 防治面积 | 千公顷 | 13846 |
| 3. 防治率 | % | 28.60 |
| **一、草原鼠害** | | |
| 1. 发生面积 | 千公顷 | 35483 |
| 2. 防治面积 | 千公顷 | 9812 |
| 3. 防治率 | % | 27.65 |
| **二、草原虫害** | | |
| 1. 发生面积 | 千公顷 | 7468 |
| 2. 防治面积 | 千公顷 | 3635 |
| 3. 防治率 | % | 48.67 |
| **三、草原有害植物** | | |
| 1. 发生面积 | 千公顷 | 5228 |
| 2. 防治面积 | 千公顷 | 390 |
| 3. 防治率 | % | 7.46 |
| **四、草原病害** | | |
| 1. 发生面积 | 千公顷 | 244 |
| 2. 防治面积 | 千公顷 | 9 |
| 3. 防治率 | % | 3.80 |

# 各地区草原有害生物

| 地　区 | 草原有害生物 | | | 一、草原鼠害 | | |
|---|---|---|---|---|---|---|
| | 发生面积（公顷） | 防治面积（公顷） | 防治率（%） | 发生面积（公顷） | 防治面积（公顷） | 防治率（%） |
| **全　国** | **48422135** | **13846331** | **28.60** | **35482810** | **9812440** | **27.65** |
| 北　京 | — | — | — | — | — | — |
| 天　津 | — | — | — | — | — | — |
| 河　北 | 290133 | 285176 | 98.29 | 143600 | 142400 | 99.16 |
| 山　西 | 588009 | 295639 | 50.28 | 253453 | 90307 | 35.63 |
| 内蒙古 | 7745427 | 4901255 | 63.28 | 4249089 | 3237373 | 76.19 |
| 辽　宁 | 293560 | 168420 | 57.37 | 101867 | 71333 | 70.03 |
| 吉　林 | 53221 | 55554 | 104.38 | 26067 | 27067 | 103.84 |
| 黑龙江 | 81087 | 79520 | 98.07 | 22980 | 22807 | 99.25 |
| 上　海 | — | — | — | — | — | — |
| 江　苏 | — | — | — | — | — | — |
| 浙　江 | — | — | — | — | — | — |
| 安　徽 | — | — | — | — | — | — |
| 福　建 | — | — | — | — | — | — |
| 江　西 | — | — | — | — | — | — |
| 山　东 | — | — | — | — | — | — |
| 河　南 | — | — | — | — | — | — |
| 湖　北 | — | — | — | — | — | — |
| 湖　南 | — | — | — | — | — | — |
| 广　东 | — | — | — | — | — | — |
| 广　西 | — | — | — | — | — | — |
| 海　南 | — | — | — | — | — | — |
| 重　庆 | — | — | — | — | — | — |
| 四　川 | 3297850 | 586200 | 17.78 | 1671993 | 404667 | 24.20 |
| 贵　州 | — | — | — | — | — | — |
| 云　南 | 124291 | 123979 | 99.75 | 28180 | 28180 | 100 |
| 西　藏 | 19070559 | 677419 | 3.55 | 16519927 | 273526 | 1.66 |
| 陕　西 | 213747 | 174533 | 81.65 | 147807 | 123660 | 83.66 |
| 甘　肃 | 3948666 | 933347 | 23.64 | 2652000 | 666147 | 25.12 |
| 青　海 | 11212065 | 3954000 | 35.27 | 9112247 | 3692993 | 40.53 |
| 宁　夏 | 186360 | 721686 | 387.25 | 97733 | 682753 | 698.59 |
| 新　疆 | 1317160 | 889603 | 67.54 | 455867 | 349227 | 76.61 |

# 发生防治情况

| 二、草原虫害 | | | 三、草原有害植物 | | | 四、草原病害 | | |
|---|---|---|---|---|---|---|---|---|
| 发生面积（公顷） | 防治面积（公顷） | 防治率（%） | 发生面积（公顷） | 防治面积（公顷） | 防治率（%） | 发生面积（公顷） | 防治面积（公顷） | 防治率（%） |
| **7468173** | **3634533** | **48.67** | **5227647** | **390101** | **7.46** | **243505** | **9257** | **3.80** |
| — | — | — | — | — | — | — | — | — |
| — | — | — | — | — | — | — | — | — |
| 146533 | 142776 | 97.44 | — | — | — | — | — | — |
| 306489 | 195015 | 63.63 | 21998 | 5250 | 23.87 | 6069 | 5067 | 83.49 |
| 2949664 | 1634738 | 55.42 | 465941 | 29144 | 6.25 | 80733 | — | — |
| 130760 | 82667 | 63.22 | 59400 | 14367 | 24.19 | 1533 | 53 | 3.46 |
| 26267 | 27600 | 105.07 | 887 | 887 | 100 | — | — | — |
| 58107 | 56713 | 97.60 | — | — | — | — | — | — |
| — | — | — | — | — | — | — | — | — |
| — | — | — | — | — | — | — | — | — |
| — | — | — | — | — | — | — | — | — |
| — | — | — | — | — | — | — | — | — |
| — | — | — | — | — | — | — | — | — |
| — | — | — | — | — | — | — | — | — |
| — | — | — | — | — | — | — | — | — |
| — | — | — | — | — | — | — | — | — |
| — | — | — | — | — | — | — | — | — |
| — | — | — | — | — | — | — | — | — |
| — | — | — | — | — | — | — | — | — |
| — | — | — | — | — | — | — | — | — |
| — | — | — | — | — | — | — | — | — |
| — | — | — | — | — | — | — | — | — |
| 604853 | 181533 | 30.01 | 969104 | — | — | 51900 | — | — |
| — | — | — | — | — | — | — | — | — |
| 45843 | 45615 | 99.50 | 48071 | 47987 | 99.83 | 2197 | 2197 | 100 |
| 536568 | 259367 | 48.34 | 2014064 | 144526 | 7.18 | — | — | — |
| 58933 | 47200 | 80.09 | 4667 | 3333 | 71.42 | 2340 | 340 | 14.53 |
| 797933 | 256667 | 32.17 | 400000 | 8933 | 2.23 | 98733 | 1600 | 1.62 |
| 1194131 | 227007 | 19.01 | 905687 | 34000 | 3.75 | — | — | — |
| 88627 | 38933 | 43.93 | — | — | — | — | — | — |
| 523465 | 438702 | 83.81 | 337828 | 101674 | 30.10 | — | — | — |

# 附录四

# 分县造林

ANNEX Ⅳ

# 分县造林完成情况

单位:公顷

| 地区/单位名称 | 人工造林 | 飞播造林 | 封山育林 | 退化林修复 | 人工更新 |
|---|---|---|---|---|---|
| **全　国** | **930860** | **166099** | **1057316** | **1582935** | **465579** |
| **北京市** | **3481** | **—** | **—** | **—** | **1** |
| 门头沟区 | 495 | — | — | — | — |
| 房山区 | 1852 | — | — | — | 1 |
| 平谷区 | 198 | — | — | — | — |
| 密云区 | 355 | — | — | — | — |
| 延庆区 | 66 | — | — | — | — |
| 十三陵林场 | 88 | — | — | — | — |
| 京西林场 | 350 | — | — | — | — |
| 大安山林场 | 77 | — | — | — | — |
| **天津市** | **—** | **—** | **5458** | **—** | **—** |
| 蓟州区 | — | — | 5458 | — | — |
| **河北省** | **56685** | **17762** | **85294** | **30880** | **3086** |
| **石家庄市** | **7825** | **—** | **5988** | **6606** | **110** |
| 井陉矿区 | 23 | — | — | — | 2 |
| 藁城区 | 254 | — | — | — | 12 |
| 栾城区 | 178 | — | — | — | 6 |
| 井陉县 | 1967 | — | 1667 | 2003 | — |
| 行唐县 | 121 | — | 741 | — | 62 |
| 灵寿县 | 1372 | — | 858 | 1930 | — |
| 深泽县 | 324 | — | — | — | — |
| 赞皇县 | 468 | — | 367 | 671 | — |
| 无极县 | 287 | — | — | — | — |
| 平山县 | 1609 | — | 2010 | 2001 | — |
| 元氏县 | 271 | — | 345 | — | — |
| 赵县 | 128 | — | — | — | 4 |
| 晋州市 | 133 | — | — | — | — |
| 新乐市 | 160 | — | — | — | 24 |
| 鹿泉区 | 528 | — | — | — | — |
| **唐山市** | **1082** | **—** | **1748** | **—** | **—** |
| 滦州市 | — | — | 400 | — | — |
| 迁西县 | 871 | — | 332 | — | — |
| 玉田县 | — | — | 405 | — | — |
| 遵化市 | 211 | — | 405 | — | — |
| 迁安市 | — | — | 205 | — | — |
| **秦皇岛市** | **2862** | **—** | **5988** | **2077** | **215** |
| 海港区 | — | — | 667 | — | — |
| 北戴河区 | 57 | — | — | 688 | 47 |
| 青龙满族自治县 | 1772 | — | 3321 | 525 | — |
| 抚宁区 | 957 | — | 1333 | 668 | 43 |
| 卢龙县 | 76 | — | 667 | 196 | 125 |
| **邯郸市** | **7740** | **8429** | **6361** | **3967** | **839** |
| 丛台区 | 36 | — | — | 318 | — |
| 复兴区 | 16 | — | — | 59 | — |
| 峰峰矿区 | 426 | — | 575 | 198 | — |

# 分县造林完成情况

单位：公顷

| 地区/单位名称 | 人工造林 | 飞播造林 | 封山育林 | 退化林修复 | 人工更新 |
|---|---|---|---|---|---|
| 临漳县 | 49 | — | — | — | — |
| 大名县 | 64 | — | — | 70 | — |
| 涉县 | 3118 | 1334 | 2329 | 1631 | 542 |
| 磁县 | 1309 | 1650 | 1080 | 175 | — |
| 肥乡区 | 55 | — | — | 88 | 71 |
| 邱县 | 25 | — | — | 28 | 48 |
| 鸡泽县 | 39 | — | — | 33 | — |
| 广平县 | 73 | — | — | 64 | 62 |
| 馆陶县 | 67 | — | — | 30 | — |
| 魏县 | 53 | — | — | 75 | — |
| 曲周县 | 103 | — | — | 67 | 8 |
| 武安市 | 2194 | 5445 | 2377 | 1049 | 106 |
| 成安县 | 97 | — | — | 65 | — |
| 邯山区 | 17 | — | — | 19 | 3 |
| **邢台市** | **6777** | **7333** | **9935** | **1757** | **346** |
| 襄都区 | 7 | — | — | — | — |
| 邢台市 | 3561 | 7333 | 3930 | 788 | 5 |
| 经济开发区 | 2 | — | — | — | 65 |
| 临城县 | 785 | — | 2000 | 407 | — |
| 内丘县 | 778 | — | 1996 | 222 | — |
| 柏乡县 | 62 | — | — | — | 5 |
| 隆尧县 | 49 | — | — | — | — |
| 任泽区 | 140 | — | — | — | — |
| 南和区 | 6 | — | — | — | 37 |
| 宁晋县 | 124 | — | — | — | 62 |
| 巨鹿县 | 53 | — | — | — | 20 |
| 新河县 | 68 | — | — | — | 17 |
| 广宗县 | 32 | — | — | — | 54 |
| 平乡县 | 44 | — | — | — | 3 |
| 威县 | 163 | — | — | — | — |
| 清河县 | 93 | — | — | — | 60 |
| 临西县 | 167 | — | — | — | — |
| 南宫市 | 109 | — | — | — | 17 |
| 沙河市 | 535 | — | 2008 | 340 | — |
| **保定市** | **11214** | **2000** | **8113** | **3334** | **—** |
| 满城区 | 400 | — | 655 | — | — |
| 涞水县 | 1333 | — | 2093 | — | — |
| 阜平县 | 2063 | — | 1398 | — | — |
| 唐县 | 2018 | — | 650 | — | — |
| 涞源县 | 2333 | 2000 | 1333 | 2000 | — |
| 易县 | 667 | — | 667 | 1334 | — |
| 曲阳县 | 1034 | — | 629 | — | — |
| 顺平县 | 965 | — | 688 | — | — |
| 徐水区 | 400 | — | — | — | — |
| **张家口市** | **3705** | **—** | **18382** | **8934** | **19** |

# 分县造林完成情况

单位:公顷

| 地区/单位名称 | 人工造林 | 飞播造林 | 封山育林 | 退化林修复 | 人工更新 |
|---|---|---|---|---|---|
| 下花园区 | — | — | 333 | — | — |
| 张北县 | 136 | — | 668 | 2754 | 19 |
| 康保县 | — | — | 4375 | — | — |
| 沽源县 | — | — | 667 | — | — |
| 尚义县 | 1604 | — | — | 131 | — |
| 蔚县 | — | — | — | 1001 | — |
| 阳原县 | — | — | 683 | 1036 | — |
| 怀安县 | 316 | — | 1508 | 141 | — |
| 万全区 | — | — | 658 | — | — |
| 怀来县 | 580 | — | 994 | 1310 | — |
| 涿鹿县 | 404 | — | 2000 | — | — |
| 赤城县 | 666 | — | 2618 | 1196 | — |
| 崇礼区 | — | — | 3383 | 1366 | — |
| 察北管理区 | — | — | 352 | — | — |
| 塞北管理区 | — | — | 141 | — | — |
| **承德市** | **11203** | **—** | **28780** | **3673** | **916** |
| 双桥区 | 77 | — | 74 | — | — |
| 双滦区 | 219 | — | 277 | — | — |
| 营子区 | — | — | 266 | — | — |
| 承德县 | 435 | — | 1333 | 331 | 148 |
| 兴隆县 | 210 | — | 1333 | 123 | — |
| 平泉市 | 1235 | — | 3667 | 332 | — |
| 滦平县 | 2986 | — | 8008 | 334 | — |
| 隆化县 | 1399 | — | 1671 | 331 | 543 |
| 丰宁满族自治县 | 2234 | — | 9848 | 886 | 225 |
| 宽城满族自治县 | 333 | — | 533 | — | — |
| 围场满族蒙古族自治县 | 1646 | — | 1703 | 1337 | — |
| 开发区 | — | — | 67 | — | — |
| 御道口林场 | 428 | — | — | — | — |
| **沧州市** | **952** | **—** | **—** | **—** | **262** |
| 渤海新区中捷产业园区 | 41 | — | — | — | — |
| 渤海新区南大港产业园区 | 40 | — | — | — | — |
| 沧县 | 104 | — | — | — | 2 |
| 海兴县 | 82 | — | — | — | — |
| 盐山县 | 29 | — | — | — | — |
| 南皮县 | 94 | — | — | — | 149 |
| 孟村回族自治县 | 109 | — | — | — | — |
| 黄骅市 | 97 | — | — | — | — |
| 泊头市 | 91 | — | — | — | 43 |
| 任丘市 | 27 | — | — | — | 28 |
| 河间市 | 27 | — | — | — | 15 |
| 青县 | 57 | — | — | — | — |
| 东光县 | 43 | — | — | — | 9 |
| 肃宁县 | 28 | — | — | — | — |
| 吴桥县 | 52 | — | — | — | — |

# 分县造林完成情况

单位:公顷

| 地区/单位名称 | 人工造林 | 飞播造林 | 封山育林 | 退化林修复 | 人工更新 |
| --- | --- | --- | --- | --- | --- |
| 献县 | 30 | — | — | — | 16 |
| **廊坊市** | **642** | **—** | **—** | **342** | **73** |
| 三河市 | 43 | — | — | 27 | 17 |
| 香河县 | 69 | — | — | 21 | — |
| 大厂县 | 20 | — | — | 20 | 2 |
| 广阳区 | 20 | — | — | 20 | — |
| 安次区 | 32 | — | — | 27 | 16 |
| 永清县 | 88 | — | — | 40 | 15 |
| 固安县 | 47 | — | — | 33 | — |
| 霸州市 | 87 | — | — | 33 | — |
| 文安县 | 77 | — | — | 40 | 16 |
| 大城县 | 86 | — | — | 41 | 7 |
| 开发区 | 7 | — | — | 7 | — |
| 临空 | 65 | — | — | 33 | — |
| **衡水市** | **1449** | **—** | **—** | **190** | **286** |
| 桃城区 | 32 | — | — | 12 | — |
| 冀州区 | 166 | — | — | — | 40 |
| 枣强县 | 115 | — | — | 36 | 17 |
| 武邑县 | 47 | — | — | 1 | 88 |
| 武强县 | 37 | — | — | 27 | — |
| 饶阳县 | 74 | — | — | 17 | 17 |
| 安平县 | 266 | — | — | — | — |
| 故城县 | 181 | — | — | — | 26 |
| 景县 | 221 | — | — | 53 | 60 |
| 阜城县 | 152 | — | — | 3 | 32 |
| 高新技术产业开发区 | 4 | — | — | 3 | 5 |
| 滨湖新区 | — | — | — | 3 | — |
| 深州市 | 155 | — | — | 34 | — |
| **辛集市** | **315** | **—** | **—** | **—** | **17** |
| **定州市** | **261** | **—** | **—** | **—** | **4** |
| **雄安新区** | **657** | **—** | **—** | **—** | **—** |
| **山西省** | **227011** | **11048** | **63654** | **54798** | **5505** |
| **太原市** | **8331** | **—** | **—** | **—** | **1695** |
| 尖草坪 | 316 | — | — | — | 12 |
| 阳曲县 | 2000 | — | — | — | — |
| 娄烦县 | 2133 | — | — | — | 1667 |
| 古交市 | 3882 | — | — | — | 16 |
| **大同市** | **19541** | **834** | **4724** | **4620** | **—** |
| 市本级 | — | 834 | — | — | — |
| 新荣区 | — | — | — | 986 | — |
| 阳高县 | 2858 | — | 1333 | 1389 | — |
| 天镇县 | 3600 | — | 1333 | 975 | — |
| 广灵县 | 3459 | — | — | — | — |
| 灵丘县 | 3795 | — | — | — | — |
| 浑源县 | 5549 | — | 1304 | 1270 | — |

# 分县造林完成情况

单位：公顷

| 地区/单位名称 | 人工造林 | 飞播造林 | 封山育林 | 退化林修复 | 人工更新 |
|---|---|---|---|---|---|
| 云州区 | 280 | — | 753 | — | — |
| **阳泉市** | **4289** | **2362** | **333** | **1008** | **—** |
| 市本级 | 180 | — | — | 20 | — |
| 阳泉郊区 | 976 | — | — | 217 | — |
| 平定县 | 1467 | 2362 | — | 445 | — |
| 盂县 | 1666 | — | 333 | 325 | — |
| **长治市** | **9929** | **334** | **2203** | **2836** | **—** |
| 襄垣县 | 1000 | 334 | 334 | 672 | — |
| 屯留区 | 267 | — | — | — | — |
| 平顺县 | 852 | — | 200 | — | — |
| 黎城县 | 132 | — | 400 | 766 | — |
| 壶关县 | 523 | — | 204 | — | — |
| 长子县 | 869 | — | — | — | — |
| 武乡县 | 1586 | — | 667 | 998 | — |
| 沁县 | 2332 | — | — | — | — |
| 沁源县 | 2036 | — | — | — | — |
| 潞城区 | 333 | — | 400 | 400 | — |
| **晋城市** | **463** | **—** | **—** | **—** | **—** |
| 沁水县 | 200 | — | — | — | — |
| 阳城县 | 94 | — | — | — | — |
| 陵川县 | 105 | — | — | — | — |
| 泽州县 | 63 | — | — | — | — |
| 高平市 | 1 | — | — | — | — |
| **朔州市** | **8630** | **—** | **2288** | **3945** | **10** |
| 朔城区 | 682 | — | — | 825 | — |
| 平鲁区 | 696 | — | 667 | 1040 | 10 |
| 山阴县 | 961 | — | — | 1140 | — |
| 应县 | 6115 | — | 955 | 274 | — |
| 右玉县 | — | — | 667 | 666 | — |
| 怀仁市 | 175 | — | — | — | — |
| **晋中市** | **24579** | **1387** | **853** | **4353** | **—** |
| 榆次区 | 361 | — | — | — | — |
| 榆社县 | 4507 | — | — | 1667 | — |
| 左权县 | 3667 | — | — | — | — |
| 和顺县 | 2667 | — | — | 667 | — |
| 昔阳县 | 2000 | — | — | — | — |
| 寿阳县 | 8267 | 1387 | 853 | 1333 | — |
| 太谷区 | 663 | — | — | — | — |
| 祁县 | 1044 | — | — | — | — |
| 平遥县 | 1071 | — | — | — | — |
| 灵石县 | 333 | — | — | 687 | — |
| **运城市** | **4900** | **—** | **1419** | **1534** | **243** |
| 盐湖区 | 272 | — | — | — | — |
| 万荣县 | 34 | — | — | — | — |
| 闻喜县 | 2472 | — | 186 | 334 | — |

# 分县造林完成情况

单位:公顷

| 地区/单位名称 | 人工造林 | 飞播造林 | 封山育林 | 退化林修复 | 人工更新 |
|---|---|---|---|---|---|
| 稷山县 | 133 | — | — | — | — |
| 新绛县 | 200 | — | — | — | — |
| 绛县 | 202 | — | — | — | — |
| 垣曲县 | 67 | — | 567 | — | — |
| 夏县 | 200 | — | — | — | — |
| 平陆县 | 405 | — | 667 | 1200 | 243 |
| 芮城县 | 267 | — | — | — | — |
| 永济市 | 400 | — | — | — | — |
| 河津市 | 249 | — | — | — | — |
| **忻州市** | **28247** | **2166** | **8623** | **7095** | **4** |
| 忻府区 | 1240 | — | 1200 | 400 | — |
| 定襄县 | 153 | — | — | — | — |
| 五台县 | 1173 | — | — | — | — |
| 代县 | 3476 | — | — | — | — |
| 繁峙县 | 2071 | 733 | 2200 | 340 | — |
| 宁武县 | 248 | — | — | — | — |
| 静乐县 | 1396 | — | — | — | 4 |
| 神池县 | 2020 | — | 2000 | 173 | — |
| 五寨县 | 683 | — | — | 240 | — |
| 岢岚县 | 4825 | 1433 | 2694 | 2170 | — |
| 河曲县 | 2566 | — | — | 224 | — |
| 保德县 | 3248 | — | — | 209 | — |
| 偏关县 | 3441 | — | — | 3339 | — |
| 原平市 | 1706 | — | 529 | — | — |
| **临汾市** | **4068** | **—** | **1640** | **1635** | **—** |
| 襄汾县 | 626 | — | — | — | — |
| 古县 | 203 | — | — | — | — |
| 吉县 | 600 | — | — | — | — |
| 大宁县 | 1333 | — | 1333 | 533 | — |
| 隰县 | — | — | — | 200 | — |
| 永和县 | 1306 | — | 307 | 333 | — |
| 蒲县 | — | — | — | 233 | — |
| 汾西县 | — | — | — | 335 | — |
| **吕梁市** | **18879** | **3965** | **4872** | **7982** | **—** |
| 离石区 | 2416 | 741 | — | 234 | — |
| 兴县 | 6571 | 2494 | 2015 | 798 | — |
| 临县 | 3631 | — | — | 1592 | — |
| 柳林县 | 61 | — | — | 1722 | — |
| 石楼县 | 729 | — | — | 133 | — |
| 岚县 | 1907 | — | 1332 | 654 | — |
| 方山县 | 24 | — | 1000 | 716 | — |
| 中阳县 | — | — | — | 667 | — |
| 交口县 | 3335 | 730 | 525 | 1466 | — |
| 汾阳市 | 204 | — | — | — | — |
| **省直属单位** | **95156** | **—** | **36697** | **19790** | **3553** |

# 分县造林完成情况

单位:公顷

| 地区/单位名称 | 人工造林 | 飞播造林 | 封山育林 | 退化林修复 | 人工更新 |
|---|---|---|---|---|---|
| **内蒙古自治区** | **87884** | **17786** | **30543** | **112285** | **13211** |
| **呼和浩特市** | **31** | **—** | **—** | **4141** | **7301** |
| 托克托县 | — | — | — | 729 | — |
| 和林格尔县 | — | — | — | 661 | 5333 |
| 武川县 | 31 | — | — | 2750 | 1968 |
| **包头市** | **1508** | **—** | **—** | **1424** | **595** |
| 石拐区 | — | — | — | — | — |
| 土默特右旗 | 692 | — | — | — | — |
| 固阳县 | 816 | — | — | 269 | 595 |
| 达茂旗 | — | — | — | 1155 | — |
| **赤峰市** | **8015** | **—** | **3133** | **12461** | **2907** |
| 红山区 | — | — | — | 392 | — |
| 元宝山区 | 123 | — | — | 121 | — |
| 松山区 | 393 | — | 133 | 1333 | 200 |
| 阿鲁科尔沁旗 | 321 | — | 333 | 2973 | 135 |
| 巴林左旗 | 796 | — | — | 1333 | 62 |
| 巴林右旗 | 2494 | — | 1333 | 1664 | 807 |
| 林西县 | 331 | — | — | 930 | 475 |
| 克什克腾旗 | 547 | — | — | 332 | 264 |
| 翁牛特旗 | 1414 | — | 1333 | — | 643 |
| 喀喇沁旗 | — | — | — | 779 | 137 |
| 宁城县 | — | — | — | 58 | — |
| 敖汉旗 | 1597 | — | — | 2545 | 183 |
| **通辽市** | **14557** | **—** | **—** | **5163** | **2298** |
| 科左中旗 | 1903 | — | — | 29 | 380 |
| 科左后旗 | — | — | — | 4354 | 1179 |
| 开鲁县 | — | — | — | — | 644 |
| 库伦旗 | 4648 | — | — | 779 | 74 |
| 奈曼旗 | 6713 | — | — | — | — |
| 扎鲁特旗 | 1293 | — | — | — | 21 |
| **鄂尔多斯市** | **27685** | **3331** | **—** | **25970** | **—** |
| 东胜区 | 67 | — | — | — | — |
| 达拉特旗 | 2756 | — | — | 447 | — |
| 准格尔旗 | — | — | — | 2108 | — |
| 鄂托克前旗 | 3741 | — | — | 1682 | — |
| 鄂托克旗 | 4008 | — | — | 667 | — |
| 杭锦旗 | 12747 | 3331 | — | 2304 | — |
| 乌审旗 | 4366 | — | — | 10638 | — |
| 伊金霍洛旗 | — | — | — | 7999 | — |
| 鄂尔多斯市造林总场 | — | — | — | 125 | — |
| **呼伦贝尔市** | **1632** | **—** | **678** | **733** | **67** |
| 陈巴尔虎旗 | 765 | — | — | 333 | — |
| 新巴尔虎左旗 | 142 | — | — | — | — |
| 牙克石市 | 170 | — | — | — | — |
| 扎兰屯市 | 100 | — | 678 | 133 | — |

# 分县造林完成情况

单位:公顷

| 地区/单位名称 | 人工造林 | 飞播造林 | 封山育林 | 退化林修复 | 人工更新 |
|---|---|---|---|---|---|
| 乌奴耳 | 200 | — | — | 133 | 67 |
| 柴河 | 255 | — | — | 133 | — |
| **巴彦淖尔市** | **979** | **729** | **—** | **3706** | **2** |
| 临河区 | 212 | — | — | 624 | — |
| 五原县 | 129 | — | — | 646 | 1 |
| 磴口县 | 33 | — | — | 2091 | — |
| 乌拉特前旗 | 413 | 729 | — | 208 | — |
| 乌拉特中旗 | 46 | — | — | — | — |
| 乌拉特后旗 | — | — | — | 136 | — |
| 杭锦后旗 | 146 | — | — | — | 1 |
| **乌兰察布市** | **4777** | **—** | **1735** | **15331** | **40** |
| 集宁区 | — | — | — | 332 | — |
| 卓资县 | — | — | — | 1795 | — |
| 化德县 | 333 | — | 333 | 1004 | — |
| 兴和县 | — | — | — | 1000 | — |
| 凉城县 | 596 | — | 533 | 2029 | — |
| 察哈尔右翼前旗 | 159 | — | — | 519 | — |
| 察哈尔右翼中旗 | 480 | — | — | 1809 | 27 |
| 察哈尔右翼后旗 | 2623 | — | 668 | — | — |
| 四子王旗 | 53 | — | — | 5845 | 13 |
| 丰镇市 | 533 | — | 200 | 1000 | — |
| **兴安盟** | **579** | **1326** | **5433** | **5458** | **—** |
| 乌兰浩特市 | — | — | — | 871 | — |
| 科尔沁右翼中旗 | 548 | 1326 | 2026 | 2939 | — |
| 扎赉特旗 | 30 | — | 3407 | 465 | — |
| 突泉县 | — | — | — | 1182 | — |
| **锡林郭勒盟** | **6270** | **3333** | **14565** | **4352** | **—** |
| 二连浩特市 | — | — | 1565 | 20 | — |
| 锡林浩特市 | — | — | 1333 | — | — |
| 阿巴嘎旗 | — | — | 667 | — | — |
| 苏尼特左旗 | — | 1333 | 2667 | — | — |
| 苏尼特右旗 | 67 | — | 1333 | — | — |
| 东乌珠穆沁旗 | 367 | — | — | — | — |
| 西乌珠穆沁旗 | 67 | — | 333 | — | — |
| 太仆寺旗 | 550 | — | — | 665 | — |
| 镶黄旗 | 800 | — | 2000 | — | — |
| 正镶白旗 | 160 | 667 | 2667 | — | — |
| 正蓝旗 | 1993 | 1333 | 2000 | 667 | — |
| 多伦县 | 2266 | — | — | 3000 | — |
| **阿拉善盟** | **21450** | **9067** | **4998** | **6844** | **—** |
| 阿拉善左旗 | 3333 | 8000 | — | — | — |
| 阿拉善右旗 | 6667 | — | 3332 | 2670 | — |
| 额济纳旗 | 10867 | — | 1333 | 2000 | — |
| 高新技术产业开发区 | — | — | — | 1333 | — |
| 乌兰布和生态沙产业示范区 | 267 | 1067 | 333 | 667 | — |

# 分县造林完成情况

单位:公顷

| 地区/单位名称 | 人工造林 | 飞播造林 | 封山育林 | 退化林修复 | 人工更新 |
|---|---|---|---|---|---|
| 李井滩生态移民示范区 | 316 | — | — | 174 | — |
| **内蒙古森工** | **402** | **—** | **—** | **26704** | **—** |
| **辽宁省** | **27293** | **—** | **3334** | **31487** | **5290** |
| **沈阳市** | **3533** | **—** | **—** | **—** | **2357** |
| 辽中区 | 315 | — | — | — | 341 |
| 康平县 | 1515 | — | — | — | 918 |
| 法库县 | 592 | — | — | — | 455 |
| 新民市 | 1111 | — | — | — | 643 |
| **大连市** | **1576** | **—** | **—** | **439** | **145** |
| 甘井子区 | 5 | — | — | — | — |
| 旅顺口区 | 9 | — | — | — | — |
| 金普新区 | 107 | — | — | 67 | — |
| 瓦房店市 | 826 | — | — | — | — |
| 普兰店区 | 263 | — | — | 302 | 7 |
| 庄河市 | 367 | — | — | 69 | 139 |
| **鞍山市** | **397** | **—** | **—** | **700** | **147** |
| 台安县 | 357 | — | — | — | — |
| 岫岩县 | — | — | — | 700 | 133 |
| 海城市 | 39 | — | — | — | 13 |
| **抚顺市** | **182** | **—** | **—** | **2342** | **1009** |
| 东洲区 | 13 | — | — | 117 | — |
| 抚顺矿务局 | — | — | — | 357 | — |
| 顺城区 | — | — | — | 260 | — |
| 抚顺县 | 74 | — | — | 222 | 303 |
| 新宾县 | 88 | — | — | 939 | 52 |
| 清原县 | 7 | — | — | 446 | 458 |
| 抚顺大伙房林场 | — | — | — | — | 197 |
| **本溪市** | **—** | **—** | **—** | **234** | **—** |
| 南芬区 | — | — | — | 162 | — |
| 本溪县 | — | — | — | 71 | — |
| **丹东市** | **—** | **—** | **—** | **1261** | **53** |
| 振安区 | — | — | — | 131 | 53 |
| 宽甸县 | — | — | — | 997 | — |
| 凤城市 | — | — | — | 133 | — |
| **锦州市** | **3452** | **—** | **—** | **3855** | **62** |
| 黑山县 | 1333 | — | — | — | — |
| 义县 | 1467 | — | — | 2353 | — |
| 松山新区 | 53 | — | — | 80 | — |
| 凌海市 | 575 | — | — | 288 | 62 |
| 北镇市 | 24 | — | — | 1133 | — |
| **营口市** | **33** | **—** | **—** | **33** | **—** |
| 大石桥市 | 33 | — | — | 33 | — |
| **阜新市** | **2953** | **—** | **—** | **1375** | **143** |
| 阜矿集团 | — | — | — | 37 | — |
| 阜蒙县 | 2565 | — | — | 1339 | 143 |

# 分县造林完成情况

单位:公顷

| 地区/单位名称 | 人工造林 | 飞播造林 | 封山育林 | 退化林修复 | 人工更新 |
|---|---|---|---|---|---|
| 彰武县 | 388 | — | — | — | — |
| **辽阳市** | **7** | **—** | **—** | **19** | **103** |
| 文圣区 | — | — | — | — | 19 |
| 宏伟区 | 7 | — | — | 7 | — |
| 辽阳县 | — | — | — | 12 | 84 |
| **盘锦市** | **20** | **—** | **—** | **—** | **19** |
| 兴隆台区 | 1 | — | — | — | — |
| 大洼区 | 15 | — | — | — | — |
| 盘山县 | 5 | — | — | — | 19 |
| **铁岭市** | **1359** | **—** | **—** | **320** | **370** |
| 银州区 | 8 | — | — | — | — |
| 清河区 | 49 | — | — | — | 9 |
| 铁岭县 | 450 | — | — | 200 | 117 |
| 西丰县 | 4 | — | — | — | 121 |
| 昌图县 | 805 | — | — | 120 | 9 |
| 铁煤集团 | — | — | — | — | 43 |
| 开原市 | 44 | — | — | — | 72 |
| **朝阳市** | **12574** | **—** | **2000** | **18142** | **848** |
| 双塔区 | 67 | — | — | — | — |
| 龙城区 | 399 | — | — | 477 | 1 |
| 朝阳县 | 1905 | — | — | 3969 | 176 |
| 建平县 | 2957 | — | 1333 | 3330 | 633 |
| 喀左县 | 1718 | — | — | 2667 | — |
| 北票市 | 2834 | — | 667 | 5644 | — |
| 凌源市 | 2694 | — | — | 2055 | 38 |
| **葫芦岛市** | **1207** | **—** | **1333** | **2097** | **—** |
| 连山区 | 200 | — | — | 135 | — |
| 龙港区 | 34 | — | — | 33 | — |
| 南票区 | 73 | — | — | 405 | — |
| 绥中县 | 67 | — | 667 | 67 | — |
| 建昌县 | 667 | — | — | 1005 | — |
| 良种核桃实验林场 | — | — | — | 18 | — |
| 生态林场 | — | — | — | 100 | — |
| 兴城市 | 167 | — | 667 | 333 | — |
| **省直属单位** | **—** | **—** | **—** | **670** | **33** |
| **吉林省** | **1631** | **—** | **5105** | **109026** | **15276** |
| **长春市** | **2** | **—** | **—** | **289** | **1388** |
| 双阳区 | — | — | — | — | 109 |
| 农安县 | — | — | — | 80 | 326 |
| 九台区 | — | — | — | 31 | — |
| 榆树市 | 2 | — | — | 56 | 253 |
| 德惠市 | — | — | — | 94 | 351 |
| 公主岭市 | — | — | — | 29 | 349 |
| **吉林市** | **62** | **—** | **—** | **1994** | **2068** |
| 市城区 | — | — | — | — | 197 |

# 分县造林完成情况

单位:公顷

| 地区/单位名称 | 人工造林 | 飞播造林 | 封山育林 | 退化林修复 | 人工更新 |
|---|---|---|---|---|---|
| 永吉县 | 56 | — | — | — | 462 |
| 蛟河市 | 7 | — | — | — | 190 |
| 桦甸市 | — | — | — | — | 191 |
| 舒兰市 | — | — | — | — | 601 |
| 磐石市 | — | — | — | — | 312 |
| 上营森经局 | — | — | — | 1994 | 116 |
| **四平市** | **—** | **—** | **—** | **152** | **865** |
| 市城区 | — | — | — | — | 37 |
| 梨树县 | — | — | — | 36 | 213 |
| 伊通县 | — | — | — | — | 64 |
| 双辽市 | — | — | — | 116 | 550 |
| **辽源市** | **68** | **—** | **—** | **1602** | **1826** |
| 市城区 | — | — | — | — | 133 |
| 东丰县 | — | — | — | — | 172 |
| 东辽县 | 68 | — | — | 1602 | 1521 |
| **通化市** | **136** | **—** | **—** | **1160** | **1578** |
| 市城区 | — | — | — | 35 | 6 |
| 二道江区 | — | — | — | — | 12 |
| 通化县 | 136 | — | — | — | 973 |
| 辉南县 | — | — | — | 1125 | 230 |
| 集安市 | — | — | — | — | 334 |
| 白鸡峰国有林保护中心 | — | — | — | — | 24 |
| **白山市** | **—** | **—** | **2922** | **2785** | **441** |
| 浑江区 | — | — | — | — | 74 |
| 江源区 | — | — | — | — | 53 |
| 通化矿业(集团) | — | — | — | — | 20 |
| 抚松县 | — | — | 286 | 416 | — |
| 靖宇县 | — | — | — | 1712 | 100 |
| 长白县 | — | — | 2636 | — | 194 |
| 临江市 | — | — | — | 167 | — |
| 长白森经局 | — | — | — | 490 | — |
| **松原市** | **457** | **—** | **—** | **787** | **1472** |
| 宁江区 | — | — | — | 30 | 40 |
| 前郭县 | 5 | — | — | 207 | 1230 |
| 长岭县 | 200 | — | — | — | — |
| 乾安县 | — | — | — | 550 | 202 |
| 扶余市 | 252 | — | — | — | — |
| **白城市** | **893** | **—** | **—** | **2082** | **4134** |
| 洮北区 | — | — | — | 169 | — |
| 镇赉县 | 61 | — | — | 125 | 445 |
| 通榆县 | 656 | — | — | 1397 | 2031 |
| 洮南市 | — | — | — | 391 | 1407 |
| 大安市 | 176 | — | — | — | 251 |
| **延边朝鲜族自治州** | **8** | **—** | **2183** | **2958** | **666** |
| 延吉市 | — | — | 399 | — | 60 |

# 分县造林完成情况

单位:公顷

| 地区/单位名称 | 人工造林 | 飞播造林 | 封山育林 | 退化林修复 | 人工更新 |
|---|---|---|---|---|---|
| 图们市 | — | — | — | — | 107 |
| 敦化市 | — | — | — | 2850 | — |
| 珲春市 | — | — | — | — | 38 |
| 龙井市 | — | — | — | — | 335 |
| 和龙市 | — | — | — | — | 41 |
| 汪清县 | 1 | — | 1784 | 107 | — |
| 安图县 | 7 | — | — | — | 85 |
| **长白山森工集团** | **4** | **—** | **—** | **58134** | **434** |
| **吉林森工集团** | **—** | **—** | **—** | **36901** | **284** |
| **省直属单位** | **—** | **—** | **—** | **182** | **120** |
| **黑龙江省** | **7294** | **—** | **27212** | **46709** | **7516** |
| **哈尔滨市** | **918** | **—** | **—** | **737** | **135** |
| 呼兰区 | 164 | — | — | — | 14 |
| 阿城区 | 18 | — | — | — | — |
| 依兰县 | — | — | — | 135 | — |
| 宾县 | 72 | — | — | 211 | 50 |
| 巴彦 | 263 | — | — | 391 | 67 |
| 木兰县 | 44 | — | — | — | 4 |
| 通河县 | 12 | — | — | — | — |
| 尚志市 | 212 | — | — | — | — |
| 五常市 | 132 | — | — | — | — |
| **齐齐哈尔市** | **810** | **—** | **—** | **3497** | **1197** |
| 市本级 | 83 | — | — | 295 | 54 |
| 梅里斯区 | 67 | — | — | 194 | — |
| 龙江县 | 135 | — | — | 435 | 70 |
| 依安县 | 40 | — | — | — | 299 |
| 泰来县 | 9 | — | — | 200 | 325 |
| 甘南县 | 58 | — | — | 200 | 58 |
| 富裕县 | 156 | — | — | 133 | 66 |
| 克山县 | 59 | — | — | 226 | — |
| 克东县 | — | — | — | — | 66 |
| 拜泉县 | 204 | — | — | — | 258 |
| 讷河市 | — | — | — | 1813 | — |
| **鸡西市** | **144** | **—** | **—** | **—** | **67** |
| 鸡东县 | 51 | — | — | — | 67 |
| 虎林市 | 70 | — | — | — | — |
| 密山市 | 22 | — | — | — | — |
| **鹤岗市** | **—** | **—** | **—** | **204** | **—** |
| **双鸭山市** | **124** | **—** | **—** | **—** | **—** |
| 集贤县 | 58 | — | — | — | — |
| 宝清县 | 19 | — | — | — | — |
| 饶河县 | 47 | — | — | — | — |
| **大庆市** | **719** | **—** | **—** | **333** | **2410** |
| 市本级 | 28 | — | — | — | 111 |
| 肇州县 | 69 | — | — | — | 186 |

# 分县造林完成情况

单位:公顷

| 地区/单位名称 | 人工造林 | 飞播造林 | 封山育林 | 退化林修复 | 人工更新 |
|---|---|---|---|---|---|
| 肇源县 | — | — | — | — | 410 |
| 林甸县 | 519 | — | — | — | 1037 |
| 杜蒙县 | 103 | — | — | 333 | 667 |
| **伊春市** | **52** | **—** | **173** | **139** | **—** |
| 南岔县 | 2 | — | — | — | — |
| 嘉荫县 | — | — | — | 139 | — |
| 铁力市 | 50 | — | 173 | — | — |
| **佳木斯市** | **394** | **—** | **—** | **153** | **123** |
| 郊区 | — | — | — | — | 30 |
| 桦南县 | 67 | — | — | 153 | 72 |
| 桦川县 | 66 | — | — | — | 7 |
| 汤原县 | 145 | — | — | — | 14 |
| 抚远市 | 3 | — | — | — | — |
| 同江市 | 31 | — | — | — | — |
| 富锦市 | 83 | — | — | — | — |
| **牡丹江市** | **271** | **—** | **2053** | **527** | **358** |
| 市本级 | 27 | — | — | — | — |
| 东宁市 | 21 | — | — | — | 27 |
| 林口县 | 74 | — | 1387 | 500 | 252 |
| 海林市 | 64 | — | — | — | 53 |
| 宁安市 | 77 | — | — | — | 1 |
| 穆棱市 | 8 | — | 667 | 27 | 25 |
| **黑河市** | **725** | **—** | **1000** | **1867** | **5** |
| 市本级 | — | — | 500 | 667 | — |
| 爱辉区 | — | — | 333 | 667 | — |
| 嫩江市 | 686 | — | 167 | 67 | — |
| 逊克县 | 17 | — | — | 133 | — |
| 孙吴县 | — | — | — | 333 | — |
| 北安市 | 22 | — | — | — | 5 |
| **绥化市** | **1228** | **—** | **—** | **—** | **2220** |
| 北林区 | 16 | — | — | — | 104 |
| 望奎县 | 965 | — | — | — | 1014 |
| 兰西县 | 76 | — | — | — | 95 |
| 青冈县 | — | — | — | — | 373 |
| 庆安县 | 30 | — | — | — | 116 |
| 明水县 | 34 | — | — | — | 117 |
| 绥棱县 | 17 | — | — | — | — |
| 安达市 | 22 | — | — | — | 110 |
| 肇东市 | 61 | — | — | — | 181 |
| 海伦市 | 8 | — | — | — | 96 |
| 绥棱国有林场发展服务中心 | — | — | — | — | 14 |
| **龙江森工集团** | **832** | **—** | **21826** | **9956** | **425** |
| **伊春森工集团** | **881** | **—** | **2160** | **14234** | **83** |
| **大兴安岭林业集团** | **145** | **—** | **—** | **12977** | **140** |
| **省直属单位** | **51** | **—** | **—** | **2085** | **352** |

# 分县造林完成情况

单位:公顷

| 地区/单位名称 | 人工造林 | 飞播造林 | 封山育林 | 退化林修复 | 人工更新 |
|---|---|---|---|---|---|
| **上海市** | **35** | **—** | **—** | **—** | **—** |
| 青浦区 | 4 | — | — | — | — |
| 闵行区 | 32 | — | — | — | — |
| **江苏省** | **1397** | **—** | **—** | **382** | **809** |
| **南京市** | **—** | **—** | **—** | **23** | **3** |
| 浦口区 | — | — | — | 13 | — |
| 栖霞区 | — | — | — | — | 3 |
| 六合区 | — | — | — | 3 | — |
| 溧水区 | — | — | — | 7 | — |
| **徐州市** | **512** | **—** | **—** | **43** | **335** |
| 贾汪区 | 21 | — | — | — | 19 |
| 丰县 | — | — | — | — | 153 |
| 沛县 | 110 | — | — | 43 | — |
| 铜山区 | — | — | — | — | 94 |
| 睢宁县 | 114 | — | — | — | 36 |
| 新沂市 | 152 | — | — | — | — |
| 邳州市 | 115 | — | — | — | 33 |
| **常州市** | **53** | **—** | **—** | **29** | **—** |
| 天宁区 | 4 | — | — | — | — |
| 钟楼区 | 14 | — | — | — | — |
| 经开区 | 10 | — | — | 14 | — |
| 武进区 | 7 | — | — | — | — |
| 溧阳市 | 5 | — | — | 15 | — |
| 金坛区 | 14 | — | — | — | — |
| 苏州市 | 17 | — | — | — | 3 |
| 高新区 | — | — | — | — | 3 |
| 吴中区 | 1 | — | — | — | — |
| 相城区 | 1 | — | — | — | — |
| 常熟市 | 4 | — | — | — | — |
| 昆山市 | 2 | — | — | — | — |
| 吴江区 | 4 | — | — | — | — |
| 太仓市 | 3 | — | — | — | — |
| 张家港市 | 2 | — | — | — | — |
| **南通市** | **5** | **—** | **—** | **—** | **10** |
| 如东县 | — | — | — | — | 10 |
| 如皋市 | 3 | — | — | — | — |
| 海门区 | 2 | — | — | — | — |
| **连云港市** | **45** | **—** | **—** | **22** | **6** |
| 海州区 | 7 | — | — | 22 | — |
| 赣榆区 | 1 | — | — | — | 1 |
| 灌云县 | 33 | — | — | — | — |
| 灌南县 | 4 | — | — | — | 5 |
| **淮安市** | **142** | **—** | **—** | **—** | **41** |
| 淮安区 | 37 | — | — | — | — |
| 淮阴区 | 32 | — | — | — | — |

# 分县造林完成情况

单位:公顷

| 地区/单位名称 | 人工造林 | 飞播造林 | 封山育林 | 退化林修复 | 人工更新 |
| --- | --- | --- | --- | --- | --- |
| 清江浦区 | 17 | — | — | — | — |
| 涟水县 | 28 | — | — | — | — |
| 洪泽区 | 1 | — | — | — | 11 |
| 盱眙县 | — | — | — | — | 28 |
| 金湖县 | 26 | — | — | — | 1 |
| **盐城市** | **98** | **—** | **—** | **62** | **163** |
| 亭湖区 | 1 | — | — | — | — |
| 响水县 | 13 | — | — | — | — |
| 滨海县 | 10 | — | — | — | — |
| 阜宁县 | 3 | — | — | 11 | — |
| 射阳县 | 7 | — | — | — | — |
| 东台市 | 57 | — | — | 52 | 163 |
| 大丰区 | 6 | — | — | — | — |
| **扬州市** | **41** | **—** | **—** | **30** | **30** |
| 广陵区 | 1 | — | — | — | — |
| 邗江区 | — | — | — | — | 6 |
| 开发区 | 7 | — | — | — | — |
| 瘦西湖风景区 | 3 | — | — | — | — |
| 新城 | — | — | — | — | 7 |
| 宝应县 | — | — | — | — | 13 |
| 仪征市 | — | — | — | 30 | — |
| 高邮市 | 27 | — | — | — | — |
| 江都区 | 3 | — | — | — | 4 |
| **镇江市** | **40** | **—** | **—** | **72** | **22** |
| 京口区 | 3 | — | — | — | — |
| 润州区 | 2 | — | — | — | — |
| 丹徒区 | 6 | — | — | — | — |
| 镇江新区 | 11 | — | — | — | — |
| 镇江高新区 | 3 | — | — | — | — |
| 丹阳市 | 13 | — | — | — | 2 |
| 扬中市 | — | — | — | — | 3 |
| 句容市 | 2 | — | — | 72 | 16 |
| **泰州市** | **29** | **—** | **—** | **—** | **59** |
| 海陵区 | 7 | — | — | — | — |
| 高港区 | 3 | — | — | — | — |
| 兴化市 | 2 | — | — | — | 34 |
| 靖江市 | 5 | — | — | — | 14 |
| 泰兴市 | 12 | — | — | — | — |
| 姜堰区 | — | — | — | — | 11 |
| **宿迁市** | **415** | **—** | **—** | **101** | **137** |
| 宿城区 | 6 | — | — | — | 54 |
| 宿豫区 | 12 | — | — | 101 | 4 |
| 沭阳县 | 285 | — | — | — | 15 |
| 泗阳县 | 109 | — | — | — | 42 |
| 泗洪县 | 2 | — | — | — | 23 |

# 分县造林完成情况

单位:公顷

| 地区/单位名称 | 人工造林 | 飞播造林 | 封山育林 | 退化林修复 | 人工更新 |
|---|---|---|---|---|---|
| **浙江省** | **2666** | **—** | **—** | **5208** | **5758** |
| **杭州市** | **415** | **—** | **—** | **585** | **876** |
| 临安区 | — | — | — | — | 20 |
| 桐庐县 | 202 | — | — | 82 | 100 |
| 淳安县 | 188 | — | — | 113 | 491 |
| 建德市 | 25 | — | — | 389 | 265 |
| **宁波市** | **57** | **—** | **—** | **3** | **107** |
| 海曙区 | 6 | — | — | — | 1 |
| 鄞州区 | 3 | — | — | — | 10 |
| 奉化区 | 28 | — | — | — | 27 |
| 象山县 | — | — | — | 3 | 12 |
| 宁海县 | 20 | — | — | — | 49 |
| 余姚市 | — | — | — | — | 7 |
| **温州市** | **826** | **—** | **—** | **426** | **777** |
| 鹿城区 | 102 | — | — | — | 37 |
| 瓯海区 | 18 | — | — | — | 2 |
| 永嘉县 | 61 | — | — | 70 | 144 |
| 平阳县 | — | — | — | 4 | 40 |
| 苍南县 | 79 | — | — | — | 105 |
| 文成县 | 15 | — | — | 120 | 42 |
| 泰顺县 | 26 | — | — | 231 | 118 |
| 瑞安市 | 512 | — | — | 1 | 264 |
| 乐清市 | 13 | — | — | — | 25 |
| **湖州市** | **89** | **—** | **—** | **401** | **30** |
| 长兴县 | 73 | — | — | 53 | — |
| 安吉县 | 17 | — | — | 347 | 30 |
| **绍兴市** | **137** | **—** | **—** | **374** | **76** |
| 柯桥区 | 15 | — | — | — | 1 |
| 新昌县 | 34 | — | — | 360 | 60 |
| 诸暨市 | — | — | — | 15 | 8 |
| 上虞区 | 4 | — | — | — | 6 |
| 嵊州市 | 83 | — | — | — | 2 |
| **金华市** | **209** | **—** | **—** | **227** | **169** |
| 婺城区 | 2 | — | — | 18 | 6 |
| 金东区 | 17 | — | — | — | 8 |
| 武义县 | 116 | — | — | — | 38 |
| 浦江县 | 3 | — | — | — | 42 |
| 磐安县 | 58 | — | — | 199 | 18 |
| 义乌市 | 5 | — | — | — | 30 |
| 东阳市 | — | — | — | 11 | 20 |
| 永康市 | 7 | — | — | — | 6 |
| **衢州市** | **217** | **—** | **—** | **926** | **884** |
| 柯城区 | 29 | — | — | 17 | 62 |
| 衢江区 | 78 | — | — | 3 | 164 |
| 常山县 | 49 | — | — | 202 | 194 |

# 分县造林完成情况

单位:公顷

| 地区/单位名称 | 人工造林 | 飞播造林 | 封山育林 | 退化林修复 | 人工更新 |
|---|---|---|---|---|---|
| 开化县 | 43 | — | — | 511 | 186 |
| 龙游县 | 16 | — | — | 39 | 21 |
| 江山市 | 1 | — | — | 154 | 257 |
| **台州市** | **164** | **—** | **—** | **814** | **455** |
| 三门县 | — | — | — | 78 | — |
| 天台县 | 17 | — | — | 167 | 28 |
| 仙居县 | 26 | — | — | 81 | 314 |
| 温岭市 | 120 | — | — | 151 | 113 |
| 临海市 | — | — | — | 337 | — |
| **丽水市** | **553** | **—** | **—** | **1452** | **2385** |
| 莲都区 | 4 | — | — | 187 | 12 |
| 青田县 | 64 | — | — | — | 665 |
| 缙云县 | 57 | — | — | — | 14 |
| 遂昌县 | 32 | — | — | 1002 | 290 |
| 松阳县 | 35 | — | — | 211 | 259 |
| 云和县 | 1 | — | — | — | — |
| 庆元县 | — | — | — | — | 284 |
| 景宁畲族自治县 | 217 | — | — | 43 | 215 |
| 龙泉市 | 143 | — | — | 9 | 647 |
| **安徽省** | **5826** | **—** | **14160** | **13372** | **4607** |
| **合肥市** | **85** | **—** | **—** | **7** | **30** |
| 庐阳区 | 18 | — | — | — | 13 |
| 庐江县 | 67 | — | — | — | 17 |
| 巢湖市 | — | — | — | 7 | — |
| **芜湖市** | **69** | **—** | **—** | **12** | **175** |
| 湾沚区 | — | — | — | — | 43 |
| 鸠江区 | — | — | — | 12 | — |
| 南陵县 | 2 | — | — | — | 131 |
| 无为市 | 67 | — | — | — | 1 |
| **蚌埠市** | **28** | **—** | **—** | **—** | **36** |
| 蚌山区 | 3 | — | — | — | — |
| 怀远县 | 4 | — | — | — | 36 |
| 固镇县 | 21 | — | — | — | — |
| **淮南市** | **10** | **—** | **—** | **—** | **57** |
| 寿县 | 10 | — | — | — | 57 |
| 马鞍山市 | 1 | — | — | — | 7 |
| 含山县 | 1 | — | — | — | 7 |
| 铜陵市 | 2 | — | — | — | 145 |
| 郊区 | — | — | — | — | 67 |
| 枞阳县 | 2 | — | — | — | 78 |
| **安庆市** | **1266** | **—** | **5623** | **5470** | **1487** |
| 迎江区 | 52 | — | — | — | 34 |
| 大观区 | — | — | — | — | 141 |
| 怀宁县 | 654 | — | 100 | 199 | — |
| 潜山市 | 56 | — | 1199 | 1494 | 293 |

# 分县造林完成情况

单位:公顷

| 地区/单位名称 | 人工造林 | 飞播造林 | 封山育林 | 退化林修复 | 人工更新 |
|---|---|---|---|---|---|
| 太湖县 | 159 | — | 2515 | 2544 | 215 |
| 宿松县 | 132 | — | — | 509 | 338 |
| 望江县 | 148 | — | — | 71 | 84 |
| 岳西县 | 46 | — | 1275 | 510 | 198 |
| 桐城市 | 19 | — | 533 | 142 | 183 |
| **黄山市** | **237** | **—** | **3352** | **2333** | **225** |
| 黄山区 | — | — | 668 | 267 | 34 |
| 徽州区 | — | — | — | 207 | — |
| 歙县 | 17 | — | 667 | 504 | 49 |
| 休宁县 | — | — | 679 | 517 | — |
| 黟县 | — | — | 672 | 405 | 42 |
| 祁门县 | 220 | — | 667 | 433 | 100 |
| **滁州市** | **72** | **—** | **303** | **456** | **1193** |
| 市国有林场 | — | — | 14 | 310 | 151 |
| 琅琊区 | 13 | — | — | 11 | — |
| 白米山农场 | — | — | — | — | 62 |
| 南谯区 | — | — | — | — | 9 |
| 来安县 | 56 | — | — | 5 | — |
| 全椒县 | — | — | 104 | — | 597 |
| 定远县 | — | — | 2 | — | 45 |
| 凤阳县 | — | — | 182 | 129 | 74 |
| 天长市 | 3 | — | — | — | 15 |
| 明光市 | — | — | — | — | 241 |
| **阜阳市** | **235** | **—** | **—** | **—** | **—** |
| 颍州区 | 21 | — | — | — | — |
| 颍泉区 | 21 | — | — | — | — |
| 临泉县 | 94 | — | — | — | — |
| 太和县 | 28 | — | — | — | — |
| 界首市 | 71 | — | — | — | — |
| **宿州市** | **373** | **—** | **—** | **181** | **273** |
| 市直单位 | 34 | — | — | 5 | — |
| 埇桥区 | 127 | — | — | — | 169 |
| 萧县 | 31 | — | — | 133 | 40 |
| 灵璧县 | 105 | — | — | 13 | — |
| 泗县 | 77 | — | — | 29 | 64 |
| **六安市** | **208** | **—** | **1335** | **2393** | **328** |
| 金安区 | 5 | — | — | 234 | 31 |
| 裕安区 | 62 | — | 1 | 134 | 5 |
| 舒城县 | 107 | — | — | 1079 | 8 |
| 金寨县 | 34 | — | 667 | 431 | 38 |
| 霍山县 | — | — | 667 | 516 | 246 |
| **亳州市** | **350** | **—** | **—** | **—** | **205** |
| 谯城区 | 27 | — | — | — | 20 |
| 涡阳县 | 174 | — | — | — | 16 |
| 蒙城县 | — | — | — | — | 131 |

# 分县造林完成情况

单位:公顷

| 地区/单位名称 | 人工造林 | 飞播造林 | 封山育林 | 退化林修复 | 人工更新 |
|---|---|---|---|---|---|
| 利辛县 | 149 | — | — | — | 39 |
| **池州市** | **2787** | **—** | **2215** | **1933** | **50** |
| 贵池区 | 1089 | — | — | — | — |
| 东至县 | 1113 | — | 1015 | 998 | 35 |
| 石台县 | 400 | — | 1000 | 602 | — |
| 青阳县 | 185 | — | 200 | 333 | 15 |
| **宣城市** | **102** | **—** | **1333** | **587** | **395** |
| 宣州区 | 20 | — | — | — | 46 |
| 郎溪县 | — | — | — | — | 62 |
| 广德市 | — | — | — | 68 | 132 |
| 泾县 | 15 | — | — | 33 | 107 |
| 绩溪县 | — | — | 667 | 210 | 3 |
| 旌德县 | 67 | — | 667 | 267 | — |
| 宁国市 | — | — | — | 8 | 45 |
| **福建省** | **1517** | **—** | **32579** | **32870** | **44157** |
| **福州市** | **18** | **—** | **2167** | **1784** | **2143** |
| 马尾区 | — | — | — | 386 | — |
| 晋安区 | 3 | — | 300 | — | 77 |
| 闽侯县 | 14 | — | 474 | — | 763 |
| 连江县 | — | — | — | 578 | — |
| 罗源县 | — | — | 806 | 445 | — |
| 闽清县 | — | — | 171 | — | 307 |
| 永泰县 | — | — | 134 | 295 | 479 |
| 福清市 | — | — | 86 | — | 517 |
| 长乐区 | — | — | 194 | 80 | — |
| 高新区 | — | — | 3 | — | — |
| **厦门市** | **—** | **—** | **—** | **113** | **128** |
| 海沧区 | — | — | — | 4 | — |
| 集美区 | — | — | — | 28 | — |
| 同安区 | — | — | — | 81 | 4 |
| 翔安区 | — | — | — | — | 124 |
| **莆田市** | **208** | **—** | **1554** | **424** | **1474** |
| 城厢区 | — | — | 4 | — | 282 |
| 涵江区 | — | — | — | 266 | 257 |
| 秀屿区 | 29 | — | — | 155 | 6 |
| 仙游县 | 180 | — | 1549 | — | 923 |
| 北岸 | — | — | — | 3 | — |
| 湄洲岛 | — | — | — | — | 6 |
| **三明市** | **20** | **—** | **3852** | **1465** | **6733** |
| 三元区 | 7 | — | 262 | — | 834 |
| 明溪县 | — | — | 190 | 125 | 448 |
| 清流县 | 8 | — | 519 | 112 | 1019 |
| 宁化县 | — | — | 477 | — | 77 |
| 大田县 | 4 | — | 463 | — | 624 |
| 尤溪县 | — | — | 819 | 459 | 1245 |

# 分县造林完成情况

单位:公顷

| 地区/单位名称 | 人工造林 | 飞播造林 | 封山育林 | 退化林修复 | 人工更新 |
|---|---|---|---|---|---|
| 沙县 | — | — | 210 | 159 | 550 |
| 将乐县 | — | — | 395 | 432 | 502 |
| 泰宁县 | — | — | 309 | 178 | 9 |
| 建宁县 | — | — | 209 | — | 245 |
| 永安市 | — | — | — | — | 1179 |
| **泉州市** | **50** | **—** | **5032** | **854** | **4455** |
| 鲤城区 | — | — | 3 | — | — |
| 丰泽区 | — | — | — | — | 2 |
| 洛江区 | — | — | — | — | 68 |
| 泉港区 | — | — | 154 | 54 | 99 |
| 惠安县 | 10 | — | 82 | 26 | 352 |
| 安溪县 | 29 | — | 2019 | 127 | 715 |
| 永春县 | — | — | 784 | 85 | 982 |
| 德化县 | 2 | — | 1207 | 562 | 1380 |
| 石狮市 | — | — | 18 | — | — |
| 晋江市 | — | — | 35 | — | — |
| 南安市 | — | — | 724 | — | 837 |
| 台商投资区 | 9 | — | 7 | — | 20 |
| **漳州市** | **73** | **—** | **2642** | **88** | **5829** |
| 芗城区 | — | — | — | — | 20 |
| 龙文区 | — | — | — | — | 35 |
| 云霄县 | 12 | — | 215 | — | 526 |
| 漳浦县 | — | — | 98 | 35 | 566 |
| 诏安县 | — | — | 69 | — | 867 |
| 长泰区 | 4 | — | 123 | — | 1048 |
| 东山县 | 11 | — | — | — | 21 |
| 南靖县 | 34 | — | 1097 | 53 | 662 |
| 平和县 | 4 | — | 165 | — | 700 |
| 华安县 | 7 | — | 865 | — | 713 |
| 龙海区 | — | — | 11 | — | 536 |
| 常山开发区 | — | — | — | — | 31 |
| 古雷开发区 | — | — | — | — | 61 |
| 台商投资区 | — | — | — | — | 43 |
| **南平市** | **124** | **—** | **6902** | **10536** | **8935** |
| 延平区 | 1 | — | 110 | 2479 | 1382 |
| 顺昌县 | — | — | 84 | 521 | 539 |
| 浦城县 | 26 | — | 1533 | 695 | 672 |
| 光泽县 | — | — | 1161 | 623 | 771 |
| 松溪县 | — | — | 498 | 1123 | 358 |
| 政和县 | — | — | 174 | 234 | 146 |
| 邵武市 | 18 | — | 1509 | 711 | 1520 |
| 武夷山市 | — | — | 791 | 113 | 571 |
| 建瓯市 | 79 | — | 237 | 3149 | 2195 |
| 建阳区 | — | — | 807 | 887 | 781 |
| **龙岩市** | **139** | **—** | **3312** | **6118** | **5139** |

# 分县造林完成情况

单位:公顷

| 地区/单位名称 | 人工造林 | 飞播造林 | 封山育林 | 退化林修复 | 人工更新 |
|---|---|---|---|---|---|
| 新罗区 | 18 | — | 302 | 192 | 214 |
| 长汀县 | — | — | 444 | 1204 | 1651 |
| 永定区 | — | — | 1183 | 1852 | 405 |
| 上杭县 | 3 | — | 217 | 1232 | 348 |
| 武平县 | — | — | 473 | 123 | 1600 |
| 连城县 | 102 | — | 339 | 266 | — |
| 漳平市 | 15 | — | 355 | 1249 | 921 |
| **宁德市** | **844** | **—** | **6274** | **6494** | **3078** |
| 蕉城区 | — | — | 1099 | 1495 | 111 |
| 霞浦县 | 19 | — | 989 | 1117 | 280 |
| 古田县 | — | — | — | 139 | 1355 |
| 屏南县 | — | — | 629 | 33 | 565 |
| 寿宁县 | 293 | — | 837 | 144 | 564 |
| 周宁县 | 193 | — | 427 | 376 | 28 |
| 柘荣县 | 7 | — | 337 | 671 | 42 |
| 福安市 | 6 | — | 797 | 2013 | 133 |
| 福鼎市 | 326 | — | 1158 | 507 | — |
| **平潭综合实验区** | **2** | **—** | **—** | **153** | **18** |
| **省直属单位** | **39** | **—** | **844** | **4842** | **6224** |
| **江西省** | **6581** | **—** | **46506** | **139855** | **64869** |
| **南昌市** | **135** | **—** | **221** | **1634** | **151** |
| 湾里管理局 | — | — | 28 | 135 | 14 |
| 南昌县 | 45 | — | 20 | 67 | — |
| 新建区 | 35 | — | 53 | 673 | 19 |
| 安义县 | 37 | — | 67 | 252 | 71 |
| 进贤县 | 18 | — | 53 | 461 | 48 |
| 市本级 | — | — | — | 47 | — |
| **景德镇市** | **404** | **—** | **542** | **1107** | **1732** |
| 昌江区 | — | — | 74 | 40 | 49 |
| 市本级 | — | — | — | 59 | 225 |
| 浮梁县 | 379 | — | 267 | 557 | 557 |
| 乐平市 | 25 | — | 200 | 450 | 901 |
| **萍乡市** | **288** | **—** | **6421** | **5908** | **1512** |
| 经开区 | 13 | — | — | 107 | 4 |
| 安源区 | 4 | — | 800 | 387 | 19 |
| 武功山管委会 | 2 | — | 318 | 87 | — |
| 湘东区 | 75 | — | 1324 | 301 | 201 |
| 莲花县 | 74 | — | 1330 | 1300 | 587 |
| 上栗县 | 88 | — | 1316 | 2390 | 581 |
| 芦溪县 | 32 | — | 1334 | 1335 | 122 |
| **九江市** | **1202** | **—** | **4539** | **13872** | **2960** |
| 濂溪区 | 29 | — | — | 139 | 13 |
| 浔阳区 | — | — | — | 38 | — |
| 柴桑区 | 235 | — | 53 | 421 | 68 |
| 武宁县 | 454 | — | 800 | 2864 | 329 |

# 分县造林完成情况

单位:公顷

| 地区/单位名称 | 人工造林 | 飞播造林 | 封山育林 | 退化林修复 | 人工更新 |
|---|---|---|---|---|---|
| 修水县 | 160 | — | 2415 | 5099 | 785 |
| 永修县 | — | — | — | 490 | 310 |
| 德安县 | 5 | — | — | 564 | 403 |
| 庐山市 | 41 | — | — | 639 | 110 |
| 都昌县 | 40 | — | 200 | 677 | 331 |
| 湖口县 | — | — | — | 544 | 51 |
| 彭泽县 | 49 | — | — | 671 | 250 |
| 瑞昌市 | 155 | — | 1071 | 1248 | 251 |
| 共青城市 | 9 | — | — | 214 | 29 |
| 庐山西海风景名胜区 | 25 | — | — | 267 | 30 |
| **新余市** | **63** | **—** | **351** | **2443** | **2633** |
| 渝水区 | 47 | — | 133 | 900 | 737 |
| 仙女湖区 | — | — | 58 | 300 | 360 |
| 高新区 | 17 | — | 14 | 153 | 161 |
| 分宜县 | — | — | 147 | 1090 | 1374 |
| **鹰潭市** | **21** | **—** | **478** | **2584** | **821** |
| 龙虎山管委会 | 11 | — | 71 | 439 | 131 |
| 月湖区 | 10 | — | — | 59 | 6 |
| 余江区 | — | — | 74 | 1019 | 176 |
| 贵溪市 | — | — | 334 | 1068 | 508 |
| **赣州市** | **1134** | **—** | **11391** | **34667** | **11379** |
| 章贡区 | — | — | 74 | 34 | 10 |
| 赣县区 | — | — | — | 1860 | 720 |
| 信丰县 | 2 | — | 135 | 2485 | 2239 |
| 大余县 | — | — | 477 | 1034 | 323 |
| 上犹县 | — | — | 67 | 2081 | 349 |
| 崇义县 | — | — | 160 | 1827 | 1012 |
| 安远县 | 425 | — | 1337 | 1556 | 342 |
| 定南县 | — | — | 1335 | 1493 | 652 |
| 全南县 | — | — | 680 | 1429 | 639 |
| 宁都县 | — | — | 1001 | 2702 | 592 |
| 于都县 | — | — | 1359 | 3619 | 1230 |
| 兴国县 | 519 | — | 1335 | 5377 | 970 |
| 会昌县 | 133 | — | 965 | 1500 | 628 |
| 寻乌县 | 43 | — | 346 | 1207 | 526 |
| 石城县 | 12 | — | 761 | 1145 | 301 |
| 经开区 | — | — | — | 30 | 19 |
| 蓉江新区 | — | — | — | 20 | — |
| 犹江林场 | — | — | 133 | 67 | — |
| 瑞金市 | — | — | 533 | 2654 | 495 |
| 南康区 | — | — | 692 | 2549 | 331 |
| **吉安市** | **236** | **—** | **7452** | **26450** | **22453** |
| 市本级 | — | — | — | 69 | 40 |
| 吉州区 | 6 | — | — | 73 | 82 |
| 青原区 | — | — | 78 | 151 | 581 |

# 分县造林完成情况

单位：公顷

| 地区/单位名称 | 人工造林 | 飞播造林 | 封山育林 | 退化林修复 | 人工更新 |
|---|---|---|---|---|---|
| 吉安县 | 19 | — | 401 | 2359 | 961 |
| 吉水县 | 3 | — | 481 | 2350 | 3947 |
| 峡江县 | 70 | — | 400 | 1442 | 913 |
| 新干县 | 74 | — | 488 | 1681 | 1332 |
| 永丰县 | — | — | 667 | 4437 | 3014 |
| 泰和县 | — | — | 1014 | 2518 | 2670 |
| 遂川县 | — | — | 1334 | 3497 | 2164 |
| 万安县 | 8 | — | 536 | 1691 | 3117 |
| 安福县 | 2 | — | 844 | 2439 | 2282 |
| 永新县 | 21 | — | 935 | 2743 | 1188 |
| 井冈山市 | 34 | — | 274 | 1001 | 162 |
| **宜春市** | **125** | **—** | **4826** | **18682** | **9568** |
| 袁州区 | 9 | — | 764 | 3966 | 1140 |
| 明月山管委会 | — | — | 317 | 28 | 27 |
| 奉新县 | 7 | — | 469 | 1863 | 395 |
| 万载县 | — | — | 497 | 1820 | 1083 |
| 上高县 | 40 | — | 228 | 1063 | 1734 |
| 宜丰县 | 2 | — | 764 | 1498 | 1994 |
| 靖安县 | 20 | — | 800 | 1403 | 417 |
| 铜鼓县 | — | — | 233 | 1476 | 246 |
| 丰城市 | — | — | 388 | 1798 | 711 |
| 樟树市 | 12 | — | 235 | 711 | 190 |
| 高安市 | 34 | — | 129 | 3056 | 1632 |
| **抚州市** | **894** | **—** | **5456** | **10669** | **5375** |
| 临川区 | 48 | — | 130 | 1292 | 435 |
| 南城县 | 3 | — | 900 | 1019 | 376 |
| 黎川县 | 21 | — | 140 | 1294 | 548 |
| 南丰县 | — | — | 402 | 1029 | 552 |
| 崇仁县 | 143 | — | 670 | 529 | 470 |
| 乐安县 | 153 | — | 412 | 964 | 556 |
| 宜黄县 | 3 | — | 733 | 1197 | 554 |
| 金溪县 | 101 | — | 480 | 740 | 621 |
| 资溪县 | — | — | 134 | 1030 | 685 |
| 东乡区 | 52 | — | 611 | 447 | 269 |
| 广昌县 | 371 | — | 844 | 1128 | 309 |
| **上饶市** | **2074** | **—** | **4829** | **20943** | **5821** |
| 信州区 | 16 | — | — | 108 | 52 |
| 广信区 | 1361 | — | 382 | 5348 | 3 |
| 广丰区 | 16 | — | 679 | 1400 | 314 |
| 玉山县 | 145 | — | 343 | 2110 | 338 |
| 铅山县 | 11 | — | — | 1058 | 157 |
| 横峰县 | 104 | — | 351 | 1280 | 254 |
| 弋阳县 | — | — | — | 1686 | 547 |
| 余干县 | 273 | — | 110 | 1766 | 712 |
| 鄱阳县 | — | — | 603 | 1968 | 1549 |

# 分县造林完成情况

单位:公顷

| 地区/单位名称 | 人工造林 | 飞播造林 | 封山育林 | 退化林修复 | 人工更新 |
|---|---|---|---|---|---|
| 万年县 | 77 | — | 1228 | 1286 | 687 |
| 婺源县 | 70 | — | 960 | 1164 | 346 |
| 三清山 | — | — | 173 | 621 | 28 |
| 德兴市 | — | — | — | 1147 | 834 |
| **省直属单位** | **5** | **—** | **—** | **895** | **464** |
| **山东省** | **4995** | **—** | **—** | **7481** | **3015** |
| **济南市** | **544** | **—** | **—** | **97** | **89** |
| 南部山区 | 120 | — | — | — | 17 |
| 市中区 | 89 | — | — | 24 | 23 |
| 天桥区 | — | — | — | — | 26 |
| 章丘区 | 134 | — | — | — | — |
| 莱芜区 | 135 | — | — | 40 | 12 |
| 钢城区 | 64 | — | — | 33 | — |
| 商河县 | 3 | — | — | — | 12 |
| **青岛市** | **51** | **—** | **—** | **—** | **615** |
| 西海岸新区 | — | — | — | — | 421 |
| 城阳区 | 1 | — | — | — | 86 |
| 平度市 | 42 | — | — | — | 71 |
| 莱西市 | 8 | — | — | — | 36 |
| **淄博市** | **107** | **—** | **—** | **28** | **23** |
| 高新区 | 7 | — | — | 8 | — |
| 淄川区 | 26 | — | — | — | — |
| 博山区 | 33 | — | — | — | — |
| 临淄区 | 5 | — | — | — | — |
| 文昌湖区 | 2 | — | — | — | — |
| 高青县 | — | — | — | 20 | 23 |
| 沂源县 | 34 | — | — | — | — |
| **枣庄市** | **144** | **—** | **—** | **19** | **39** |
| 市中区 | 10 | — | — | — | — |
| 薛城区 | 13 | — | — | 2 | 11 |
| 峄城区 | 27 | — | — | — | — |
| 台儿庄区 | — | — | — | — | 28 |
| 山亭区 | 50 | — | — | 17 | — |
| 滕州市 | 44 | — | — | — | — |
| **东营市** | **116** | **—** | **—** | **—** | **383** |
| 东营区 | 8 | — | — | — | 80 |
| 垦利区 | 89 | — | — | — | 118 |
| 利津县 | 7 | — | — | — | 18 |
| 广饶县 | 13 | — | — | — | 167 |
| **烟台市** | **44** | **—** | **—** | **131** | **65** |
| 开发区 | — | — | — | — | 7 |
| 芝罘区 | — | — | — | 3 | — |
| 福山区 | 7 | — | — | — | 7 |
| 牟平区 | 7 | — | — | 7 | — |
| 莱山区 | — | — | — | 3 | — |

# 分县造林完成情况

单位:公顷

| 地区/单位名称 | 人工造林 | 飞播造林 | 封山育林 | 退化林修复 | 人工更新 |
|---|---|---|---|---|---|
| 长岛县 | — | — | — | 3 | — |
| 龙口市 | 7 | — | — | 14 | — |
| 莱阳市 | 19 | — | — | 7 | 9 |
| 莱州市 | — | — | — | 27 | — |
| 招远市 | 4 | — | — | — | 17 |
| 栖霞市 | — | — | — | — | 10 |
| 海阳市 | — | — | — | 67 | — |
| 蓬莱市 | 1 | — | — | — | 14 |
| **潍坊市** | **231** | **—** | **—** | **129** | **175** |
| 滨海区 | 6 | — | — | — | — |
| 临朐县 | 20 | — | — | 7 | — |
| 昌乐县 | 34 | — | — | — | — |
| 青州市 | 138 | — | — | 19 | — |
| 诸城市 | 6 | — | — | — | 131 |
| 寿光市 | — | — | — | 20 | — |
| 安丘市 | 21 | — | — | 83 | 3 |
| 高密市 | — | — | — | — | 17 |
| 昌邑市 | 6 | — | — | — | 24 |
| **济宁市** | **2061** | **—** | **—** | **1461** | **277** |
| 任城区 | 13 | — | — | — | 4 |
| 兖州区 | — | — | — | — | 88 |
| 微山县 | 126 | — | — | — | 50 |
| 鱼台县 | 1 | — | — | — | 49 |
| 金乡县 | 114 | — | — | — | 4 |
| 嘉祥县 | 94 | — | — | 9 | 15 |
| 汶上县 | 214 | — | — | — | 41 |
| 泗水县 | 579 | — | — | 645 | — |
| 梁山县 | 44 | — | — | — | 8 |
| 曲阜市 | 403 | — | — | 388 | 4 |
| 邹城市 | 472 | — | — | 419 | — |
| 高新区 | — | — | — | — | 15 |
| **泰安市** | **488** | **—** | **—** | **3** | **93** |
| 宁阳县 | 16 | — | — | — | 12 |
| 东平县 | 405 | — | — | 3 | 81 |
| 新泰市 | 67 | — | — | — | — |
| **威海市** | **26** | **—** | **—** | **2267** | **43** |
| 环翠区 | 25 | — | — | 728 | 16 |
| 文登区 | — | — | — | 20 | — |
| 荣成市 | — | — | — | 1389 | 27 |
| 乳山市 | — | — | — | 39 | — |
| 威海经区 | — | — | — | 2 | — |
| 临港区 | — | — | — | 86 | — |
| 南海新区 | 1 | — | — | 3 | — |
| **日照市** | **67** | **—** | **—** | **51** | **7** |
| 东港区 | 25 | — | — | — | — |

# 分县造林完成情况

单位：公顷

| 地区/单位名称 | 人工造林 | 飞播造林 | 封山育林 | 退化林修复 | 人工更新 |
|---|---|---|---|---|---|
| 岚山区 | 38 | — | — | 17 | 7 |
| 五莲县 | 1 | — | — | 20 | — |
| 莒县 | 2 | — | — | 14 | — |
| **临沂市** | **482** | **—** | **—** | **2248** | **274** |
| 兰山区 | — | — | — | — | 13 |
| 罗庄区 | 1 | — | — | — | 8 |
| 河东区 | 2 | — | — | — | 4 |
| 沂南县 | 193 | — | — | 414 | 6 |
| 郯城县 | — | — | — | — | 32 |
| 沂水县 | — | — | — | 405 | — |
| 兰陵县 | 37 | — | — | 5 | 8 |
| 费县 | 21 | — | — | 478 | 39 |
| 平邑县 | 170 | — | — | 208 | 38 |
| 莒南县 | 16 | — | — | 12 | 65 |
| 蒙阴县 | 42 | — | — | 726 | 18 |
| 临沭县 | — | — | — | — | 43 |
| **德州市** | **197** | **—** | **—** | **6** | **442** |
| 陵城区 | 8 | — | — | — | 24 |
| 宁津县 | 2 | — | — | — | 4 |
| 庆云县 | 2 | — | — | — | 11 |
| 临邑县 | — | — | — | — | 4 |
| 齐河县 | 135 | — | — | — | 113 |
| 平原县 | — | — | — | — | 13 |
| 夏津县 | 6 | — | — | — | 63 |
| 武城县 | 26 | — | — | 6 | 8 |
| 乐陵市 | — | — | — | — | 23 |
| 禹城市 | 18 | — | — | — | 180 |
| **聊城市** | **60** | **—** | **—** | **145** | **182** |
| 东昌府区 | 2 | — | — | 1 | 16 |
| 阳谷县 | 16 | — | — | — | 11 |
| 莘县 | 11 | — | — | — | 32 |
| 茌平区 | 9 | — | — | — | 57 |
| 东阿县 | 3 | — | — | 14 | 25 |
| 冠县 | 6 | — | — | — | 18 |
| 高唐县 | 4 | — | — | 129 | 7 |
| 临清市 | 8 | — | — | — | — |
| 开发区 | 1 | — | — | — | — |
| 高新区 | 1 | — | — | — | — |
| 度假区 | — | — | — | 2 | 16 |
| **滨州市** | **92** | **—** | **—** | **896** | **93** |
| 滨城区 | 3 | — | — | 21 | 5 |
| 沾化区 | 12 | — | — | 6 | 5 |
| 惠民县 | 27 | — | — | — | 32 |
| 阳信县 | — | — | — | 264 | — |
| 无棣县 | 39 | — | — | 601 | 8 |

# 分县造林完成情况

单位：公顷

| 地区/单位名称 | 人工造林 | 飞播造林 | 封山育林 | 退化林修复 | 人工更新 |
|---|---|---|---|---|---|
| 博兴县 | — | — | — | — | 17 |
| 邹平市 | 11 | — | — | 5 | 26 |
| **菏泽市** | **285** | **—** | **—** | **—** | **215** |
| 牡丹区 | — | — | — | — | 3 |
| 定陶区 | 6 | — | — | — | 5 |
| 曹县 | 39 | — | — | — | 86 |
| 单县 | 176 | — | — | — | 90 |
| 成武县 | 25 | — | — | — | 6 |
| 巨野县 | 34 | — | — | — | 14 |
| 鄄城县 | — | — | — | — | 8 |
| 东明县 | 5 | — | — | — | 4 |
| **河南省** | **34098** | **16314** | **22335** | **29135** | **12645** |
| **郑州市** | **404** | **—** | **330** | **99** | **257** |
| 惠济区 | 15 | — | — | — | 37 |
| 中牟县 | 3 | — | — | — | 78 |
| 巩义市 | 99 | — | — | — | 35 |
| 荥阳市 | 74 | — | 330 | — | 20 |
| 新密市 | 29 | — | — | 99 | 22 |
| 新郑市 | 19 | — | — | — | — |
| 登封市 | 9 | — | — | — | 60 |
| 郑东新区 | 89 | — | — | — | 6 |
| 郑州航空港区 | 66 | — | — | — | — |
| **开封市** | **841** | **—** | **—** | **—** | **234** |
| 龙亭区 | 29 | — | — | — | 4 |
| 顺河区 | 9 | — | — | — | — |
| 禹王台区 | 55 | — | — | — | — |
| 祥符区 | 127 | — | — | — | 7 |
| 杞县 | 134 | — | — | — | — |
| 通许县 | 363 | — | — | — | 13 |
| 尉氏县 | 122 | — | — | — | 116 |
| 兰考县 | 2 | — | — | — | 94 |
| **洛阳市** | **2276** | **2717** | **3314** | **396** | **359** |
| 孟津区 | 197 | — | — | 110 | — |
| 新安县 | 67 | — | — | — | 5 |
| 栾川县 | — | — | — | 142 | — |
| 嵩县 | 543 | 730 | 672 | 144 | 14 |
| 汝阳县 | 399 | 897 | 201 | — | — |
| 宜阳县 | 459 | — | 417 | — | 10 |
| 洛宁县 | 136 | 676 | 2024 | — | 323 |
| 伊川县 | 331 | — | — | — | 7 |
| 偃师区 | 144 | 413 | — | — | — |
| **平顶山市** | **1281** | **—** | **1000** | **397** | **111** |
| 石龙区 | 32 | — | — | — | — |
| 宝丰县 | 186 | — | — | — | 20 |
| 叶县 | 299 | — | — | — | — |

# 分县造林完成情况

单位:公顷

| 地区/单位名称 | 人工造林 | 飞播造林 | 封山育林 | 退化林修复 | 人工更新 |
|---|---|---|---|---|---|
| 鲁山县 | 191 | — | — | — | 90 |
| 郏县 | 206 | — | — | — | — |
| 舞钢市 | 35 | — | — | — | — |
| 汝州市 | 332 | — | 1000 | 397 | 1 |
| **安阳市** | **1708** | **340** | **210** | **—** | **223** |
| 殷都区 | 575 | — | — | — | — |
| 龙安区 | 297 | — | — | — | — |
| 安阳县 | 129 | — | — | — | — |
| 汤阴县 | 293 | — | — | — | — |
| 滑县 | 110 | — | — | — | 49 |
| 内黄县 | 67 | — | — | — | 174 |
| 林州市 | 231 | 340 | 210 | — | — |
| 文峰区 | 5 | — | — | — | — |
| **鹤壁市** | **2531** | **593** | **688** | **818** | **33** |
| 鹤山区 | 194 | — | — | 173 | — |
| 淇滨区 | 639 | — | — | 62 | — |
| 浚县 | 384 | — | — | — | 33 |
| 淇县 | 1264 | 593 | 688 | 583 | — |
| 山城区 | 50 | — | — | — | — |
| **新乡市** | **3469** | **2041** | **421** | **34** | **261** |
| 凤泉区 | 512 | — | — | — | 160 |
| 新乡县 | 20 | — | — | — | 5 |
| 获嘉县 | 29 | — | — | — | 6 |
| 原阳县 | 185 | — | — | — | 9 |
| 延津县 | 43 | — | — | — | 36 |
| 封丘县 | 76 | — | — | — | — |
| 长垣市 | 23 | — | — | — | — |
| 卫辉市 | 2554 | 679 | 421 | — | — |
| 辉县市 | 26 | 1362 | — | 34 | 21 |
| 平原示范区 | — | — | — | — | 25 |
| **焦作市** | **251** | **1341** | **—** | **—** | **34** |
| 中站区 | 32 | — | — | — | — |
| 修武县 | — | 678 | — | — | — |
| 博爱县 | 78 | — | — | — | 7 |
| 武陟县 | 10 | — | — | — | — |
| 温县 | 3 | — | — | — | 5 |
| 沁阳市 | 95 | 663 | — | — | — |
| 孟州市 | 33 | — | — | — | 22 |
| **濮阳市** | **938** | **—** | **—** | **—** | **172** |
| 华龙区 | 24 | — | — | — | 4 |
| 清丰县 | 94 | — | — | — | 25 |
| 南乐县 | 85 | — | — | — | 5 |
| 范县 | 345 | — | — | — | 87 |
| 台前县 | 101 | — | — | — | 52 |
| 濮阳县 | 270 | — | — | — | — |

# 分县造林完成情况

单位：公顷

| 地区/单位名称 | 人工造林 | 飞播造林 | 封山育林 | 退化林修复 | 人工更新 |
|---|---|---|---|---|---|
| 开发区 | 19 | — | — | — | — |
| **许昌市** | **309** | **680** | **—** | **—** | **—** |
| 建安区 | 5 | — | — | — | — |
| 鄢陵县 | 53 | — | — | — | — |
| 襄城县 | 20 | — | — | — | — |
| 禹州市 | 213 | 680 | — | — | — |
| 长葛市 | 18 | — | — | — | — |
| **漯河市** | **203** | **—** | **—** | **—** | **20** |
| 源汇区 | 14 | — | — | — | — |
| 郾城区 | 20 | — | — | — | — |
| 召陵区 | 27 | — | — | — | 4 |
| 舞阳县 | 50 | — | — | — | 5 |
| 临颍县 | 92 | — | — | — | 11 |
| **三门峡市** | **2829** | **4670** | **3599** | **4082** | **53** |
| 湖滨区 | 204 | — | — | — | — |
| 陕州区 | 208 | — | — | — | — |
| 渑池县 | 151 | 699 | 366 | 233 | — |
| 卢氏县 | 1188 | 2009 | 2883 | 3636 | — |
| 义马市 | 44 | — | — | 214 | 53 |
| 灵宝市 | 1034 | 1962 | 350 | — | — |
| **南阳市** | **10445** | **3219** | **6167** | **14497** | **1279** |
| 宛城区 | 78 | — | — | — | 3 |
| 卧龙区 | 56 | — | — | — | 10 |
| 南召县 | 761 | — | 244 | 406 | 39 |
| 方城县 | 933 | — | — | — | — |
| 西峡县 | 1211 | — | 429 | 7667 | 250 |
| 镇平县 | 298 | 1349 | 386 | 345 | 5 |
| 内乡县 | 2121 | 1015 | 2151 | 4037 | — |
| 淅川县 | 3379 | 855 | 2221 | — | 150 |
| 社旗县 | 421 | — | 142 | — | 96 |
| 唐河县 | 384 | — | 79 | — | — |
| 新野县 | 7 | — | — | — | 44 |
| 桐柏县 | 389 | — | 183 | 1165 | 683 |
| 邓州市 | 406 | — | 333 | 210 | — |
| 木寨林场 | — | — | — | 667 | — |
| **商丘市** | **820** | **—** | **—** | **—** | **560** |
| 梁园区 | — | — | — | — | 65 |
| 睢阳区 | 72 | — | — | — | 10 |
| 民权县 | 4 | — | — | — | 29 |
| 睢县 | 30 | — | — | — | 4 |
| 宁陵县 | 24 | — | — | — | 56 |
| 柘城县 | 111 | — | — | — | 50 |
| 虞城县 | — | — | — | — | 195 |
| 夏邑县 | — | — | — | — | 131 |
| 永城市 | 544 | — | — | — | — |

# 分县造林完成情况

单位:公顷

| 地区/单位名称 | 人工造林 | 飞播造林 | 封山育林 | 退化林修复 | 人工更新 |
|---|---|---|---|---|---|
| 民权林场 | 35 | — | — | — | 19 |
| **信阳市** | **3113** | **—** | **6043** | **8072** | **8257** |
| 浉河区 | 183 | — | 875 | 1011 | 279 |
| 平桥区 | 186 | — | 1148 | 168 | 111 |
| 罗山县 | 62 | — | 668 | 535 | 1047 |
| 光山县 | 468 | — | 1170 | 1199 | 912 |
| 新县 | 199 | — | 1348 | 2944 | 447 |
| 商城县 | 669 | — | 833 | 830 | 4430 |
| 固始县 | 514 | — | — | 524 | 607 |
| 潢川县 | 250 | — | — | — | 121 |
| 淮滨县 | 137 | — | — | — | 240 |
| 息县 | 306 | — | — | — | 65 |
| 黄柏山林场 | — | — | — | 130 | — |
| 金刚台林场 | — | — | — | 133 | — |
| 南湾林场 | 139 | — | — | 548 | — |
| 鸡公山林场 | — | — | — | 49 | — |
| **周口市** | **464** | **—** | **—** | **—** | **147** |
| 扶沟县 | 10 | — | — | — | 19 |
| 西华县 | 14 | — | — | — | — |
| 商水县 | 55 | — | — | — | — |
| 沈丘县 | 46 | — | — | — | 31 |
| 郸城县 | 100 | — | — | — | 1 |
| 淮阳区 | 63 | — | — | — | 68 |
| 鹿邑县 | 124 | — | — | — | — |
| 项城市 | 52 | — | — | — | 28 |
| **驻马店市** | **1309** | **—** | **563** | **146** | **237** |
| 驿城区 | 32 | — | 134 | 64 | 4 |
| 西平县 | 59 | — | — | — | 18 |
| 上蔡县 | 139 | — | — | — | 6 |
| 平舆县 | 119 | — | — | — | 11 |
| 正阳县 | 95 | — | — | 28 | 11 |
| 确山县 | 201 | — | 404 | 34 | 94 |
| 泌阳县 | 313 | — | — | — | 47 |
| 汝南县 | 157 | — | — | — | 34 |
| 遂平县 | 49 | — | 26 | 21 | 9 |
| 新蔡县 | 144 | — | — | — | 4 |
| **济源市** | **909** | **711** | **—** | **593** | **407** |
| **湖北省** | **41277** | **—** | **64218** | **62009** | **8817** |
| **武汉市** | **1339** | **—** | **334** | **460** | **63** |
| 蔡甸区 | 67 | — | — | 67 | — |
| 江夏区 | 133 | — | 67 | — | — |
| 黄陂区 | 1067 | — | — | — | — |
| 新洲区 | 72 | — | 267 | 393 | 63 |
| **黄石市** | **1026** | **—** | **—** | **1297** | **386** |
| 阳新县 | 443 | — | — | 1090 | 228 |

# 分县造林完成情况

单位:公顷

| 地区/单位名称 | 人工造林 | 飞播造林 | 封山育林 | 退化林修复 | 人工更新 |
|---|---|---|---|---|---|
| 大冶市 | 584 | — | — | 207 | 158 |
| **十堰市** | **2209** | **—** | **11076** | **4802** | **—** |
| 茅箭区 | — | — | 1000 | 62 | — |
| 张湾区 | — | — | 336 | — | — |
| 武当山特区 | — | — | 67 | — | — |
| 郧阳区 | 797 | — | 1999 | 1522 | — |
| 郧西县 | 595 | — | 1000 | 666 | — |
| 竹山县 | 201 | — | 2004 | 802 | — |
| 竹溪县 | 485 | — | 669 | 48 | — |
| 房县 | — | — | 3000 | 1133 | — |
| 丹江口市 | 130 | — | 1000 | 568 | — |
| **宜昌市** | **247** | **—** | **7821** | **3746** | **—** |
| 夷陵区 | 40 | — | 1333 | 197 | — |
| 远安县 | — | — | 867 | — | — |
| 兴山县 | — | — | 333 | — | — |
| 秭归县 | 200 | — | 1333 | 2567 | — |
| 长阳县 | — | — | 2533 | 844 | — |
| 五峰县 | 7 | — | 1420 | 67 | — |
| 宜都市 | — | — | — | 32 | — |
| 当阳市 | — | — | — | 33 | — |
| 枝江市 | — | — | — | 7 | — |
| **襄阳市** | **2434** | **—** | **11338** | **2494** | **1108** |
| 襄城区 | 20 | — | — | 14 | — |
| 樊城区 | 59 | — | — | — | 8 |
| 襄州区 | 482 | — | — | — | 65 |
| 南漳县 | 24 | — | 4002 | 529 | 181 |
| 谷城县 | 39 | — | 3001 | 827 | 233 |
| 保康县 | — | — | 4334 | 67 | — |
| 老河口市 | 294 | — | — | 193 | 71 |
| 枣阳市 | 299 | — | — | 534 | 368 |
| 宜城市 | 1218 | — | — | 331 | 182 |
| **鄂州市** | **20** | **—** | **—** | **180** | **7** |
| 市直单位 | — | — | — | 133 | — |
| 梁子湖区 | — | — | — | — | 7 |
| 鄂城区 | — | — | — | 27 | — |
| 华容区 | 20 | — | — | — | — |
| 临空经济区 | — | — | — | 20 | — |
| **荆门市** | **2508** | **—** | **—** | **3150** | **1045** |
| 市直单位 | 11 | — | — | 129 | 42 |
| 东宝区 | 3 | — | — | 649 | 122 |
| 掇刀区 | 1 | — | — | — | 32 |
| 京山市 | 617 | — | — | 1716 | 456 |
| 沙洋县 | 447 | — | — | 123 | 149 |
| 钟祥市 | 1422 | — | — | 400 | 243 |
| 漳河新区 | — | — | — | 133 | — |

# 分县造林完成情况

单位：公顷

| 地区/单位名称 | 人工造林 | 飞播造林 | 封山育林 | 退化林修复 | 人工更新 |
|---|---|---|---|---|---|
| 屈家岭 | 7 | — | — | — | — |
| **孝感市** | **3833** | **—** | **3400** | **6164** | **1329** |
| 孝南区 | 400 | — | — | — | 1 |
| 孝昌县 | 917 | — | 67 | 1246 | 17 |
| 大悟县 | 1415 | — | 3333 | 4918 | 1052 |
| 云梦县 | 633 | — | — | — | — |
| 应城市 | 73 | — | — | — | 260 |
| 安陆市 | 328 | — | — | — | — |
| 汉川市 | 67 | — | — | — | — |
| **荆州市** | **3544** | **—** | **—** | **1197** | **2552** |
| 市直单位 | 306 | — | — | — | 14 |
| 沙市区 | — | — | — | — | 33 |
| 荆州区 | 127 | — | — | — | 73 |
| 公安县 | 185 | — | — | — | 348 |
| 监利市 | 1075 | — | — | — | 258 |
| 江陵县 | — | — | — | — | 67 |
| 石首市 | 708 | — | — | — | 951 |
| 洪湖市 | 750 | — | — | — | 50 |
| 松滋市 | 393 | — | — | 1197 | 758 |
| **黄冈市** | **9416** | **—** | **4607** | **19782** | **479** |
| 黄州区 | 36 | — | — | — | 31 |
| 团风县 | 863 | — | 667 | 800 | 105 |
| 红安县 | 324 | — | 668 | 3723 | — |
| 罗田县 | 905 | — | — | 2600 | — |
| 英山县 | 1567 | — | 2738 | 2904 | — |
| 浠水县 | 795 | — | — | 1201 | 343 |
| 蕲春县 | 999 | — | — | 933 | — |
| 黄梅县 | 1147 | — | — | 333 | — |
| 麻城市 | 2182 | — | 535 | 6954 | — |
| 武穴市 | 467 | — | — | 333 | — |
| 龙感湖 | 133 | — | — | — | — |
| **咸宁市** | **5597** | **—** | **4333** | **10915** | **601** |
| 市直单位 | 133 | — | — | 33 | — |
| 咸安区 | 667 | — | — | 1145 | — |
| 嘉鱼县 | 267 | — | — | 468 | 601 |
| 通城县 | 800 | — | 1999 | 3532 | — |
| 崇阳县 | 133 | — | 333 | 1668 | — |
| 通山县 | 2803 | — | 2001 | 3965 | — |
| 赤壁市 | 795 | — | — | 104 | — |
| **随州市** | **1786** | **—** | **—** | **1367** | **154** |
| 市直单位 | 73 | — | — | — | 61 |
| 曾都区 | 280 | — | — | 500 | — |
| 随县 | 787 | — | — | 533 | 46 |
| 广水市 | 647 | — | — | 333 | 47 |
| **恩施土家族苗族自治州** | **5437** | **—** | **17643** | **3766** | **895** |

# 分县造林完成情况

单位：公顷

| 地区/单位名称 | 人工造林 | 飞播造林 | 封山育林 | 退化林修复 | 人工更新 |
|---|---|---|---|---|---|
| 恩施市 | 357 | — | 1860 | 534 | 345 |
| 利川市 | 934 | — | 734 | 267 | — |
| 建始县 | 648 | — | 3315 | 466 | — |
| 巴东县 | 1000 | — | 2001 | 667 | — |
| 宣恩县 | 253 | — | 2400 | 200 | — |
| 咸丰县 | 1415 | — | 4533 | — | — |
| 来凤县 | 47 | — | 200 | — | — |
| 鹤峰县 | 783 | — | 2600 | 1632 | 551 |
| **省直属单位** | **1880** | **—** | **3667** | **2690** | **198** |
| **湖南省** | **71837** | **—** | **70462** | **126275** | **31610** |
| **长沙市** | **865** | **—** | **404** | **6707** | **854** |
| 天心区 | 30 | — | — | 32 | 4 |
| 岳麓区 | — | — | — | 30 | — |
| 雨花区 | — | — | — | 76 | — |
| 望城区 | 9 | — | — | 279 | 47 |
| 长沙县 | 44 | — | — | 822 | 23 |
| 宁乡市 | 783 | — | — | 1468 | — |
| 浏阳市 | — | — | 404 | 4001 | 780 |
| **株洲市** | **2220** | **—** | **6435** | **9193** | **2793** |
| 荷塘区 | — | — | 24 | 150 | — |
| 石峰区 | — | — | 1234 | 774 | — |
| 天元区 | — | — | 115 | 266 | — |
| 渌口区 | 124 | — | 666 | 1585 | 105 |
| 攸县 | 489 | — | 1334 | 1996 | 1908 |
| 茶陵县 | 799 | — | 1325 | 1910 | 138 |
| 炎陵县 | 69 | — | 510 | 1869 | 642 |
| 醴陵市 | 739 | — | 1227 | 643 | — |
| **湘潭市** | **2097** | **—** | **1938** | **5190** | **347** |
| 雨湖区 | 67 | — | — | — | — |
| 岳塘区 | — | — | 666 | 1412 | — |
| 湘潭县 | 773 | — | 234 | 1843 | 338 |
| 湘乡市 | 1220 | — | 412 | 1568 | 9 |
| 韶山市 | 37 | — | 427 | 333 | — |
| 高新区 | — | — | 115 | 34 | — |
| 经开区 | — | — | 85 | — | — |
| **衡阳市** | **8624** | **—** | **6283** | **19380** | **2550** |
| 珠晖区 | 11 | — | — | — | 2 |
| 雁峰区 | — | — | — | — | 21 |
| 石鼓区 | 26 | — | — | — | 28 |
| 蒸湘区 | 14 | — | — | — | 7 |
| 南岳区 | — | — | 67 | 167 | — |
| 衡阳县 | 961 | — | 1133 | 3475 | 381 |
| 衡南县 | 1949 | — | 1133 | 2361 | 283 |
| 衡山县 | 110 | — | 848 | 656 | 547 |
| 衡东县 | 1187 | — | 1133 | 3255 | 632 |

# 分县造林完成情况

单位：公顷

| 地区/单位名称 | 人工造林 | 飞播造林 | 封山育林 | 退化林修复 | 人工更新 |
|---|---|---|---|---|---|
| 祁东县 | 1248 | — | 995 | 1627 | 71 |
| 耒阳市 | 1068 | — | 207 | 3685 | 269 |
| 常宁市 | 2051 | — | 766 | 4154 | 310 |
| **邵阳市** | **6269** | **—** | **7207** | **9804** | **2518** |
| 双清区 | 41 | — | — | 17 | 1 |
| 大祥区 | 168 | — | — | 110 | 11 |
| 北塔区 | 11 | — | — | 6 | 49 |
| 邵东市 | 374 | — | — | 884 | — |
| 新邵县 | 173 | — | 801 | 1184 | 416 |
| 邵阳县 | 2044 | — | 695 | 1935 | — |
| 隆回县 | 780 | — | 2490 | 1129 | 512 |
| 洞口县 | 1519 | — | 2548 | 1294 | 241 |
| 绥宁县 | 31 | — | — | 1264 | 568 |
| 新宁县 | 204 | — | — | 891 | 169 |
| 城步县 | 304 | — | 674 | 689 | 551 |
| 武冈市 | 620 | — | — | 401 | — |
| **岳阳市** | **9066** | **—** | **5752** | **10477** | **2195** |
| 云溪区 | 419 | — | 1947 | 256 | — |
| 君山区 | 1228 | — | 87 | 155 | — |
| 岳阳县 | 821 | — | 778 | 1345 | 872 |
| 华容县 | 1003 | — | — | 363 | 121 |
| 湘阴县 | 709 | — | 263 | — | 84 |
| 平江县 | 1842 | — | 1267 | 4600 | 650 |
| 汨罗市 | 1721 | — | 612 | 2044 | 98 |
| 临湘市 | 992 | — | 798 | 1685 | 322 |
| 经开区 | 64 | — | — | 29 | 49 |
| 屈原区 | 266 | — | — | — | — |
| **常德市** | **13889** | **—** | **3823** | **10727** | **2841** |
| 市本级 | — | — | — | 190 | — |
| 武陵区 | 28 | — | — | 132 | 4 |
| 鼎城区 | 1396 | — | 841 | 2527 | 521 |
| 安乡县 | 1385 | — | — | 314 | 259 |
| 汉寿县 | 3160 | — | 693 | 1840 | 202 |
| 澧县 | 1517 | — | 617 | 1034 | 832 |
| 临澧县 | 1111 | — | 178 | 941 | — |
| 桃源县 | 23 | — | 623 | 1825 | 567 |
| 石门县 | 2444 | — | 334 | 1390 | — |
| 津市市 | 2349 | — | 536 | 201 | 174 |
| 贺家山原种场 | 267 | — | — | — | — |
| 西湖管理区 | 102 | — | — | — | — |
| 西洞庭管理区 | 80 | — | — | — | 22 |
| 柳叶湖旅游度假区 | 26 | — | — | — | 40 |
| 桃花源旅游管理区 | — | — | — | 333 | 220 |
| **张家界市** | **535** | **—** | **2369** | **3093** | **786** |
| 永定区 | 82 | — | — | 1187 | 80 |

# 分县造林完成情况

单位:公顷

| 地区/单位名称 | 人工造林 | 飞播造林 | 封山育林 | 退化林修复 | 人工更新 |
|---|---|---|---|---|---|
| 武陵源区 | 8 | — | 213 | 173 | — |
| 慈利县 | 152 | — | 1308 | 130 | 38 |
| 桑植县 | 293 | — | 848 | 1602 | 668 |
| **益阳市** | **7615** | **—** | **6064** | **4122** | **854** |
| 大通湖区 | 200 | — | — | — | — |
| 资阳区 | 1000 | — | — | 176 | — |
| 赫山区 | 519 | — | 536 | 827 | 174 |
| 南县 | 1860 | — | — | — | 410 |
| 桃江县 | 944 | — | 1916 | 1039 | — |
| 安化县 | 1466 | — | 3612 | 2081 | 269 |
| 沅江市 | 1627 | — | — | — | — |
| **郴州市** | **5686** | **—** | **10442** | **15221** | **2852** |
| 北湖区 | 69 | — | 667 | 1178 | 209 |
| 苏仙区 | 295 | — | 1126 | 2367 | 298 |
| 桂阳县 | 519 | — | 1000 | 484 | 228 |
| 宜章县 | 497 | — | 847 | 974 | 301 |
| 永兴县 | 1965 | — | 1676 | 2043 | — |
| 嘉禾县 | 439 | — | — | 1182 | 176 |
| 临武县 | 497 | — | 1132 | 1533 | 317 |
| 汝城县 | 429 | — | 1133 | 1085 | 657 |
| 桂东县 | 395 | — | 1133 | 890 | 296 |
| 安仁县 | 553 | — | 1067 | 2165 | 243 |
| 资兴市 | 28 | — | 660 | 1319 | 128 |
| **永州市** | **6594** | **—** | **4413** | **14324** | **5045** |
| 零陵区 | 816 | — | 516 | 1270 | — |
| 冷水滩区 | 835 | — | — | 533 | 8 |
| 祁阳市 | 1140 | — | 24 | 2152 | 60 |
| 东安县 | 370 | — | 2209 | 546 | 124 |
| 双牌县 | 22 | — | 333 | 1414 | 927 |
| 道县 | 1036 | — | 435 | 1596 | 580 |
| 江永县 | — | — | 20 | 967 | 400 |
| 宁远县 | 1148 | — | 285 | 1319 | 334 |
| 蓝山县 | 121 | — | 20 | 1202 | 561 |
| 新田县 | 763 | — | 300 | 969 | 173 |
| 江华瑶族自治县 | 196 | — | 65 | 1113 | 1321 |
| 金洞管理区 | — | — | 4 | 1042 | 556 |
| 回龙圩管理区 | 147 | — | 201 | 200 | — |
| **怀化市** | **846** | **—** | **5029** | **10480** | **5511** |
| 鹤城区 | 41 | — | — | 200 | 103 |
| 中方县 | 29 | — | — | 1401 | 395 |
| 沅陵县 | 71 | — | 2534 | 918 | 1008 |
| 辰溪县 | 55 | — | — | 2432 | 573 |
| 溆浦县 | 359 | — | — | 1585 | 103 |
| 会同县 | — | — | — | 1178 | 392 |
| 麻阳县 | 152 | — | 2194 | 391 | 857 |

# 分县造林完成情况

单位：公顷

| 地区/单位名称 | 人工造林 | 飞播造林 | 封山育林 | 退化林修复 | 人工更新 |
|---|---|---|---|---|---|
| 新晃县 | 55 | — | — | — | 145 |
| 芷江县 | — | — | — | 126 | 286 |
| 靖州县 | 55 | — | — | 576 | 336 |
| 通道县 | 9 | — | — | 612 | 541 |
| 洪江市 | — | — | — | 724 | 706 |
| 洪江区 | 2 | — | — | — | 44 |
| 泸阳国有林场 | 18 | — | 301 | 274 | 22 |
| 中坡国有林场 | — | — | — | 64 | — |
| **娄底市** | **3006** | **—** | **2702** | **1772** | **815** |
| 娄星区 | 67 | — | — | 330 | 56 |
| 双峰县 | 194 | — | — | 326 | 6 |
| 新化县 | 1008 | — | 107 | 549 | 220 |
| 冷水江市 | 712 | — | 1995 | 566 | — |
| 涟源市 | 1024 | — | 600 | — | 534 |
| **湘西土家族苗族自治州** | **4526** | **—** | **7602** | **5163** | **1350** |
| 吉首市 | 307 | — | 846 | 267 | — |
| 泸溪县 | 997 | — | 1333 | 84 | 667 |
| 凤凰县 | 616 | — | 1723 | 1001 | 432 |
| 花垣县 | 1115 | — | 776 | 719 | 13 |
| 保靖县 | 247 | — | 2120 | 725 | 238 |
| 古丈县 | 372 | — | — | 195 | — |
| 永顺县 | 74 | — | 427 | 1374 | — |
| 龙山县 | 799 | — | 377 | 800 | — |
| **省直属单位** | **—** | **—** | **—** | **623** | **299** |
| **广东省** | **3112** | **—** | **29129** | **43504** | **100172** |
| **广州市** | **—** | **—** | **1308** | **1805** | **1412** |
| 白云区 | — | — | — | 87 | — |
| 黄埔区 | — | — | 106 | — | — |
| 番禺区 | — | — | 250 | 65 | — |
| 花都区 | — | — | 187 | 137 | 788 |
| 增城林场 | — | — | 167 | — | — |
| 增城区 | — | — | 303 | 1153 | — |
| 从化区 | — | — | 295 | 364 | 624 |
| **韶关市** | **1620** | **—** | **3581** | **4069** | **8086** |
| 武江区 | — | — | 61 | — | 667 |
| 浈江区 | — | — | 33 | 184 | 554 |
| 曲江区 | — | — | 218 | 53 | 1160 |
| 始兴县 | — | — | 402 | 937 | 238 |
| 仁化县 | — | — | 576 | 21 | 698 |
| 翁源县 | — | — | 384 | 603 | 2217 |
| 乳源瑶族自治县 | 1030 | — | 758 | 470 | 703 |
| 新丰县 | — | — | 355 | 57 | 560 |
| 韶关林场 | — | — | — | — | 37 |
| 曲江林场 | — | — | — | 56 | — |
| 仁化林场 | — | — | — | 53 | — |

# 分县造林完成情况

单位:公顷

| 地区/单位名称 | 人工造林 | 飞播造林 | 封山育林 | 退化林修复 | 人工更新 |
|---|---|---|---|---|---|
| 河口林场 | — | — | — | 11 | — |
| 九曲水场 | — | — | — | 10 | 55 |
| 乐昌市 | 577 | — | 394 | 590 | 211 |
| 南雄市 | 12 | — | 399 | 1023 | 986 |
| **深圳市** | **12** | **—** | **—** | **425** | **—** |
| 罗湖区 | — | — | — | 36 | — |
| 福田区 | 3 | — | — | — | — |
| 南山区 | 9 | — | — | — | — |
| 宝安区 | — | — | — | 78 | — |
| 龙岗区 | — | — | — | 137 | — |
| 盐田区 | — | — | — | 14 | — |
| 光明区 | — | — | — | 32 | — |
| 坪山区 | — | — | — | 46 | — |
| 龙华区 | — | — | — | 32 | — |
| 大鹏新区 | — | — | — | 50 | — |
| **珠海市** | **—** | **—** | **259** | **429** | **18** |
| 香洲区 | — | — | 17 | 32 | 6 |
| 斗门区 | — | — | 100 | 123 | 12 |
| 金湾区 | — | — | 47 | 148 | — |
| 万山区 | — | — | 78 | — | — |
| 高新区 | — | — | 18 | 61 | — |
| 横琴新区 | — | — | — | 65 | — |
| **汕头市** | **34** | **—** | **597** | **923** | **5** |
| 金平区 | — | — | — | 79 | — |
| 濠江区 | — | — | — | 38 | — |
| 潮阳区 | 23 | — | 222 | 419 | — |
| 潮南区 | 11 | — | 249 | 292 | — |
| 澄海区 | — | — | 27 | 17 | 5 |
| 南澳县 | — | — | 98 | 78 | — |
| **佛山市** | **—** | **—** | **501** | **2276** | **306** |
| 南海区 | — | — | 56 | 80 | 9 |
| 三水区 | — | — | 108 | 111 | 165 |
| 高明区 | — | — | 337 | 2085 | 131 |
| **江门市** | **—** | **—** | **439** | **1075** | **12866** |
| 蓬江区 | — | — | — | — | 112 |
| 新会区 | — | — | 29 | 270 | 1065 |
| 河排林场 | — | — | — | — | 207 |
| 台山市 | — | — | 75 | — | 5683 |
| 开平市 | — | — | 22 | 302 | — |
| 鹤山市 | — | — | 134 | 323 | 3924 |
| 恩平市 | — | — | 180 | 179 | 1877 |
| **湛江市** | **79** | **—** | **52** | **510** | **9360** |
| 坡头区 | 57 | — | — | 223 | 170 |
| 开发区 | — | — | — | 57 | 75 |
| 雷州林业局 | — | — | — | — | 46 |

# 分县造林完成情况

单位：公顷

| 地区/单位名称 | 人工造林 | 飞播造林 | 封山育林 | 退化林修复 | 人工更新 |
|---|---|---|---|---|---|
| 麻章区 | — | — | — | — | 256 |
| 遂溪县 | — | — | — | 43 | 902 |
| 徐闻县 | — | — | — | 115 | 177 |
| 东海林场 | 10 | — | — | — | — |
| 廉江市 | — | — | — | 47 | 4363 |
| 雷州市 | — | — | 39 | — | 2071 |
| 吴川市 | 13 | — | 13 | 25 | 1233 |
| 三岭山森林公园 | — | — | — | — | 67 |
| **茂名市** | **54** | **—** | **466** | **4825** | **4025** |
| 茂南区 | — | — | — | — | 76 |
| 电白区 | 50 | — | — | 324 | 329 |
| 荷塘林场 | — | — | — | — | 123 |
| 文楼林场 | — | — | — | — | 209 |
| 播杨林场 | — | — | — | — | 129 |
| 平定林场 | — | — | — | — | 158 |
| 丽岗林场 | — | — | — | 102 | — |
| 电白林场 | — | — | — | 2 | 18 |
| 高州市 | — | — | 236 | 2612 | 207 |
| 化州市 | — | — | — | 1000 | 2305 |
| 信宜市 | 3 | — | 231 | 785 | 472 |
| **肇庆市** | **—** | **—** | **1472** | **1447** | **15578** |
| 广宁县 | — | — | 488 | 512 | 2362 |
| 怀集县 | — | — | 372 | 324 | 2574 |
| 封开县 | — | — | 392 | 207 | 4291 |
| 德庆县 | — | — | 112 | 204 | 208 |
| 大南山场 | — | — | — | — | 122 |
| 清桂林场 | — | — | — | — | 53 |
| 大水口场 | — | — | — | 12 | 107 |
| 大坑山场 | — | — | — | — | 10 |
| 高要区 | — | — | 21 | 68 | 4210 |
| 四会市 | — | — | 85 | 120 | 1642 |
| **惠州市** | **3** | **—** | **2188** | **1538** | **10976** |
| 惠城区 | — | — | 126 | 195 | 1579 |
| 惠阳区 | — | — | 467 | 156 | 364 |
| 博罗县 | — | — | 372 | 511 | 2583 |
| 惠东县 | — | — | 687 | 6 | 3228 |
| 龙门县 | 3 | — | 497 | 415 | 3222 |
| 象头山场 | — | — | — | 123 | — |
| 鸡笼山场 | — | — | — | 60 | — |
| 水东陂场 | — | — | 40 | — | — |
| 九龙峰场 | — | — | — | 73 | — |
| **梅州市** | **279** | **—** | **4099** | **7408** | **3647** |
| 梅江区 | — | — | 108 | — | 417 |
| 梅县区 | — | — | 632 | 947 | — |
| 大埔县 | 10 | — | 685 | 1020 | 742 |

# 分县造林完成情况

单位:公顷

| 地区/单位名称 | 人工造林 | 飞播造林 | 封山育林 | 退化林修复 | 人工更新 |
|---|---|---|---|---|---|
| 丰顺县 | 20 | — | 741 | 994 | — |
| 五华县 | 15 | — | 777 | 1441 | 1467 |
| 平远县 | 233 | — | 360 | 970 | — |
| 蕉岭县 | — | — | 287 | — | 375 |
| 大埔林场 | — | — | — | 40 | — |
| 洲瑞林场 | — | — | — | 7 | — |
| 水口林场 | — | — | — | 8 | — |
| 兴宁市 | — | — | 510 | 1983 | 647 |
| **汕尾市** | **303** | **—** | **1711** | **2050** | **3365** |
| 市本级 | — | — | 186 | 395 | — |
| 红海湾 | — | — | — | 40 | — |
| 海丰县 | 3 | — | 525 | 713 | 1751 |
| 陆河县 | 65 | — | 467 | 213 | 1412 |
| 黄羌林场 | — | — | — | — | 67 |
| 罗经嶂林场 | — | — | — | — | 10 |
| 东海岸林场 | — | — | — | 56 | — |
| 陆丰市 | 235 | — | 533 | 633 | 125 |
| **河源市** | **23** | **—** | **3553** | **5743** | **5089** |
| 源城区 | 1 | — | 87 | 20 | 53 |
| 新丰江 | — | — | 197 | 197 | 911 |
| 江东新区 | — | — | 340 | 20 | 246 |
| 紫金县 | — | — | 748 | 1780 | 129 |
| 龙川县 | — | — | 719 | 629 | 1132 |
| 连平县 | — | — | 519 | 916 | 300 |
| 和平县 | 22 | — | 571 | 1259 | 1262 |
| 东源县 | — | — | 371 | 923 | 986 |
| 牛岭水林场 | — | — | — | — | 20 |
| 红星林场 | — | — | — | — | 51 |
| **阳江市** | **4** | **—** | **1016** | **134** | **5021** |
| 江城区 | 4 | — | 16 | 9 | 87 |
| 阳西县 | — | — | 98 | 25 | 791 |
| 阳东区 | — | — | 259 | 99 | 898 |
| 阳江林场 | — | — | — | — | 504 |
| 花滩林场 | — | — | — | — | 74 |
| 阳春市 | — | — | 642 | — | 2667 |
| **清远市** | **401** | **—** | **3823** | **2248** | **12301** |
| 清城区 | 7 | — | 83 | — | 1199 |
| 清新区 | 14 | — | 678 | 68 | 2705 |
| 佛冈县 | 61 | — | 346 | 13 | 2210 |
| 阳山县 | — | — | 889 | — | 1013 |
| 连山壮族瑶族自治县 | — | — | 136 | 239 | 155 |
| 连南瑶族自治县 | 209 | — | 167 | — | 635 |
| 小龙林场 | — | — | — | — | 35 |
| 杨梅林场 | — | — | — | 40 | 139 |
| 英德林场 | — | — | — | — | 207 |

# 分县造林完成情况

单位:公顷

| 地区/单位名称 | 人工造林 | 飞播造林 | 封山育林 | 退化林修复 | 人工更新 |
|---|---|---|---|---|---|
| 金鸡林场 | — | — | — | — | 94 |
| 英德市 | 108 | — | 320 | 752 | 3799 |
| 连州市 | 3 | — | 1204 | 1136 | 112 |
| **东莞市** | **—** | **—** | **—** | **418** | **—** |
| **中山市** | **—** | **—** | **—** | **135** | **296** |
| **潮州市** | **—** | **—** | **193** | **1026** | **2008** |
| 湘桥区 | — | — | 40 | — | 58 |
| 潮安区 | — | — | 153 | 342 | 388 |
| 饶平县 | — | — | — | 684 | 1562 |
| **揭阳市** | **284** | **—** | **880** | **2303** | **1473** |
| 榕城区 | — | — | — | 18 | — |
| 揭东区 | — | — | — | 208 | 173 |
| 揭西县 | 46 | — | 318 | 827 | — |
| 惠来县 | 224 | — | 233 | 471 | 802 |
| 普宁市 | 14 | — | 329 | 779 | 498 |
| **云浮市** | **15** | **—** | **1677** | **2281** | **3549** |
| 云城区 | — | — | 183 | 333 | — |
| 新兴县 | — | — | 155 | 471 | 41 |
| 郁南县 | — | — | 208 | 521 | 949 |
| 云安区 | 15 | — | 175 | 331 | 1420 |
| 大云雾林场 | — | — | 333 | — | — |
| 龙涌林场 | — | — | 229 | — | 76 |
| 飞马林场 | — | — | 67 | — | — |
| 同乐林场 | — | — | 133 | — | 17 |
| 水台林场 | — | — | — | — | 33 |
| 罗定市 | — | — | 192 | 625 | 1013 |
| **省直属单位** | **—** | **—** | **1316** | **438** | **791** |
| **广西壮族自治区** | **5953** | **—** | **3122** | **30952** | **79156** |
| **南宁市** | **155** | **—** | **37** | **593** | **5546** |
| 高峰林场 | — | — | — | 7 | 1325 |
| 七坡林场 | — | — | — | 54 | 626 |
| 青秀区 | — | — | — | 14 | 2 |
| 兴宁区 | 11 | — | — | — | 10 |
| 江南区 | — | — | — | — | 15 |
| 西乡塘区 | — | — | — | — | 54 |
| 南宁树木园 | — | — | — | 222 | 416 |
| 良庆区 | — | — | — | — | 38 |
| 邕宁区 | — | — | — | — | 47 |
| 武鸣区 | 1 | — | — | — | 677 |
| 隆安县 | 3 | — | — | — | 154 |
| 马山县 | 79 | — | — | — | 231 |
| 上林县 | 22 | — | 37 | 250 | 315 |
| 宾阳县 | — | — | — | — | 890 |
| 横州市 | 17 | — | — | 47 | 476 |
| 经开区 | 23 | — | — | — | 271 |

# 分县造林完成情况

单位:公顷

| 地区/单位名称 | 人工造林 | 飞播造林 | 封山育林 | 退化林修复 | 人工更新 |
|---|---|---|---|---|---|
| **柳州市** | **278** | **—** | **324** | **4095** | **9072** |
| 鱼峰区 | — | — | — | — | 251 |
| 黄冕林场 | — | — | — | 1483 | — |
| 柳北区 | — | — | 4 | 370 | 39 |
| 柳南区 | — | — | — | — | 178 |
| 柳江区 | — | — | — | 146 | 164 |
| 柳城县 | 104 | — | 320 | 161 | 271 |
| 鹿寨县 | 48 | — | — | 61 | 420 |
| 融安县 | — | — | — | 126 | 2948 |
| 融水县 | 126 | — | — | 794 | 2441 |
| 三江县 | — | — | — | 704 | 611 |
| 三门江林场 | — | — | — | 250 | 874 |
| 柳东新区 | — | — | — | — | 875 |
| **桂林市** | **504** | **—** | **146** | **737** | **3016** |
| 雁山区 | — | — | 146 | — | — |
| 阳朔县 | 289 | — | — | — | 70 |
| 临桂区 | — | — | — | 34 | 483 |
| 灵川县 | — | — | — | 1 | 44 |
| 全州县 | 93 | — | — | 241 | 323 |
| 兴安县 | — | — | — | — | 388 |
| 永福县 | — | — | — | — | 151 |
| 灌阳县 | — | — | — | 250 | 361 |
| 龙胜县 | — | — | — | 97 | 311 |
| 资源县 | — | — | — | — | 142 |
| 平乐县 | — | — | — | 31 | 403 |
| 荔浦市 | 64 | — | — | — | 325 |
| 恭城县 | 58 | — | — | 84 | 16 |
| **梧州市** | **34** | **—** | **—** | **234** | **4579** |
| 万秀区 | — | — | — | — | 250 |
| 长洲区 | — | — | — | 35 | 274 |
| 龙圩区 | 10 | — | — | 60 | 46 |
| 苍梧县 | — | — | — | 72 | 1123 |
| 藤县 | — | — | — | — | 1173 |
| 蒙山县 | 2 | — | — | — | 63 |
| 岑溪市 | 22 | — | — | 68 | 1649 |
| **北海市** | **3** | **—** | **—** | **70** | **2328** |
| 银海区 | 3 | — | — | 25 | — |
| 铁山港区 | — | — | — | 30 | 172 |
| 合浦县 | — | — | — | 15 | 2157 |
| **防城港市** | **14** | **—** | **—** | **407** | **657** |
| 防城区 | — | — | — | 11 | 389 |
| 上思县 | — | — | — | 396 | 208 |
| 东兴市 | 14 | — | — | — | 60 |
| **钦州市** | **163** | **—** | **—** | **71** | **3683** |
| 钦南区 | 118 | — | — | — | 616 |

# 分县造林完成情况

单位:公顷

| 地区/单位名称 | 人工造林 | 飞播造林 | 封山育林 | 退化林修复 | 人工更新 |
|---|---|---|---|---|---|
| 钦北区 | 21 | — | — | 1 | 654 |
| 灵山县 | 9 | — | — | — | 997 |
| 浦北县 | 15 | — | — | — | 763 |
| 钦廉林场 | — | — | — | 70 | 653 |
| **贵港市** | **87** | **—** | **—** | **—** | **1474** |
| 港北区 | 37 | — | — | — | 247 |
| 港南区 | — | — | — | — | 15 |
| 覃塘区 | 23 | — | — | — | 274 |
| 平南县 | — | — | — | — | 477 |
| 桂平市 | 27 | — | — | — | 462 |
| **玉林市** | **9** | **—** | **—** | **570** | **6503** |
| 福绵区 | — | — | — | — | 332 |
| 容县 | — | — | — | 1 | 65 |
| 陆川县 | 2 | — | — | 9 | 2315 |
| 博白县 | — | — | — | — | 177 |
| 兴业县 | — | — | — | — | 344 |
| 北流市 | 7 | — | — | — | 377 |
| 六万林场 | — | — | — | 94 | 1450 |
| 博白林场 | — | — | — | 466 | 1441 |
| **百色市** | **2913** | **—** | **321** | **14367** | **14777** |
| 右江区 | — | — | — | 1175 | 3655 |
| 田阳县 | 187 | — | — | 3943 | 229 |
| 田东县 | 140 | — | — | 976 | 5844 |
| 平果县 | 29 | — | — | 190 | 77 |
| 德保县 | — | — | — | 329 | 451 |
| 靖西市 | 47 | — | 321 | 604 | 20 |
| 那坡县 | 436 | — | — | 726 | 649 |
| 凌云县 | 261 | — | — | 1302 | 207 |
| 乐业县 | 21 | — | — | 509 | 1525 |
| 田林县 | 18 | — | — | 1474 | 58 |
| 西林县 | 1672 | — | — | 560 | 1772 |
| 隆林县 | — | — | — | 999 | 46 |
| 雅长林场 | 100 | — | — | 1580 | 243 |
| **贺州市** | **523** | **—** | **39** | **2664** | **6089** |
| 平桂区 | 116 | — | — | 522 | 1290 |
| 八步区 | 302 | — | — | 533 | 562 |
| 昭平县 | 19 | — | — | 698 | 3147 |
| 钟山县 | 65 | — | — | 330 | 852 |
| 富川县 | 22 | — | 39 | 311 | 238 |
| 大桂山林场 | — | — | — | 271 | — |
| **河池市** | **1070** | **—** | **694** | **4420** | **11996** |
| 金城江区 | 119 | — | — | 49 | 1072 |
| 南丹县 | 5 | — | — | 319 | 2657 |
| 天峨县 | 9 | — | — | 972 | 1633 |
| 凤山县 | — | — | 210 | 1056 | 496 |

# 分县造林完成情况

单位:公顷

| 地区/单位名称 | 人工造林 | 飞播造林 | 封山育林 | 退化林修复 | 人工更新 |
|---|---|---|---|---|---|
| 东兰县 | 29 | — | — | — | 1684 |
| 罗城县 | — | — | — | 408 | 1664 |
| 环江县 | 120 | — | — | 1 | 1398 |
| 巴马县 | 162 | — | — | 1449 | 686 |
| 都安县 | 140 | — | — | — | 551 |
| 大化县 | 22 | — | 485 | 167 | 155 |
| 宜州区 | 463 | — | — | — | 1 |
| **来宾市** | **147** | **—** | **524** | **2284** | **4651** |
| 兴宾区 | — | — | — | 408 | 321 |
| 忻城县 | 30 | — | 524 | — | 252 |
| 象州县 | 50 | — | — | 57 | 18 |
| 武宣县 | 67 | — | — | 2 | 287 |
| 金秀县 | — | — | — | 75 | 2510 |
| 合山市 | — | — | — | 7 | 302 |
| 维都林场 | — | — | — | 1736 | 961 |
| **崇左市** | **53** | **—** | **1036** | **440** | **4367** |
| 江州区 | 53 | — | — | — | 1990 |
| 扶绥县 | — | — | 200 | — | 213 |
| 宁明县 | — | — | — | — | 982 |
| 龙州县 | — | — | — | — | 129 |
| 大新县 | — | — | — | — | 13 |
| 天等县 | — | — | 836 | — | 246 |
| 凭祥市 | — | — | — | — | 458 |
| 东门林场 | — | — | — | 320 | 159 |
| 派阳山林场 | — | — | — | 120 | 127 |
| 中国林科院热林中心 | — | — | — | — | 49 |
| **省直属单位** | **—** | **—** | **—** | **—** | **417** |
| **海南省** | **730** | **—** | **—** | **8** | **9780** |
| 海口市 | 173 | — | — | — | 847 |
| 三亚市 | 32 | — | — | — | 95 |
| 海南农垦 | — | — | — | — | 2369 |
| 琼海市 | — | — | — | — | 488 |
| 儋州市 | 147 | — | — | — | 396 |
| 文昌市 | 140 | — | — | 8 | 430 |
| 万宁市 | 39 | — | — | — | 182 |
| 东方市 | 84 | — | — | — | 493 |
| 五指山 | — | — | — | — | 41 |
| 定安县 | — | — | — | — | 484 |
| 屯昌县 | — | — | — | — | 425 |
| 澄迈县 | — | — | — | — | 525 |
| 临高县 | 12 | — | — | — | 550 |
| 白沙县 | 6 | — | — | — | 474 |
| 昌江县 | 16 | — | — | — | 458 |
| 乐东县 | 22 | — | — | — | 577 |
| 陵水县 | 59 | — | — | — | 148 |

# 分县造林完成情况

单位:公顷

| 地区/单位名称 | 人工造林 | 飞播造林 | 封山育林 | 退化林修复 | 人工更新 |
|---|---|---|---|---|---|
| 保亭县 | — | — | — | — | 208 |
| 琼中县 | — | — | — | — | 590 |
| **重庆市** | **16634** | **667** | **28533** | **85042** | **2588** |
| 万州区 | 435 | — | 2004 | 4001 | 92 |
| 涪陵区 | 871 | — | — | 684 | — |
| 江北区 | — | — | — | 13 | — |
| 九龙坡区 | 20 | — | — | — | 33 |
| 南岸区 | 67 | — | — | — | — |
| 北碚区 | 13 | — | — | 33 | 13 |
| 万盛经开区 | — | — | — | 131 | — |
| 渝北区 | 67 | — | — | 335 | — |
| 巴南区 | 7 | — | — | 67 | 27 |
| 黔江区 | 667 | — | 1350 | 5923 | — |
| 长寿区 | 133 | — | — | 253 | — |
| 江津区 | 167 | — | — | 533 | — |
| 合川区 | 416 | — | — | 80 | 51 |
| 永川区 | 60 | — | — | 333 | 93 |
| 南川区 | 667 | — | — | 3333 | — |
| 潼南区 | 332 | — | — | 67 | 1 |
| 铜梁区 | 133 | — | — | 140 | — |
| 大足区 | 413 | — | — | — | — |
| 荣昌区 | — | — | — | 200 | — |
| 梁平区 | 667 | — | — | 3136 | — |
| 城口县 | 767 | — | 2874 | 5084 | 178 |
| 丰都县 | 702 | — | — | 467 | 78 |
| 垫江县 | 27 | — | — | 793 | — |
| 武隆区 | 544 | — | 1337 | 5031 | 88 |
| 忠县 | 333 | — | — | 3021 | — |
| 开州区 | 390 | — | 4667 | 3281 | 277 |
| 云阳县 | 1048 | — | 6685 | 6600 | 199 |
| 奉节县 | 1129 | — | — | 6544 | 31 |
| 巫山县 | 1712 | 667 | 1900 | 5405 | 459 |
| 巫溪县 | 1533 | — | — | 4312 | — |
| 石柱县 | 1000 | — | 669 | 5280 | — |
| 秀山县 | 334 | — | 712 | 2795 | — |
| 酉阳县 | 833 | — | 5669 | 5334 | 966 |
| 彭水县 | 480 | — | 667 | 5567 | — |
| 重庆市林业投资开发有限责任公司 | 668 | — | — | 6264 | — |
| **四川省** | **13070** | **8** | **69580** | **72101** | **8479** |
| **成都市** | **630** | **—** | **—** | **5447** | **10** |
| 青白江区 | — | — | — | 403 | — |
| 龙泉驿区 | 7 | — | — | 1483 | — |
| 金堂县 | 623 | — | — | 2072 | — |
| 崇州市 | — | — | — | 389 | 10 |
| 简阳市 | — | — | — | 1100 | — |

# 分县造林完成情况

单位：公顷

| 地区/单位名称 | 人工造林 | 飞播造林 | 封山育林 | 退化林修复 | 人工更新 |
|---|---|---|---|---|---|
| **自贡市** | **299** | **—** | **1266** | **682** | **1233** |
| 自流井区 | — | — | 33 | — | — |
| 贡井区 | — | — | — | 20 | — |
| 大安区 | 1 | — | 62 | — | 12 |
| 沿滩区 | — | — | 83 | — | — |
| 荣县 | 297 | — | 736 | 662 | 1089 |
| 富顺县 | — | — | 351 | — | 132 |
| **攀枝花市** | **451** | **—** | **3277** | **1191** | **70** |
| 东区 | 82 | — | — | — | 68 |
| 西区 | 139 | — | 108 | — | — |
| 仁和区 | 26 | — | 148 | 133 | — |
| 米易县 | 42 | — | 205 | 335 | — |
| 盐边县 | 113 | — | 950 | 133 | 2 |
| 盐边县国有林管理局 | 49 | — | 1200 | 200 | — |
| 普威 | — | — | 666 | 390 | — |
| **泸州市** | **11** | **—** | **651** | **3199** | **563** |
| 纳溪区 | — | — | — | 333 | — |
| 泸县 | 11 | — | — | 341 | 95 |
| 合江县 | — | — | — | 1247 | — |
| 叙永县 | — | — | 651 | 415 | 327 |
| 古蔺县 | — | — | — | 864 | 141 |
| **德阳市** | **19** | **—** | **741** | **521** | **75** |
| 中江县 | — | — | — | 91 | 1 |
| 什邡市 | — | — | 267 | 216 | 61 |
| 绵竹市 | 19 | — | 474 | 214 | 13 |
| **绵阳市** | **501** | **—** | **4458** | **5508** | **528** |
| 游仙区 | 125 | — | — | 1178 | — |
| 三台县 | — | — | 1353 | — | — |
| 盐亭县 | 94 | — | — | 1388 | 29 |
| 安州区 | 13 | — | — | 1152 | 163 |
| 梓潼县 | 204 | — | — | 133 | — |
| 北川县 | 11 | — | 992 | 212 | 75 |
| 平武县 | — | — | 2113 | — | 261 |
| 江油市 | 54 | — | — | 1445 | — |
| **广元市** | **325** | **—** | **7220** | **8578** | **413** |
| 利州区 | — | — | 637 | 439 | 244 |
| 昭化区 | — | — | — | 681 | — |
| 朝天区 | — | — | — | 2036 | — |
| 旺苍县 | 197 | — | 2082 | 1569 | 10 |
| 青川县 | 101 | — | 2732 | 1856 | 113 |
| 剑阁县 | 28 | — | 1117 | 1345 | 46 |
| 苍溪县 | — | — | 653 | 652 | — |
| **内江市** | **2** | **—** | **—** | **109** | **1** |
| 市中区 | 1 | — | — | — | — |
| 东兴区 | — | — | — | — | 1 |

# 分县造林完成情况

单位:公顷

| 地区/单位名称 | 人工造林 | 飞播造林 | 封山育林 | 退化林修复 | 人工更新 |
|---|---|---|---|---|---|
| 威远县 | — | — | — | 94 | — |
| 资中县 | — | — | — | 14 | — |
| 隆昌市 | 1 | — | — | — | — |
| **乐山市** | **1779** | **—** | **—** | **2155** | **1299** |
| 市中区 | 151 | — | — | 317 | — |
| 沙湾区 | — | — | — | — | 246 |
| 金口河区 | 284 | — | — | — | — |
| 犍为县 | — | — | — | — | 315 |
| 井研县 | 50 | — | — | 424 | — |
| 夹江县 | — | — | — | 107 | 572 |
| 沐川县 | 579 | — | — | — | 73 |
| 峨边县 | 716 | — | — | — | — |
| 马边县 | — | — | — | 1151 | 93 |
| 峨眉山市 | — | — | — | 33 | — |
| 五通桥区 | — | — | — | 123 | — |
| **南充市** | **7** | **—** | **1125** | **1212** | **7** |
| 顺庆区 | — | — | — | 19 | — |
| 高坪区 | — | — | 113 | 14 | — |
| 嘉陵区 | 7 | — | 32 | 395 | — |
| 南部县 | — | — | 29 | 38 | — |
| 营山县 | — | — | — | 633 | — |
| 蓬安县 | — | — | 280 | 19 | — |
| 仪陇县 | — | — | 4 | 27 | 7 |
| 西充县 | — | — | 666 | — | — |
| 阆中市 | — | — | — | 67 | — |
| **眉山市** | **16** | **—** | **7** | **20** | **283** |
| 天府新区 | — | — | — | — | 13 |
| 东坡区 | — | — | — | — | 56 |
| 仁寿县 | 16 | — | 7 | 20 | — |
| 洪雅县 | — | — | — | — | 167 |
| 丹棱县 | — | — | — | — | 46 |
| **宜宾市** | **337** | **—** | **333** | **2166** | **1324** |
| 翠屏区 | — | — | — | 170 | 307 |
| 叙州区 | 30 | — | — | 1838 | 452 |
| 南溪区 | — | — | — | — | 197 |
| 江安县 | 16 | — | — | — | 18 |
| 长宁县 | — | — | — | — | 86 |
| 高县 | — | — | — | — | 38 |
| 珙县 | — | — | — | — | 35 |
| 筠连县 | — | — | — | — | 35 |
| 兴文县 | — | — | — | 25 | 156 |
| 屏山县 | 291 | — | 333 | 133 | — |
| **广安市** | **—** | **—** | **1325** | **518** | **—** |
| 邻水县 | — | — | 198 | — | — |
| 华蓥市 | — | — | 1127 | 518 | — |

# 分县造林完成情况

单位：公顷

| 地区/单位名称 | 人工造林 | 飞播造林 | 封山育林 | 退化林修复 | 人工更新 |
|---|---|---|---|---|---|
| **达州市** | **682** | **—** | **3434** | **9398** | **230** |
| 通川区 | — | — | — | 723 | — |
| 达川区 | 67 | — | — | 486 | 67 |
| 宣汉县 | 8 | — | 669 | 2099 | — |
| 开江县 | — | — | — | 692 | 61 |
| 大竹县 | — | — | — | 2281 | — |
| 渠县 | 608 | — | 2013 | 1599 | — |
| 万源市 | — | — | 752 | 1517 | 102 |
| **雅安市** | **367** | **—** | **3032** | **1366** | **338** |
| 雨城区 | 133 | — | — | — | 142 |
| 名山区 | — | — | — | — | 29 |
| 汉源县 | — | — | 1139 | 517 | — |
| 石棉县 | 37 | — | 809 | — | 4 |
| 天全县 | 196 | — | — | 331 | — |
| 芦山县 | — | — | — | — | 33 |
| 宝兴县 | — | — | 1084 | 518 | 130 |
| **巴中市** | **51** | **—** | **1796** | **3876** | **22** |
| 巴州区 | — | — | 303 | 383 | 22 |
| 恩阳区 | 45 | — | 306 | 880 | — |
| 通江县 | — | — | 90 | 983 | — |
| 南江县 | — | — | 1006 | 334 | — |
| 平昌县 | 7 | — | 92 | 1297 | — |
| **资阳市** | **—** | **—** | **—** | **40** | **—** |
| 乐至县 | — | — | — | 40 | — |
| **阿坝藏族羌族自治州** | **2017** | **—** | **16319** | **7638** | **100** |
| 川西国有林保护局 | 121 | — | 1333 | 962 | — |
| 观音桥国有林保护局 | — | — | 1145 | 609 | — |
| 黑水国有林保护局 | 54 | — | 2834 | 686 | — |
| 马尔康国有林保护局 | — | — | 1348 | 130 | — |
| 岷江国有林保护局 | — | — | — | 181 | — |
| 南坪国有林保护局 | 133 | — | 1000 | 400 | — |
| 壤塘国有林保护局 | — | — | 880 | 667 | — |
| 松潘国有林保护局 | 133 | — | 2227 | 533 | — |
| 小金国有林保护局 | — | — | 1333 | 1179 | — |
| 玉龙国有林保护局 | — | — | 1529 | 665 | — |
| 汶川县 | — | — | — | 129 | — |
| 理县 | 333 | — | — | 127 | — |
| 茂县 | 84 | — | — | 137 | — |
| 松潘县 | 50 | — | — | — | — |
| 九寨沟县 | 134 | — | — | 263 | — |
| 金川县 | 10 | — | — | 465 | — |
| 小金县 | 66 | — | — | 191 | — |
| 黑水县 | 167 | — | — | 183 | — |
| 马尔康市 | 3 | — | — | — | — |
| 壤塘县 | — | — | — | 129 | — |

# 分县造林完成情况

单位:公顷

| 地区/单位名称 | 人工造林 | 飞播造林 | 封山育林 | 退化林修复 | 人工更新 |
|---|---|---|---|---|---|
| 阿坝县 | 166 | — | 2690 | — | 100 |
| 红原县 | 563 | — | — | — | — |
| **甘孜藏族自治州** | **2621** | **8** | **5990** | **10392** | **1158** |
| 白玉国有林保护局 | 83 | — | — | 947 | 128 |
| 道孚国有林保护局 | 337 | — | 2010 | 1239 | 177 |
| 力邱河国有林保护局 | 119 | — | — | — | 89 |
| 炉霍国有林保护局 | 181 | — | 100 | 183 | 34 |
| 翁达国有林场 | — | — | — | 200 | 200 |
| 新龙国有林保护局 | 242 | — | 998 | 1761 | 76 |
| 雅江国有林保护局 | 49 | 8 | — | 527 | 81 |
| 丹巴县 | 67 | — | 1000 | 267 | — |
| 雅江县 | 159 | — | 642 | 1044 | 282 |
| 道孚县 | 203 | — | 557 | 380 | — |
| 炉霍县 | 333 | — | — | — | — |
| 甘孜县 | 113 | — | — | 335 | 91 |
| 新龙县 | 3 | — | 17 | — | 1 |
| 德格县 | 32 | — | — | 393 | — |
| 白玉县 | — | — | — | 604 | — |
| 色达县 | 193 | — | 433 | 1376 | — |
| 理塘县 | 200 | — | — | — | — |
| 巴塘县 | — | — | — | 181 | — |
| 乡城县 | 137 | — | — | 614 | — |
| 稻城县 | 105 | — | — | 267 | — |
| 得荣县 | 65 | — | 233 | 74 | — |
| **凉山彝族自治州** | **2221** | **—** | **14453** | **7473** | **825** |
| 西昌市 | — | — | — | — | 354 |
| 雅砻江国有林保护局 | — | — | — | 267 | — |
| 雷波重点国有林保护局 | 75 | — | 2000 | 509 | — |
| 凉北国有林保护局 | — | — | 1333 | 255 | — |
| 木里藏族自治县 | 249 | — | 7798 | 151 | 129 |
| 盐源县 | — | — | — | 2601 | — |
| 德昌县 | — | — | 667 | — | — |
| 会理县 | 1 | — | — | 452 | — |
| 会东县 | 63 | — | 211 | 333 | — |
| 宁南县 | — | — | — | 244 | — |
| 普格县 | 61 | — | 629 | — | — |
| 布拖县 | — | — | — | 849 | — |
| 金阳县 | 182 | — | — | 412 | 256 |
| 昭觉县 | — | — | — | 49 | — |
| 冕宁县 | — | — | 463 | 129 | — |
| 越西县 | 845 | — | 595 | 67 | — |
| 美姑县 | 667 | — | — | 648 | — |
| 雷波县 | 77 | — | — | 508 | — |
| 木里县 | — | — | 757 | — | 85 |
| **省直属单位** | **733** | **—** | **4153** | **612** | **—** |

# 分县造林完成情况

单位：公顷

| 地区/单位名称 | 人工造林 | 飞播造林 | 封山育林 | 退化林修复 | 人工更新 |
|---|---|---|---|---|---|
| **贵州省** | **32717** | **—** | **3332** | **131974** | **16495** |
| **贵阳市** | **162** | **—** | **—** | **—** | **172** |
| 花溪区 | — | — | — | — | 33 |
| 开阳县 | — | — | — | — | 67 |
| 息烽县 | 46 | — | — | — | 20 |
| 修文县 | 100 | — | — | — | — |
| 清镇市 | 15 | — | — | — | 52 |
| **六盘水市** | **1698** | **—** | **133** | **—** | **20** |
| 钟山区 | 166 | — | — | — | 20 |
| 六枝特区 | 338 | — | — | — | — |
| 水城区 | 667 | — | 133 | — | — |
| 盘州市 | 527 | — | — | — | — |
| **遵义市** | **3847** | **—** | **400** | **13841** | **1556** |
| 红花岗区 | 87 | — | — | — | 13 |
| 汇川区 | 333 | — | — | — | — |
| 播州区 | 267 | — | — | — | — |
| 桐梓县 | 533 | — | — | 667 | — |
| 绥阳县 | 104 | — | — | 1333 | 229 |
| 正安县 | 648 | — | 267 | 1329 | — |
| 道真县 | 379 | — | — | 2000 | — |
| 务川县 | 333 | — | — | 1333 | — |
| 凤冈县 | 487 | — | — | 1333 | — |
| 湄潭县 | 5 | — | — | — | 38 |
| 余庆县 | 256 | — | — | 658 | 13 |
| 习水县 | 41 | — | 133 | 3331 | 259 |
| 赤水市 | — | — | — | 1111 | 20 |
| 仁怀市 | 351 | — | — | 745 | 973 |
| 新蒲新区 | 23 | — | — | — | 11 |
| **安顺市** | **2911** | **—** | **267** | **11855** | **58** |
| 西秀区 | 257 | — | — | — | 17 |
| 黄果树管委会 | 373 | — | — | 1284 | — |
| 平坝区 | 52 | — | 67 | — | 41 |
| 普定县 | 140 | — | — | 662 | — |
| 镇宁县 | 547 | — | 133 | 4665 | — |
| 关岭县 | 949 | — | 67 | 1910 | — |
| 紫云县 | 593 | — | — | 3333 | — |
| **铜仁市** | **3177** | **—** | **401** | **23499** | **733** |
| 碧江区 | 33 | — | — | 4487 | 213 |
| 江口县 | — | — | — | 1907 | — |
| 玉屏县 | 17 | — | — | 1986 | 17 |
| 石阡县 | 164 | — | 67 | 2685 | 503 |
| 思南县 | 333 | — | — | 2271 | — |
| 印江县 | 341 | — | 67 | 4205 | — |
| 德江县 | 666 | — | — | 2161 | — |
| 沿河县 | 948 | — | 133 | 333 | — |

# 分县造林完成情况

单位：公顷

| 地区/单位名称 | 人工造林 | 飞播造林 | 封山育林 | 退化林修复 | 人工更新 |
|---|---|---|---|---|---|
| 松桃县 | 674 | — | 133 | 3130 | — |
| 万山区 | — | — | — | 333 | — |
| **黔西南布依族苗族自治州** | **5507** | **—** | **593** | **16745** | **1535** |
| 义龙新区 | 546 | — | 67 | 1261 | 452 |
| 兴仁市 | 978 | — | 60 | 1035 | — |
| 普安县 | 800 | — | 67 | 667 | — |
| 晴隆县 | 1333 | — | 67 | 2336 | — |
| 贞丰县 | 525 | — | 133 | 3466 | 8 |
| 望谟县 | 266 | — | — | 3576 | 59 |
| 册亨县 | 59 | — | — | 4405 | 1016 |
| 安龙县 | 1000 | — | 200 | — | — |
| **毕节市** | **5147** | **—** | **404** | **18312** | **316** |
| 七星关区 | 850 | — | 133 | 3875 | 76 |
| 大方县 | 585 | — | — | 2960 | 75 |
| 黔西县 | 586 | — | — | 2264 | — |
| 金沙县 | 667 | — | 67 | 2465 | — |
| 织金县 | 652 | — | — | 1294 | — |
| 纳雍县 | 503 | — | 67 | 2386 | 159 |
| 威宁县 | 410 | — | 137 | 2068 | — |
| 赫章县 | 667 | — | — | — | — |
| 百里杜鹃管理区 | 228 | — | — | 999 | 6 |
| **黔东南苗族侗族自治州** | **4411** | **—** | **534** | **23893** | **11307** |
| 凯里市 | — | — | — | 666 | 200 |
| 黄平县 | 1000 | — | 67 | 1814 | — |
| 施秉县 | 1202 | — | — | — | 62 |
| 三穗县 | 643 | — | 67 | 667 | 26 |
| 镇远县 | 1158 | — | — | 667 | 476 |
| 岑巩县 | — | — | — | 3000 | 2217 |
| 天柱县 | 26 | — | — | 4670 | 1317 |
| 锦屏县 | — | — | 67 | 2679 | 334 |
| 剑河县 | — | — | — | — | 334 |
| 台江县 | 141 | — | 67 | 1400 | — |
| 黎平县 | — | — | 67 | 4333 | 2207 |
| 榕江县 | — | — | 67 | 1333 | 1350 |
| 从江县 | — | — | 67 | 2331 | 2644 |
| 雷山县 | 56 | — | — | — | 11 |
| 麻江县 | 186 | — | — | 333 | — |
| 丹寨县 | — | — | 67 | — | 132 |
| **黔南布依族苗族自治州** | **5858** | **—** | **600** | **23829** | **798** |
| 都匀市 | 267 | — | — | 1666 | — |
| 福泉市 | 328 | — | 67 | 1313 | 189 |
| 荔波县 | 200 | — | — | 2704 | — |
| 贵定县 | 396 | — | 67 | 3341 | — |
| 瓮安县 | 329 | — | — | 638 | — |
| 独山县 | 1567 | — | 133 | 1306 | 2 |

# 分县造林完成情况

单位:公顷

| 地区/单位名称 | 人工造林 | 飞播造林 | 封山育林 | 退化林修复 | 人工更新 |
|---|---|---|---|---|---|
| 平塘县 | 649 | — | 133 | 2857 | — |
| 罗甸县 | 1199 | — | 133 | 1338 | 131 |
| 长顺县 | — | — | — | 2000 | — |
| 龙里县 | 267 | — | 67 | 667 | — |
| 惠水县 | 467 | — | — | 3333 | — |
| 三都县 | 190 | — | — | 2667 | 477 |
| **云南省** | **28688** | **—** | **64804** | **88836** | **4575** |
| **昆明市** | **2034** | **—** | **9018** | **1305** | **654** |
| 盘龙区 | — | — | 333 | — | — |
| 西山区 | — | — | 666 | — | — |
| 东川区 | 1962 | — | — | 330 | — |
| 呈贡区 | — | — | 333 | — | — |
| 晋宁区 | — | — | 333 | — | — |
| 富民县 | 62 | — | 469 | 326 | — |
| 宜良县 | 9 | — | 1329 | 649 | 320 |
| 石林县 | — | — | 818 | — | — |
| 嵩明县 | — | — | 1327 | — | — |
| 禄劝县 | — | — | — | — | 333 |
| 寻甸县 | — | — | 1920 | — | — |
| 安宁市 | — | — | 1288 | — | — |
| 阳宗海 | — | — | 200 | — | — |
| **曲靖市** | **133** | **—** | **—** | **1649** | **—** |
| 罗平县 | — | — | — | 330 | — |
| 会泽县 | 133 | — | — | 1319 | — |
| **玉溪市** | **366** | **—** | **4667** | **4853** | **122** |
| 江川区 | — | — | 667 | 133 | 13 |
| 通海县 | — | — | 3333 | — | — |
| 华宁县 | — | — | 667 | 849 | — |
| 易门县 | — | — | — | 1333 | 109 |
| 峨山县 | 2 | — | — | — | — |
| 新平县 | 298 | — | — | 1887 | — |
| 元江县 | 66 | — | — | 651 | — |
| **保山市** | **133** | **—** | **2000** | **2113** | **—** |
| 隆阳区 | 133 | — | 2000 | — | — |
| 腾冲市 | — | — | — | 781 | — |
| 龙陵县 | — | — | — | 1332 | — |
| **昭通市** | **3772** | **—** | **7217** | **20469** | **—** |
| 昭阳区 | 133 | — | 921 | 125 | — |
| 鲁甸县 | — | — | — | 388 | — |
| 巧家县 | 416 | — | 333 | 3571 | — |
| 盐津县 | — | — | — | 667 | — |
| 大关县 | 1920 | — | — | 1333 | — |
| 永善县 | 198 | — | — | 793 | — |
| 绥江县 | — | — | 3291 | 7560 | — |
| 镇雄县 | 116 | — | 677 | 327 | — |
| 彝良县 | 333 | — | 667 | 1333 | — |

# 分县造林完成情况

单位:公顷

| 地区/单位名称 | 人工造林 | 飞播造林 | 封山育林 | 退化林修复 | 人工更新 |
|---|---|---|---|---|---|
| 威信县 | — | — | 667 | 1976 | — |
| 水富市 | 657 | — | 663 | 2395 | — |
| **丽江市** | **2158** | **—** | **3280** | **17314** | **—** |
| 古城区 | — | — | 346 | 343 | — |
| 玉龙县 | 51 | — | 1333 | 2127 | — |
| 永胜县 | 220 | — | 1201 | 3298 | — |
| 华坪县 | 1201 | — | 400 | 3574 | — |
| 宁蒗县 | 686 | — | — | 7972 | — |
| **普洱市** | **—** | **—** | **—** | **—** | **1335** |
| 墨江森工局 | — | — | — | — | 223 |
| 卫国森工局 | — | — | — | — | 912 |
| 景东森工局 | — | — | — | — | 200 |
| **临沧市** | **449** | **—** | **—** | **910** | **—** |
| 凤庆县 | 333 | — | — | — | — |
| 云县 | — | — | — | 243 | — |
| 永德县 | — | — | — | 667 | — |
| 沧源县 | 116 | — | — | — | — |
| **楚雄彝族自治州** | **3431** | **—** | **6013** | **18828** | **78** |
| 楚雄市 | — | — | 666 | 978 | — |
| 双柏县 | — | — | 667 | 1000 | — |
| 牟定县 | — | — | 1333 | 133 | — |
| 南华县 | — | — | 681 | 430 | — |
| 大姚县 | — | — | 1333 | 3333 | — |
| 永仁县 | 588 | — | 1333 | 3776 | 44 |
| 元谋县 | 2612 | — | — | 1500 | — |
| 武定县 | 192 | — | — | 7677 | — |
| 禄丰市 | 38 | — | — | — | 35 |
| **红河哈尼族彝族自治州** | **5637** | **—** | **4563** | **3878** | **30** |
| 个旧市 | — | — | — | 67 | — |
| 开远市 | 511 | — | — | 550 | — |
| 蒙自市 | 4197 | — | — | — | 30 |
| 建水县 | 467 | — | 200 | 667 | — |
| 石屏县 | 144 | — | 1320 | 345 | — |
| 弥勒市 | 162 | — | 607 | 995 | — |
| 泸西县 | — | — | 770 | 388 | — |
| 州本级 | 156 | — | 1666 | 865 | — |
| **文山壮族苗族自治州** | **4322** | **—** | **7728** | **2334** | **1331** |
| 文山市 | 485 | — | 1192 | 22 | 88 |
| 砚山县 | 400 | — | — | — | 383 |
| 西畴县 | 496 | — | 664 | — | 30 |
| 麻栗坡县 | 250 | — | — | 40 | 338 |
| 马关县 | 165 | — | — | — | 300 |
| 丘北县 | 2223 | — | 4467 | — | — |
| 广南县 | 76 | — | — | 718 | 65 |
| 富宁县 | 226 | — | 1406 | 1554 | 128 |
| **西双版纳傣族自治州** | **747** | **—** | **1333** | **—** | **83** |

# 分县造林完成情况

单位:公顷

| 地区/单位名称 | 人工造林 | 飞播造林 | 封山育林 | 退化林修复 | 人工更新 |
|---|---|---|---|---|---|
| 景洪市 | 245 | — | — | — | — |
| 勐海县 | 122 | — | 1333 | — | — |
| 勐腊县 | 380 | — | — | — | 83 |
| **大理白族自治州** | **1094** | **—** | **15465** | **2094** | **388** |
| 大理市 | — | — | — | 833 | — |
| 漾濞县 | — | — | — | 333 | — |
| 祥云县 | — | — | — | 17 | — |
| 宾川县 | — | — | — | 127 | — |
| 弥渡县 | 523 | — | — | — | — |
| 南涧县 | — | — | 1334 | — | — |
| 巍山县 | — | — | 133 | 328 | — |
| 永平县 | 133 | — | 1000 | — | — |
| 洱源县 | 167 | — | 333 | — | — |
| 剑川县 | — | — | 5333 | — | — |
| 鹤庆县 | 270 | — | 7332 | 455 | 388 |
| **德宏傣族景颇族自治州** | **1** | **—** | **—** | **708** | **477** |
| 瑞丽市 | — | — | — | — | 63 |
| 梁河县 | — | — | — | 323 | — |
| 盈江县 | 1 | — | — | 192 | 414 |
| 陇川县 | — | — | — | 193 | — |
| **怒江傈僳族自治州** | **461** | **—** | **—** | **4298** | **—** |
| 泸水市 | 461 | — | — | 1880 | — |
| 福贡县 | — | — | — | 446 | — |
| 贡山县 | — | — | — | 533 | — |
| 兰坪县 | — | — | — | 1439 | — |
| **迪庆藏族自治州** | **3950** | **—** | **3519** | **8084** | **76** |
| 香格里拉市 | 975 | — | 867 | 3004 | 76 |
| 德钦县 | 294 | — | 1342 | 1994 | — |
| 维西县 | 2682 | — | 1311 | 3086 | — |
| **西藏自治区** | **13504** | **51067** | **1256** | **—** | **1110** |
| **拉萨市** | **11908** | **27098** | **130** | **—** | **970** |
| 城关区 | 5462 | 992 | 84 | — | 233 |
| 林周县 | — | 6338 | — | — | — |
| 曲水县 | 407 | 5507 | — | — | — |
| 堆龙德庆区 | 156 | 3591 | — | — | — |
| 达孜区 | 3537 | 1520 | — | — | 737 |
| 墨竹工卡县 | — | 9151 | — | — | — |
| 柳梧新区 | 2346 | — | 47 | — | — |
| **昌都市** | **1586** | **—** | **1126** | **—** | **15** |
| 卡若区 | 413 | — | 717 | — | 9 |
| 江达县 | 623 | — | — | — | — |
| 察雅县 | 392 | — | 409 | — | 6 |
| 芒康县 | 158 | — | — | — | — |
| **山南市** | **5** | **12274** | **—** | **—** | **125** |
| 乃东区 | — | 7798 | — | — | — |
| 扎囊县 | — | 1145 | — | — | — |

# 分县造林完成情况

单位：公顷

| 地区/单位名称 | 人工造林 | 飞播造林 | 封山育林 | 退化林修复 | 人工更新 |
|---|---|---|---|---|---|
| 贡嘎县 | 5 | 999 | — | — | 125 |
| 曲松县 | — | 2332 | — | — | — |
| **日喀则市** | **5** | **11695** | **—** | **—** | **—** |
| 桑珠孜区 | 5 | 5492 | — | — | — |
| 南木林县 | — | 1332 | — | — | — |
| 萨迦县 | — | 3850 | — | — | — |
| 白朗县 | — | 1020 | — | — | — |
| **陕西省** | **43717** | **50113** | **174312** | **110305** | **3506** |
| **西安市** | **188** | **—** | **—** | **—** | **13** |
| 周至县 | 188 | — | — | — | 13 |
| **铜川市** | **764** | **3319** | **1769** | **2652** | **152** |
| 印台区 | 131 | 1221 | 146 | 970 | 16 |
| 耀州区 | 128 | 720 | 1231 | 1037 | 136 |
| 宜君县 | 505 | 1378 | 392 | 645 | — |
| **宝鸡市** | **787** | **5366** | **13325** | **13174** | **514** |
| 渭滨区 | 67 | — | 333 | 400 | — |
| 金台区 | — | — | 301 | 350 | — |
| 陈仓区 | 33 | 2333 | 1333 | — | 514 |
| 凤翔县 | 140 | — | 792 | 3192 | — |
| 岐山县 | 533 | 336 | 700 | 3369 | — |
| 扶风县 | — | — | — | 2141 | — |
| 眉县 | — | — | 667 | 467 | — |
| 陇县 | 13 | 667 | 1600 | 2380 | — |
| 千阳县 | — | 696 | — | 200 | — |
| 麟游县 | — | 1333 | 2748 | 132 | — |
| 凤县 | — | — | 333 | — | — |
| 太白县 | — | — | 1703 | 366 | — |
| 陕西省苗木繁育中心 | — | — | — | 178 | — |
| 马头滩林业局 | — | — | 348 | — | — |
| 辛家山林业局 | — | — | 467 | — | — |
| 高新区 | — | — | 2000 | — | — |
| **咸阳市** | **2038** | **3675** | **6880** | **8455** | **—** |
| 乾县 | 96 | — | 676 | 707 | — |
| 礼泉县 | 133 | 667 | 1000 | 682 | — |
| 永寿县 | 1000 | 1001 | 731 | 2060 | — |
| 彬州市 | 85 | 1008 | 342 | 760 | — |
| 长武县 | 81 | — | 917 | 666 | — |
| 旬邑县 | 431 | — | 2872 | 2107 | — |
| 淳化县 | 211 | 1000 | 341 | 1472 | — |
| **渭南市** | **5335** | **3340** | **8177** | **8783** | **230** |
| 临渭区 | 1029 | — | — | — | — |
| 华州区 | 20 | 1721 | 2135 | 1283 | 163 |
| 潼关县 | 147 | 925 | 1622 | — | — |
| 大荔县 | 201 | — | — | 740 | — |
| 合阳县 | 1203 | — | 340 | 669 | — |
| 澄城县 | 842 | — | — | 435 | — |

# 分县造林完成情况

单位:公顷

| 地区/单位名称 | 人工造林 | 飞播造林 | 封山育林 | 退化林修复 | 人工更新 |
|---|---|---|---|---|---|
| 蒲城县 | 213 | — | 1338 | 1653 | — |
| 白水县 | 347 | — | 721 | 1376 | 66 |
| 富平县 | 1334 | — | 688 | 1293 | — |
| 华阴市 | — | 694 | 1333 | 1333 | — |
| **延安市** | **17297** | **7280** | **33984** | **23243** | **1344** |
| 宝塔区 | 53 | — | 1328 | 668 | 81 |
| 延长县 | 2611 | 334 | 643 | 132 | 29 |
| 延川县 | 520 | — | 663 | 507 | 21 |
| 子长县 | 2139 | 685 | — | 375 | — |
| 安塞区 | 441 | 740 | 3467 | 962 | 544 |
| 志丹县 | 1332 | 2163 | — | — | 282 |
| 吴起县 | 8524 | 1687 | 3867 | 1019 | — |
| 甘泉县 | 6 | — | — | 694 | — |
| 富县 | 52 | — | 1381 | 1006 | 220 |
| 洛川县 | 74 | 1004 | 1389 | 675 | — |
| 宜川县 | 1113 | 667 | 4667 | 1867 | — |
| 黄陵县 | 133 | — | 1333 | 533 | — |
| 劳山国有林管理局 | 18 | — | 4201 | 4942 | — |
| 桥北国有林管理局 | — | — | 3280 | 4133 | — |
| 桥山国有林管理局 | — | — | 3739 | 1115 | — |
| 黄龙山国有林管理局 | 51 | — | 2693 | 3760 | 29 |
| 风景林场 | — | — | — | 188 | — |
| 黄龙县 | 229 | — | 1333 | 667 | 138 |
| **汉中市** | **608** | **—** | **18302** | **6812** | **157** |
| 南郑区 | — | — | 702 | 994 | 81 |
| 城固县 | — | — | 800 | 400 | — |
| 洋县 | 41 | — | 1333 | 333 | 27 |
| 西乡县 | 419 | — | 1335 | 665 | — |
| 勉县 | — | — | 1030 | 408 | — |
| 宁强县 | 14 | — | 709 | 1306 | 49 |
| 略阳县 | 99 | — | 5333 | 333 | — |
| 镇巴县 | — | — | 3333 | 667 | — |
| 留坝县 | 33 | — | 2336 | 1038 | — |
| 佛坪县 | — | — | 1390 | 667 | — |
| **榆林市** | **13575** | **8867** | **11478** | **12526** | **—** |
| 榆阳区 | 2689 | 3456 | 774 | 797 | — |
| 神木市 | 3229 | 1027 | 2125 | 2053 | — |
| 横山区 | 879 | 728 | 684 | 2832 | — |
| 靖边县 | — | 1373 | — | 3505 | — |
| 定边县 | — | — | 3167 | 1333 | — |
| 绥德县 | 891 | 500 | 1993 | 11 | — |
| 米脂县 | 648 | 301 | 171 | — | — |
| 佳县 | 132 | 1081 | 341 | 727 | — |
| 吴堡县 | 208 | — | — | — | — |
| 清涧县 | 605 | — | 1513 | 234 | — |
| 子洲县 | 2771 | 401 | — | — | — |

# 分县造林完成情况

单位:公顷

| 地区/单位名称 | 人工造林 | 飞播造林 | 封山育林 | 退化林修复 | 人工更新 |
|---|---|---|---|---|---|
| 府谷县 | 1525 | — | 711 | 1034 | — |
| **安康市** | **809** | **10352** | **24771** | **12071** | **96** |
| 汉滨区 | 317 | 3023 | 1973 | 570 | — |
| 汉阴县 | — | 667 | 1333 | 67 | — |
| 石泉县 | 106 | 1724 | 1343 | 1865 | — |
| 宁陕县 | — | — | 4000 | 490 | 67 |
| 紫阳县 | — | — | 2955 | 646 | 28 |
| 岚皋县 | — | 605 | 3659 | 1023 | — |
| 平利县 | — | — | 706 | 435 | — |
| 镇坪县 | — | — | 1381 | 1958 | — |
| 旬阳县 | 53 | 933 | 3428 | 2065 | — |
| 白河县 | 333 | 3399 | 3994 | 2951 | — |
| **商洛市** | **1219** | **7915** | **27198** | **8257** | **1000** |
| 商州区 | 133 | — | 3960 | 600 | — |
| 洛南县 | — | — | 6149 | 847 | 140 |
| 丹凤县 | 364 | 1541 | 1999 | 2106 | — |
| 商南县 | 487 | 2321 | 4193 | 1427 | — |
| 山阳县 | 201 | 1960 | 3346 | 737 | — |
| 镇安县 | 34 | 2093 | 4083 | 1405 | 556 |
| 柞水县 | — | — | 3467 | 1135 | 305 |
| **陕西省森林资源管理局** | **—** | **—** | **20363** | **11569** | **—** |
| **省直属单位** | **1098** | **—** | **8064** | **2763** | **—** |
| **甘肃省** | **102277** | **—** | **52080** | **96923** | **725** |
| **兰州市** | **1680** | **—** | **1133** | **—** | **—** |
| 兰州新区 | 213 | — | — | — | — |
| 西固区 | — | — | 333 | — | — |
| 红古区 | — | — | 133 | — | — |
| 永登县 | 67 | — | 333 | — | — |
| 榆中县 | 1400 | — | 333 | — | — |
| **嘉峪关市** | **65** | **—** | **—** | **262** | **—** |
| **金昌市** | **777** | **—** | **—** | **133** | **—** |
| 金川区 | 333 | — | — | — | — |
| 永昌县 | 443 | — | — | 133 | — |
| **白银市** | **6602** | **—** | **675** | **4979** | **—** |
| 白银区 | 771 | — | 333 | 333 | — |
| 平川区 | 4075 | — | — | 667 | — |
| 靖远县 | 600 | — | — | 1134 | — |
| 会宁县 | 974 | — | — | 2240 | — |
| 景泰县 | 182 | — | 342 | 605 | — |
| **天水市** | **2299** | **—** | **2192** | **5617** | **162** |
| 秦州区 | 156 | — | 402 | 838 | 162 |
| 麦积区 | 154 | — | 267 | 580 | — |
| 清水县 | 67 | — | — | 200 | — |
| 秦安县 | 201 | — | — | 1079 | — |
| 甘谷县 | 134 | — | — | 667 | — |
| 武山县 | 1480 | — | 427 | 2000 | — |

# 分县造林完成情况

单位:公顷

| 地区/单位名称 | 人工造林 | 飞播造林 | 封山育林 | 退化林修复 | 人工更新 |
|---|---|---|---|---|---|
| 张家川县 | 108 | — | 1097 | 253 | — |
| **武威市** | **26092** | **—** | **15541** | **7006** | **—** |
| 凉州区 | 3453 | — | — | 691 | — |
| 石羊河林业总场 | 13 | — | 5467 | 3333 | — |
| 甘肃濒危动物保护中心 | 400 | — | 2000 | — | — |
| 民勤县 | 11597 | — | 8075 | 2333 | — |
| 古浪县 | 10629 | — | — | 649 | — |
| **张掖市** | **5847** | **—** | **8529** | **8900** | **—** |
| 市本级 | 60 | — | — | — | — |
| 甘州区 | 2491 | — | 717 | 1108 | — |
| 民乐县 | 202 | — | — | 1389 | — |
| 临泽县 | 1388 | — | 2136 | 106 | — |
| 高台县 | 1510 | — | 1000 | 333 | — |
| 山丹县 | 197 | — | 4676 | 5963 | — |
| **平凉市** | **3801** | **—** | **1938** | **5584** | **—** |
| 崆峒区 | 1733 | — | 333 | 1200 | — |
| 关山林管局 | 133 | — | — | 799 | — |
| 泾川县 | 744 | — | 332 | 1028 | — |
| 灵台县 | — | — | 939 | — | — |
| 崇信县 | 74 | — | — | 169 | — |
| 华亭市 | 331 | — | — | — | — |
| 庄浪县 | 50 | — | 333 | 531 | — |
| 静宁县 | 736 | — | — | 1856 | — |
| **酒泉市** | **6578** | **—** | **2747** | **1783** | **—** |
| 肃州区 | 33 | — | — | — | — |
| 金塔县 | 5808 | — | 1679 | — | — |
| 瓜州县 | 40 | — | — | — | — |
| 阿克塞县 | 51 | — | 667 | — | — |
| 玉门市 | 273 | — | 401 | 1652 | — |
| 敦煌市 | 373 | — | — | 131 | — |
| **庆阳市** | **22562** | **—** | **1733** | **4932** | **113** |
| 西峰区 | 70 | — | 400 | — | — |
| 合水林管分局 | 227 | — | 133 | 200 | 38 |
| 宁县林管分局 | — | — | — | 800 | — |
| 华池林管分局 | 1540 | — | 333 | 333 | 75 |
| 庆城县 | 3616 | — | — | 333 | — |
| 环县 | 10265 | — | — | 676 | — |
| 华池县 | 3719 | — | 333 | 1790 | — |
| 合水县 | 1183 | — | 200 | 133 | — |
| 正宁县 | 133 | — | 333 | — | — |
| 宁县 | 740 | — | — | — | — |
| 镇原县 | 1069 | — | — | 667 | — |
| **定西市** | **5146** | **—** | **1997** | **13020** | **—** |
| 安定区 | 832 | — | 412 | 2968 | — |
| 华家岭林业站 | 229 | — | — | 589 | — |
| 巉口林场 | — | — | — | 288 | — |

# 分县造林完成情况

单位:公顷

| 地区/单位名称 | 人工造林 | 飞播造林 | 封山育林 | 退化林修复 | 人工更新 |
|---|---|---|---|---|---|
| 通渭县 | 191 | — | 200 | 4273 | — |
| 陇西县 | 496 | — | — | 1148 | — |
| 渭源县 | 334 | — | — | 834 | — |
| 临洮县 | 1482 | — | — | 1343 | — |
| 漳县 | 383 | — | 401 | 948 | — |
| 岷县 | 1199 | — | 984 | 628 | — |
| **陇南市** | **8077** | **—** | **9607** | **9884** | **33** |
| 武都区 | 1015 | — | 667 | — | — |
| 康南林业总场 | — | — | 1186 | 299 | — |
| 岷江林业总场 | — | — | 865 | — | — |
| 成县 | 679 | — | 466 | 469 | — |
| 文县 | 2940 | — | 4681 | 466 | — |
| 宕昌县 | 133 | — | — | 3015 | — |
| 康县 | 133 | — | — | 2667 | — |
| 西和县 | 74 | — | 268 | 1998 | — |
| 礼县 | 3102 | — | 521 | 640 | — |
| 徽县 | — | — | 619 | — | — |
| 两当县 | — | — | 333 | 329 | 33 |
| **临夏回族自治州** | **2783** | **—** | **328** | **1049** | **—** |
| 临夏县 | — | — | — | 331 | — |
| 康乐县 | 175 | — | — | — | — |
| 永靖县 | 753 | — | — | — | — |
| 广河县 | 653 | — | — | — | — |
| 和政县 | 300 | — | — | 718 | — |
| 东乡族自治县 | 581 | — | — | — | — |
| 积石山保安族东乡族撒拉族自治县 | 322 | — | 328 | — | — |
| **甘南藏族自治州** | **642** | **—** | **1757** | **469** | **333** |
| 合作市 | 183 | — | — | — | 22 |
| 临潭县 | 48 | — | 60 | — | — |
| 卓尼县 | 23 | — | 233 | — | — |
| 舟曲县 | 281 | — | 667 | 136 | 254 |
| 迭部县 | 25 | — | — | — | 8 |
| 玛曲县 | — | — | 267 | — | — |
| 碌曲县 | 63 | — | 264 | 133 | — |
| 夏河县 | 18 | — | 267 | 200 | 49 |
| **省直属单位** | **9326** | **—** | **3900** | **33305** | **84** |
| **青海省** | **17631** | **1334** | **80750** | **43143** | **3772** |
| **西宁市** | **3198** | **—** | **5139** | **11799** | **376** |
| 城东区 | — | — | — | 48 | 101 |
| 城北区 | — | — | — | 159 | 276 |
| 大通回族土族自治县 | 718 | — | 660 | 3435 | — |
| 湟中区 | 1663 | — | 521 | 6031 | — |
| 湟源县 | 817 | — | 3959 | 1300 | — |
| 南山办 | — | — | — | 827 | — |
| **海东市** | **10483** | **1334** | **7591** | **16808** | **1682** |
| 平安区 | 619 | — | 102 | 3746 | — |

# 分县造林完成情况

单位:公顷

| 地区/单位名称 | 人工造林 | 飞播造林 | 封山育林 | 退化林修复 | 人工更新 |
|---|---|---|---|---|---|
| 民和回族土族自治县 | 2001 | — | 805 | 1938 | 1332 |
| 乐都区 | 4344 | — | 1293 | 5246 | 293 |
| 互助土族自治县 | 2164 | — | 1921 | 2022 | 57 |
| 化隆回族自治县 | 169 | 1334 | 1671 | 1696 | — |
| 循化撒拉族自治县 | 1185 | — | 1799 | 1493 | — |
| 孟达国家级自然保护区管理局 | — | — | — | 667 | — |
| **海北藏族自治州** | **152** | **—** | **3270** | **2864** | **1001** |
| 门源回族自治县 | 131 | — | 1337 | 1455 | — |
| 祁连县 | — | — | 667 | 75 | 1001 |
| 海晏县 | 20 | — | 267 | 27 | — |
| 刚察县 | — | — | 1000 | 1307 | — |
| **黄南藏族自治州** | **592** | **—** | **16409** | **5591** | **312** |
| 同仁市 | 292 | — | 3591 | 1598 | 312 |
| 尖扎县 | 300 | — | 4736 | 3156 | — |
| 泽库县 | — | — | 4755 | 550 | — |
| 河南蒙古族自治县 | — | — | 3327 | 287 | — |
| **海南藏族自治州** | **2909** | **—** | **24457** | **4766** | **401** |
| 共和县 | 1520 | — | 5333 | 1587 | — |
| 同德县 | 525 | — | 3099 | — | 333 |
| 贵德县 | — | — | — | 333 | — |
| 兴海县 | 630 | — | 14487 | 747 | 67 |
| 贵南县 | 235 | — | 1537 | 2099 | 1 |
| **果洛藏族自治州** | **—** | **—** | **7425** | **179** | **—** |
| 玛沁县 | — | — | 5248 | 179 | — |
| 达日县 | — | — | 861 | — | — |
| 久治县 | — | — | 1316 | — | — |
| **玉树藏族自治州** | **267** | **—** | **11817** | **489** | **—** |
| 玉树市 | — | — | 1347 | 237 | — |
| 称多县 | — | — | 2047 | — | — |
| 囊谦县 | 267 | — | 8423 | 251 | — |
| **海西蒙古族藏族自治州** | **31** | **—** | **4641** | **647** | **—** |
| 格尔木市 | 14 | — | — | 320 | — |
| 德令哈市 | 2 | — | 1309 | 153 | — |
| 乌兰县 | 15 | — | 1733 | — | — |
| 都兰县 | — | — | 667 | 174 | — |
| 天峻县 | — | — | 933 | — | — |
| **宁夏回族自治区** | **47633** | **—** | **4723** | **52401** | **5058** |
| **银川市** | **1746** | **—** | **—** | **2371** | **—** |
| 市直单位 | 506 | — | — | 1697 | — |
| 兴庆区 | 27 | — | — | 144 | — |
| 西夏区 | 7 | — | — | — | — |
| 金凤区 | 25 | — | — | 40 | — |
| 永宁县 | 12 | — | — | — | — |
| 贺兰县 | 33 | — | — | 490 | — |
| 灵武市 | 1137 | — | — | — | — |
| **石嘴山市** | **4871** | **—** | **—** | **1724** | **9** |

# 分县造林完成情况

单位:公顷

| 地区/单位名称 | 人工造林 | 飞播造林 | 封山育林 | 退化林修复 | 人工更新 |
|---|---|---|---|---|---|
| 市直单位 | 199 | — | — | 142 | — |
| 大武口区 | 411 | — | — | 246 | 5 |
| 惠农区 | 1928 | — | — | 336 | 4 |
| 平罗县 | 2333 | — | — | 1000 | — |
| **吴忠市** | **5610** | **—** | **1334** | **15211** | **183** |
| 利通区 | 1081 | — | — | 605 | — |
| 红寺堡区 | 1110 | — | — | 2117 | 183 |
| 盐池县 | 2859 | — | 1334 | 4552 | — |
| 同心县 | 77 | — | — | 6937 | — |
| 青铜峡市 | 483 | — | — | 1000 | — |
| **固原市** | **20434** | **—** | **—** | **23280** | **3016** |
| 原州区 | 3674 | — | — | 7199 | — |
| 西吉县 | 5601 | — | — | 4167 | — |
| 隆德县 | 5784 | — | — | 4142 | 350 |
| 泾源县 | 972 | — | — | 1629 | 2667 |
| 彭阳县 | 4403 | — | — | 6143 | — |
| **中卫市** | **12387** | **—** | **—** | **7831** | **1850** |
| 市直单位 | 1081 | — | — | 3119 | 1850 |
| 沙坡头区 | 2215 | — | — | — | — |
| 中宁县 | 3550 | — | — | 529 | — |
| 海原县 | 5541 | — | — | 4183 | — |
| **省直属单位** | **2585** | **—** | **3389** | **1984** | **—** |
| **新疆维吾尔自治区** | **19496** | **—** | **64108** | **13187** | **3426** |
| **乌鲁木齐市** | **—** | **—** | **735** | **194** | **—** |
| 达坂城区 | — | — | 735 | 194 | — |
| **克拉玛依市** | **55** | **—** | **—** | **153** | **—** |
| 克拉玛依区 | 55 | — | — | 153 | — |
| **吐鲁番市** | **1147** | **—** | **687** | **1385** | **67** |
| 高昌区 | 297 | — | — | 72 | 2 |
| 鄯善县 | 571 | — | — | 1046 | 64 |
| 托克逊县 | 280 | — | 687 | 268 | — |
| **昌吉回族自治州** | **418** | **—** | **3137** | **769** | **18** |
| 昌吉市 | — | — | — | 128 | — |
| 准东经济技术开发区 | 41 | — | 147 | — | — |
| 阜康市 | 7 | — | — | 205 | — |
| 呼图壁县 | 86 | — | 1348 | — | 14 |
| 玛纳斯县 | 33 | — | — | 33 | 4 |
| 奇台县 | 129 | — | — | 1 | — |
| 吉木萨尔县 | 11 | — | — | 37 | — |
| 木垒哈萨克自治县 | 111 | — | 1642 | 365 | — |
| **博尔塔拉蒙古自治州** | **1321** | **—** | **3370** | **2281** | **116** |
| 博乐市 | 393 | — | 1335 | 1576 | 70 |
| 阿拉山口市 | 67 | — | — | 67 | — |
| 精河县 | 600 | — | 1000 | 220 | 44 |
| 温泉县 | 262 | — | 1035 | 418 | 2 |
| **巴音郭楞蒙古自治州** | **2499** | **—** | **9908** | **872** | **227** |

# 分县造林完成情况

单位：公顷

| 地区/单位名称 | 人工造林 | 飞播造林 | 封山育林 | 退化林修复 | 人工更新 |
|---|---|---|---|---|---|
| 库尔勒市 | 25 | — | 1 | 715 | — |
| 轮台县 | 140 | — | 3885 | 3 | 18 |
| 尉犁县 | 54 | — | 3231 | — | — |
| 若羌县 | 658 | — | 1333 | — | — |
| 且末县 | 1501 | — | — | 38 | — |
| 焉耆回族自治县 | 35 | — | — | — | 75 |
| 和静县 | 63 | — | — | — | 123 |
| 和硕县 | 9 | — | 1457 | 74 | 11 |
| 博湖县 | 13 | — | — | 43 | — |
| **阿克苏地区** | **4490** | **—** | **20123** | **474** | **—** |
| 阿克苏市 | 129 | — | — | 314 | — |
| 温宿县 | 40 | — | — | — | — |
| 库车县 | 514 | — | 5647 | 81 | — |
| 沙雅县 | 134 | — | 4296 | 9 | — |
| 新和县 | 541 | — | 6705 | — | — |
| 拜城县 | 672 | — | 667 | — | — |
| 阿瓦提县 | 2361 | — | 2808 | 71 | — |
| 柯坪县 | 98 | — | — | — | — |
| **克孜勒苏柯尔克孜自治州** | **149** | **—** | **236** | **971** | **52** |
| 阿图什市 | 71 | — | — | 621 | — |
| 阿克陶县 | 69 | — | 233 | 98 | — |
| 阿合奇县 | 9 | — | — | — | — |
| 乌恰县 | — | — | 3 | 252 | 52 |
| **喀什地区** | **4322** | **—** | **16598** | **1633** | **232** |
| 喀什市 | 37 | — | — | 13 | 4 |
| 疏附县 | 1287 | — | — | — | — |
| 疏勒县 | 190 | — | — | — | — |
| 英吉沙县 | 348 | — | — | 472 | 178 |
| 泽普县 | 118 | — | — | 51 | — |
| 莎车县 | 159 | — | — | 215 | 13 |
| 叶城县 | 22 | — | 10172 | 296 | — |
| 麦盖提县 | 1476 | — | — | — | — |
| 岳普湖县 | 170 | — | — | — | — |
| 伽师县 | 387 | — | — | 397 | 37 |
| 巴楚县 | 73 | — | 6425 | 189 | — |
| 塔什库尔干塔吉克自治县 | 56 | — | — | — | — |
| **和田地区** | **3142** | **—** | **6665** | **1223** | **47** |
| 和田县 | 453 | — | 1980 | 445 | — |
| 墨玉县 | 372 | — | 666 | — | — |
| 皮山县 | 87 | — | — | — | — |
| 洛浦县 | 554 | — | — | — | 47 |
| 策勒县 | 694 | — | 2000 | 563 | — |
| 于田县 | 917 | — | 1333 | 149 | — |
| 民丰县 | 65 | — | 685 | 65 | — |
| **伊犁哈萨克自治州** | **421** | **—** | **450** | **1165** | **2635** |
| 伊宁市 | 26 | — | — | 293 | — |

# 分县造林完成情况

单位:公顷

| 地区/单位名称 | 人工造林 | 飞播造林 | 封山育林 | 退化林修复 | 人工更新 |
|---|---|---|---|---|---|
| 奎屯市 | 43 | — | — | — | — |
| 霍尔果斯市 | 7 | — | — | — | 6 |
| 伊宁县 | 69 | — | — | 365 | — |
| 察布查尔锡伯自治县 | — | — | — | 314 | 2561 |
| 霍城县 | 119 | — | — | 21 | 16 |
| 巩留县 | 22 | — | — | 40 | — |
| 新源县 | 75 | — | 450 | 41 | 51 |
| 昭苏县 | 33 | — | — | 20 | — |
| 特克斯县 | 13 | — | — | 67 | — |
| 尼勒克县 | 13 | — | — | 5 | — |
| **塔城地区** | **147** | **—** | **2000** | **1483** | **29** |
| 塔城市 | — | — | — | 445 | — |
| 乌苏市 | 2 | — | — | — | — |
| 老风口生态建设管理中心 | — | — | — | 101 | 20 |
| 额敏县 | 25 | — | — | 145 | 6 |
| 沙湾县 | 52 | — | — | 80 | — |
| 托里县 | 20 | — | 667 | 380 | — |
| 裕民县 | 8 | — | — | 298 | 3 |
| 和布克赛尔蒙古自治县 | 40 | — | 1334 | 34 | — |
| **阿勒泰地区** | **1324** | **—** | **200** | **574** | **—** |
| 布尔津县 | 14 | — | — | 386 | — |
| 富蕴县 | 33 | — | — | 133 | — |
| 福海县 | 568 | — | — | 54 | — |
| 哈巴河县 | 509 | — | 200 | — | — |
| 青河县 | 200 | — | — | — | — |
| 吉木乃县 | — | — | — | — | — |
| **天山东部国有林管理局** | **60** | **—** | **—** | **10** | **2** |
| **新疆生产建设兵团** | **4190** | **—** | **10726** | **12787** | **567** |
| **第一师** | **3178** | **—** | **6676** | **8007** | **289** |
| 1 团 | 3 | — | — | 97 | — |
| 2 团 | — | — | — | 39 | 43 |
| 3 团 | — | — | 5067 | 4950 | — |
| 4 团 | 40 | — | — | — | 10 |
| 5 团 | 2 | — | — | — | — |
| 6 团 | 4 | — | — | — | — |
| 7 团 | 37 | — | — | 86 | 21 |
| 8 团 | 23 | — | — | 156 | 4 |
| 9 团 | 30 | — | — | 335 | — |
| 10 团 | 28 | — | 276 | 71 | 3 |
| 11 团 | 2955 | — | — | — | 13 |
| 12 团 | 6 | — | 333 | 521 | 168 |
| 13 团 | 3 | — | — | 186 | 22 |
| 14 团 | 21 | — | 1000 | 386 | 1 |
| 16 团 | 28 | — | — | 1179 | 3 |
| **第二师** | **275** | **—** | **4050** | **927** | **—** |
| 29 团 | — | — | — | 78 | — |

# 分县造林完成情况

单位:公顷

| 地区/单位名称 | 人工造林 | 飞播造林 | 封山育林 | 退化林修复 | 人工更新 |
|---|---|---|---|---|---|
| 30 团 | 7 | — | — | 163 | — |
| 31 团 | 68 | — | — | 201 | — |
| 33 团 | 33 | — | 706 | 133 | — |
| 34 团 | — | — | 3343 | 353 | — |
| 38 团 | 167 | — | — | — | — |
| **第四师** | **111** | **—** | **—** | **3207** | **116** |
| 61 团 | — | — | — | 654 | — |
| 62 团 | 2 | — | — | — | 2 |
| 63 团 | 4 | — | — | 819 | 49 |
| 64 团 | — | — | — | 672 | 15 |
| 67 团 | — | — | — | 688 | — |
| 68 团 | — | — | — | — | 6 |
| 69 团 | — | — | — | — | 17 |
| 70 团 | — | — | — | — | 14 |
| 71 团 | — | — | — | — | 5 |
| 73 团 | — | — | — | 371 | 5 |
| 75 团 | — | — | — | — | 3 |
| 76 团 | 105 | — | — | — | — |
| 77 团 | — | — | — | 4 | — |
| **第五师** | **26** | **—** | **—** | **—** | **88** |
| 81 团 | 1 | — | — | — | 22 |
| 83 团 | 2 | — | — | — | — |
| 84 团 | 5 | — | — | — | 15 |
| 86 团 | — | — | — | — | 15 |
| 87 团 | — | — | — | — | 3 |
| 88 团 | 1 | — | — | — | 5 |
| 89 团 | 8 | — | — | — | 21 |
| 90 团 | 5 | — | — | — | 3 |
| 91 团 | 4 | — | — | — | 4 |
| **第六师** | **89** | **—** | **—** | **339** | **64** |
| 红旗农场 | — | — | — | 237 | — |
| 54 团 | 32 | — | — | — | — |
| 102 团 | 12 | — | — | — | 3 |
| 103 团 | 14 | — | — | 22 | — |
| 106 团 | 6 | — | — | 13 | 1 |
| 奇台农场 | — | — | — | 67 | 20 |
| 新湖农场 | 2 | — | — | — | — |
| 共青团农场 | 14 | — | — | — | 35 |
| 土墩子农场 | 7 | — | — | — | — |
| 军户农场 | 3 | — | — | — | 6 |
| **第七师** | **20** | **—** | **—** | **—** | **9** |
| 124 团 | 3 | — | — | — | — |
| 125 团 | 2 | — | — | — | 7 |
| 126 团 | 2 | — | — | — | — |
| 127 团 | — | — | — | — | 2 |
| 128 团 | 5 | — | — | — | — |

# 分县造林完成情况

单位:公顷

| 地区/单位名称 | 人工造林 | 飞播造林 | 封山育林 | 退化林修复 | 人工更新 |
|---|---|---|---|---|---|
| 129团 | 3 | — | — | — | — |
| 130团 | 5 | — | — | — | — |
| **第八师** | **52** | **—** | **—** | **—** | **—** |
| 133团 | 52 | — | — | — | — |
| **第九师** | **247** | **—** | **—** | **—** | **—** |
| 161团 | 40 | — | — | — | — |
| 162团 | 20 | — | — | — | — |
| 164团 | 3 | — | — | — | — |
| 165团 | 93 | — | — | — | — |
| 166团 | 5 | — | — | — | — |
| 167团 | 7 | — | — | — | — |
| 168团 | 79 | — | — | — | — |
| **第十师** | **70** | **—** | **—** | **204** | **—** |
| 181团 | 5 | — | — | — | — |
| 183团 | 45 | — | — | 165 | — |
| 185团 | 4 | — | — | — | — |
| 186团 | 1 | — | — | 39 | — |
| 187团 | 11 | — | — | — | — |
| 188团 | 5 | — | — | — | — |
| **第十二师** | **29** | **—** | **—** | **103** | **—** |
| 头屯河农场 | 15 | — | — | 67 | — |
| 西山农场 | 1 | — | — | — | — |
| 104团 | 2 | — | — | — | — |
| 三坪农场 | 3 | — | — | — | — |
| 221团 | 7 | — | — | 33 | — |
| 五一农场 | 1 | — | — | 2 | — |
| **第十三师** | **57** | **—** | **—** | **—** | **—** |
| 红星二场 | 3 | — | — | — | — |
| 柳树泉农场 | 1 | — | — | — | — |
| 火箭农场 | 1 | — | — | — | — |
| 黄田农场 | 53 | — | — | — | — |
| **第十四师** | **35** | **—** | **—** | **—** | **—** |
| 皮山农场 | 13 | — | — | — | — |
| 222团 | 22 | — | — | — | — |

# 附录五

# 历年主要统计指标

ANNEX Ⅴ

# 全国历年造林和森林抚育面积(一)

单位:万公顷

| 年 份 | 人工造林 | 飞播造林 | 新封山育林 | 更新造林 | 退化林修复 | 森林抚育 |
|---|---|---|---|---|---|---|
| 1949—1952 | 170.73 | — | — | 2.25 | — | — |
| 1953 | 111.29 | — | — | 1.65 | — | — |
| 1954 | 116.62 | — | — | 3.88 | — | — |
| 1955 | 171.05 | — | — | 3.92 | — | — |
| 1956 | 572.33 | — | — | 9.41 | — | — |
| 1957 | 435.51 | — | — | 5.58 | — | — |
| 1958 | 609.87 | — | — | 39.11 | — | — |
| 1959 | 544.27 | 0.70 | — | 56.03 | — | — |
| 1960 | 413.69 | 0.70 | — | 48.37 | — | — |
| 1961 | 143.23 | 0.90 | — | 15.71 | — | — |
| 1962 | 118.87 | 1.00 | — | 10.63 | — | — |
| 1963 | 151.60 | 1.41 | — | 18.30 | — | — |
| 1964 | 289.32 | 1.81 | — | 20.65 | — | — |
| 1965 | 340.32 | 2.21 | — | 23.89 | — | — |
| 1966 | 435.18 | 18.15 | — | 32.10 | — | — |
| 1967 | 354.10 | 36.30 | — | 30.30 | — | — |
| 1968 | 285.88 | 55.45 | — | 24.00 | — | — |
| 1969 | 275.33 | 72.60 | — | 23.30 | — | — |
| 1970 | 297.65 | 90.75 | — | 32.50 | — | — |
| 1971 | 340.44 | 112.07 | — | 30.75 | — | — |
| 1972 | 347.33 | 116.24 | — | 31.90 | — | — |
| 1973 | 392.55 | 105.74 | — | 35.67 | — | — |
| 1974 | 411.47 | 88.77 | — | 36.20 | — | — |
| 1975 | 443.77 | 53.61 | — | 42.20 | — | — |
| 1976 | 432.31 | 60.27 | — | 42.08 | — | — |
| 1977 | 421.85 | 57.47 | — | 41.64 | — | — |
| 1978 | 412.57 | 37.06 | — | 45.84 | — | — |
| 1979 | 391.03 | 57.90 | — | 40.93 | — | — |
| 1980 | 394.00 | 61.20 | — | 42.19 | — | — |
| 1981 | 368.10 | 42.91 | — | 44.26 | — | — |
| 1982 | 411.58 | 37.98 | — | 43.88 | — | — |
| 1983 | 560.31 | 72.13 | — | 50.88 | — | — |
| 1984 | 729.07 | 96.29 | — | 55.20 | — | — |
| 1985 | 694.88 | 138.80 | — | 63.83 | — | — |
| 1986 | 415.82 | 111.58 | — | 57.74 | — | — |
| 1987 | 420.73 | 120.69 | — | 70.35 | — | — |
| 1988 | 457.48 | 95.85 | — | 63.69 | — | — |
| 1989 | 410.95 | 91.38 | — | 71.91 | — | — |
| 1990 | 435.33 | 85.51 | — | 67.15 | — | — |
| 1991 | 475.18 | 84.27 | — | 66.41 | — | 262.27 |
| 1992 | 508.37 | 94.67 | — | 67.36 | — | 262.68 |
| 1993 | 504.44 | 85.90 | — | 73.92 | — | 297.59 |
| 1994 | 519.02 | 80.24 | — | 72.27 | — | 328.75 |

# 全国历年造林和森林抚育面积(二)

单位:万公顷

| 年 份 | 人工造林 | 飞播造林 | 新封山育林 | 更新造林 | 退化林修复 | 森林抚育 |
| --- | --- | --- | --- | --- | --- | --- |
| 1995 | 462.94 | 58.53 | — | 75.10 | — | 366.60 |
| 1996 | 431.50 | 60.44 | — | 79.48 | — | 418.76 |
| 1997 | 373.78 | 61.72 | — | 79.84 | — | 432.04 |
| 1998 | 408.60 | 72.51 | — | 80.63 | — | 441.30 |
| 1999 | 427.69 | 62.39 | — | 104.28 | — | 612.01 |
| 2000 | 434.50 | 76.01 | — | 91.98 | — | 501.30 |
| 2001 | 397.73 | 97.57 | — | 51.53 | — | 457.44 |
| 2002 | 689.60 | 87.49 | — | 37.90 | — | 481.68 |
| 2003 | 843.25 | 68.64 | — | 28.60 | — | 457.77 |
| 2004 | 501.89 | 57.92 | — | 31.93 | — | 527.15 |
| 2005 | 322.13 | 41.64 | — | 40.75 | — | 501.06 |
| 2006 | 244.61 | 27.18 | 112.09 | 40.82 | — | 550.96 |
| 2007 | 273.85 | 11.87 | 105.05 | 39.09 | — | 649.76 |
| 2008 | 368.43 | 15.41 | 151.54 | 42.40 | — | 623.53 |
| 2009 | 415.63 | 22.63 | 187.97 | 34.43 | — | 636.26 |
| 2010 | 387.28 | 19.59 | 184.12 | 30.67 | — | 666.17 |
| 2011 | 406.57 | 19.69 | 173.40 | 32.66 | — | 733.45 |
| 2012 | 382.07 | 13.64 | 163.87 | 30.51 | — | 766.17 |
| 2013 | 420.97 | 15.44 | 173.60 | 30.31 | — | 784.72 |
| 2014 | 405.29 | 10.81 | 138.86 | 29.25 | — | 901.96 |
| 2015 | 436.18 | 12.84 | 215.29 | 29.96 | 73.93 | 781.26 |
| 2016 | 382.37 | 16.23 | 195.36 | 27.28 | 99.11 | 850.04 |
| 2017 | 429.59 | 14.12 | 165.72 | 30.54 | 128.10 | 885.64 |
| 2018 | 367.80 | 13.54 | 178.51 | 37.19 | 132.92 | 867.60 |
| 2019 | 345.83 | 12.56 | 189.83 | 37.02 | 153.79 | 847.76 |
| 2020 | 300.01 | 15.15 | 177.46 | 38.79 | 161.96 | 911.58 |
| 2021 | 108.51 | 17.22 | 123.51 | 25.06 | 101.13 | 642.21 |
| 2022 | 93.09 | 16.61 | 105.73 | 46.56 | 158.29 | 573.75 |
| 1949—1990 | 14728.44 | 1925.44 | — | 1379.90 | — | — |
| 1991—1995 | 2469.95 | 403.61 | — | 355.06 | — | 1517.89 |
| 1996—2000 | 2076.06 | 333.06 | — | 436.21 | — | 2405.41 |
| 2001—2005 | 2754.60 | 353.26 | — | 190.71 | — | 2425.10 |
| 2006—2010 | 1689.80 | 96.68 | 740.77 | 187.41 | — | 3126.69 |
| 2011—2015 | 2051.08 | 72.42 | 865.02 | 152.68 | 73.93 | 3967.56 |
| 2016—2020 | 1825.59 | 71.60 | 906.88 | 170.82 | 675.88 | 4362.62 |
| 1949—2022 | 27797.11 | 3289.91 | 2741.91 | 2944.41 | 1009.23 | 19021.24 |

说明:1. 1985 年以前,造林成活率达到 40%即统计造林面积,以后为达到 85%以上统计。

2. 本表自 2015 年新封山育林面积包含有林地和灌木林地封育,飞播造林面积包含飞播营林。

3. 森林抚育面积特指中、幼龄林抚育。

# 全国历年木材、竹材及木材加工、林产化学主要产品产量

| 时　期 | 木材（万立方米） | 竹材（万根） | 锯材（万立方米） | 人造板（万立方米） | | | | 木竹地板（万平方米） | 松香（吨） |
|---|---|---|---|---|---|---|---|---|---|
| | | | | 总计 | 其中 | | | | |
| | | | | | 胶合板 | 纤维板 | 刨花板 | | |
| **1949—1977 年** | **90947.00** | **210405** | **26285.10** | **500.06** | **324.28** | **143.10** | **32.68** | **—** | **3884994** |
| 1978 年 | 5162.30 | 11181 | 1105.50 | 62.45 | 25.22 | 32.88 | 4.36 | — | 282027 |
| 1979 年 | 5438.93 | 10507 | 1271.40 | 77.46 | 29.24 | 42.93 | 5.29 | — | 297034 |
| 1980 年 | 5359.31 | 9621 | 1368.70 | 91.43 | 32.99 | 50.62 | 7.82 | — | 327283 |
| 1981 年 | 4942.31 | 8656 | 1301.06 | 99.61 | 35.11 | 56.83 | 7.67 | — | 406214 |
| 1982 年 | 5041.25 | 10183 | 1360.85 | 116.67 | 39.41 | 66.99 | 10.27 | — | 400784 |
| 1983 年 | 5232.32 | 9601 | 1394.48 | 138.95 | 45.48 | 73.45 | 12.74 | — | 246916 |
| 1984 年 | 6384.81 | 9117 | 1508.59 | 151.38 | 48.97 | 73.59 | 16.48 | — | 307993 |
| 1985 年 | 6323.44 | 5641 | 1590.76 | 165.93 | 53.87 | 89.50 | 18.21 | — | 255736 |
| **“六五”时期** | **27924.13** | **43198** | **7155.74** | **672.54** | **222.84** | **360.36** | **65.37** | **—** | **1617643** |
| 1986 年 | 6502.42 | 7716 | 1505.20 | 189.44 | 61.08 | 102.70 | 21.03 | — | 293500 |
| 1987 年 | 6407.86 | 11855 | 1471.91 | 247.66 | 77.63 | 120.65 | 37.78 | — | 395692 |
| 1988 年 | 6217.60 | 26211 | 1468.40 | 289.88 | 82.69 | 148.41 | 48.31 | — | 376482 |
| 1989 年 | 5801.80 | 15238 | 1393.30 | 270.56 | 72.78 | 144.27 | 44.20 | — | 409463 |
| 1990 年 | 5571.00 | 18714 | 1284.90 | 244.60 | 75.87 | 117.24 | 42.80 | — | 344003 |
| **“七五”时期** | **30500.68** | **79734** | **7123.71** | **1242.14** | **370.05** | **633.27** | **194.12** | **—** | **1819140** |
| 1991 年 | 5807.30 | 29173 | 1141.50 | 296.01 | 105.40 | 117.43 | 61.38 | — | 343300 |
| 1992 年 | 6173.60 | 40430 | 1118.70 | 428.90 | 156.47 | 144.45 | 115.85 | — | 419503 |
| 1993 年 | 6392.20 | 43356 | 1401.30 | 579.79 | 212.45 | 180.97 | 157.13 | — | 503681 |
| 1994 年 | 6615.10 | 50430 | 1294.30 | 664.72 | 260.62 | 193.03 | 168.20 | — | 437269 |
| 1995 年 | 6766.90 | 44792 | 4183.80 | 1684.60 | 759.26 | 216.40 | 435.10 | — | 481264 |
| **“八五”时期** | **31755.10** | **208181** | **9139.60** | **3654.02** | **1494.20** | **852.28** | **937.66** | **—** | **2185017** |
| 1996 年 | 6710.27 | 42175 | 2442.40 | 1203.26 | 490.32 | 205.50 | 338.28 | 2293.70 | 501221 |
| 1997 年 | 6394.79 | 44921 | 2012.40 | 1648.48 | 758.45 | 275.92 | 360.44 | 1894.39 | 675758 |
| 1998 年 | 5966.20 | 69253 | 1787.60 | 1056.33 | 446.52 | 219.51 | 266.30 | 2643.17 | 416016 |
| 1999 年 | 5236.80 | 53921 | 1585.94 | 1503.05 | 727.64 | 390.59 | 240.96 | 3204.58 | 434528 |
| 2000 年 | 4723.97 | 56183 | 634.44 | 2001.66 | 992.54 | 514.43 | 286.77 | 3319.25 | 386760 |
| **“九五”时期** | **29032.03** | **266453** | **8462.78** | **7412.78** | **3415.47** | **1605.95** | **1492.75** | **13355.09** | **2414283** |
| 2001 年 | 4552.03 | 58146 | 763.83 | 2111.27 | 904.51 | 570.11 | 344.53 | 4849.06 | 377793 |
| 2002 年 | 4436.07 | 66811 | 851.61 | 2930.18 | 1135.21 | 767.42 | 369.31 | 4976.99 | 395273 |
| 2003 年 | 4758.87 | 96867 | 1126.87 | 4553.36 | 2102.35 | 1128.33 | 547.41 | 8642.46 | 443306 |
| 2004 年 | 5197.33 | 109846 | 1532.54 | 5446.49 | 2098.62 | 1560.46 | 642.92 | 12300.47 | 485863 |
| 2005 年 | 5560.31 | 115174 | 1790.29 | 6392.89 | 2514.97 | 2060.56 | 576.08 | 17322.79 | 606594 |
| **“十五”时期** | **24504.61** | **446844** | **6065.13** | **21434.19** | **8755.66** | **6086.88** | **2480.25** | **48091.77** | **2308829** |
| 2006 年 | 6611.78 | 131176 | 2486.46 | 7428.56 | 2728.78 | 2466.60 | 843.26 | 23398.99 | 915364 |
| 2007 年 | 6976.65 | 139761 | 2829.10 | 8838.58 | 3561.56 | 2729.85 | 829.07 | 34343.25 | 1183556 |
| 2008 年 | 8108.34 | 126220 | 2840.95 | 9409.95 | 3540.86 | 2906.56 | 1142.23 | 37689.43 | 1067293 |
| 2009 年 | 7068.29 | 135650 | 3229.77 | 11546.65 | 4451.24 | 3488.56 | 1431.00 | 37753.20 | 1117030 |
| 2010 年 | 8089.62 | 143008 | 3722.63 | 15360.83 | 7139.66 | 4354.54 | 1264.20 | 47917.15 | 1332798 |
| **“十一五”时期** | **36854.68** | **675814** | **15108.92** | **52584.57** | **21422.11** | **15946.12** | **5509.76** | **181102.03** | **5616041** |
| 2011 年 | 8145.92 | 153929 | 4460.25 | 20919.29 | 9869.63 | 5562.12 | 2559.39 | 62908.25 | 1413041 |
| 2012 年 | 8174.87 | 164412 | 5568.19 | 22335.79 | 10981.17 | 5800.35 | 2349.55 | 60430.54 | 1409995 |
| 2013 年 | 8438.50 | 187685 | 6297.60 | 25559.91 | 13725.19 | 6402.10 | 1884.95 | 68925.68 | 1642308 |
| 2014 年 | 8233.30 | 222440 | 6836.98 | 27371.79 | 14970.03 | 6462.63 | 2087.53 | 76022.40 | 1700727 |
| 2015 年 | 7218.21 | 235466 | 7430.38 | 28679.52 | 16546.25 | 6618.53 | 2030.19 | 77355.85 | 1742521 |
| **“十二五”时期** | **40210.79** | **963932** | **30593.39** | **124866.30** | **66092.26** | **30845.74** | **10911.62** | **345642.72** | **7908592** |
| 2016 年 | 7775.87 | 250630 | 7716.14 | 30042.22 | 17755.62 | 6651.22 | 2650.10 | 83798.66 | 1838691 |
| 2017 年 | 8398.17 | 272013 | 8602.37 | 29485.87 | 17195.21 | 6297.00 | 2777.77 | 82568.31 | 1664982 |
| 2018 年 | 8810.86 | 315517 | 8361.83 | 29909.29 | 17898.33 | 6168.05 | 2731.53 | 78897.76 | 1421382 |
| 2019 年 | 10045.85 | 314480 | 6745.45 | 30859.19 | 18005.73 | 6199.61 | 2979.73 | 81805.01 | 1438582 |
| 2020 年 | 10257.01 | 324265 | 7592.57 | 32544.65 | 19796.50 | 6226.33 | 3001.65 | 77256.62 | 1033344 |
| **“十三五”时期** | **45287.77** | **1476905.32** | **39018.35** | **152841.23** | **90651.39** | **31542.21** | **14140.77** | **404326.36** | **7396981.00** |
| 2021 年 | 11589.37 | 325568 | 7951.65 | 33673.00 | 19296.14 | 6416.91 | 3963.07 | 82347.27 | 1030087 |
| 2022 年 | 12192.63 | 421840 | 5699.02 | 30109.92 | 17628.62 | 4363.59 | 2657.82 | 65058.23 | 672106 |
| **总　计** | **396759.34** | **5150183.25** | **166349.00** | **429222.10** | **229760.46** | **98922.84** | **42403.33** | **1139923.46** | **37760057** |

说明：自 2006 年起松香产量包括深加工产品，2022 年起纤维板统计口径修改为木质纤维板、刨花板统计口径修改为木质刨花板。

# 全国历年林业投资完成情况

单位:万元

| 年　份 | 林业投资完成额 | 其中:国家投资 |
|---|---|---|
| **1950—1977 年** | **1453357** | **1105740** |
| 1978 年 | 108360 | 65604 |
| 1979 年 | 141326 | 91364 |
| 1980 年 | 144954 | 68481 |
| 1981 年 | 140752 | 64928 |
| 1982 年 | 168725 | 70986 |
| 1983 年 | 164399 | 77364 |
| 1984 年 | 180111 | 85604 |
| 1985 年 | 183303 | 81277 |
| **"六五"时期** | **837291** | **380159** |
| 1986 年 | 231994 | 83613 |
| 1987 年 | 247834 | 97348 |
| 1988 年 | 261413 | 91504 |
| 1989 年 | 237553 | 90604 |
| 1990 年 | 246131 | 107246 |
| **"七五"时期** | **1224925** | **470315** |
| 1991 年 | 272236 | 134816 |
| 1992 年 | 329800 | 138679 |
| 1993 年 | 409238 | 142025 |
| 1994 年 | 476997 | 141198 |
| 1995 年 | 563972 | 198678 |
| **"八五"时期** | **2052243** | **755396** |
| 1996 年 | 638626 | 200898 |
| 1997 年 | 741802 | 198908 |
| 1998 年 | 874648 | 374386 |
| 1999 年 | 1084077 | 594921 |
| 2000 年 | 1677712 | 1130715 |
| **"九五"时期** | **5016865** | **2499828** |
| 2001 年 | 2095636 | 1551602 |
| 2002 年 | 3152374 | 2538071 |
| 2003 年 | 4072782 | 3137514 |
| 2004 年 | 4118669 | 3226063 |
| 2005 年 | 4593443 | 3528122 |
| **"十五"时期** | **18032904** | **13981372** |
| 2006 年 | 4957918 | 3715114 |
| 2007 年 | 6457517 | 4486119 |
| 2008 年 | 9872422 | 5083432 |
| 2009 年 | 13513349 | 7104764 |
| 2010 年 | 15533217 | 7452396 |
| **"十一五"时期** | **50334423** | **27841825** |
| 2011 年 | 26326068 | 11065990 |
| 2012 年 | 33420880 | 12454012 |
| 2013 年 | 37822690 | 13942080 |
| 2014 年 | 43255140 | 16314880 |
| 2015 年 | 42901420 | 16298683 |
| **"十二五"时期** | **183726198** | **70075645** |
| 2016 年 | 45095738 | 21517308 |
| 2017 年 | 48002639 | 22592278 |
| 2018 年 | 48171343 | 24324902 |
| 2019 年 | 45255868 | 26523167 |
| 2020 年 | 47168172 | 28795976 |
| **"十三五"时期** | **233693760** | **123753631** |
| 2021 年 | 41699834 | 23438010 |
| 2022 年 | 36616472 | 23171054 |
| **总　计** | **575082911** | **287698424** |

说明:从 2019 年起包含草原投资完成额。

# 附录六
# 主要林草产品进出口

ANNEX Ⅵ

# 2013—2022 年主要林草

| 产品 | | | 2013 年 | 2014 年 | 2015 年 | 2016 年 |
|---|---|---|---|---|---|---|
| 林产品总计 | | 出口 | 64454614 | 71412007 | 74262543 | 72676670 |
| | | 进口 | 64088332 | 67605223 | 63603710 | 62425744 |
| 原木 | 针叶原木 | 出口 | — | 289 | — | — |
| | | 进口 | 5114048 | 5440581 | 3657984 | 4111591 |
| | 阔叶原木 | 出口 | 6656 | 7773 | 4140 | 29793 |
| | | 进口 | 4203304 | 6341506 | 4402247 | 3973686 |
| | 合计 | 出口 | 6656 | 8062 | 4140 | 29793 |
| | | 进口 | 9317352 | 11782087 | 8060231 | 8085277 |
| 锯材 | | 出口 | 325737 | 298200 | 206795 | 194220 |
| | | 进口 | 6829924 | 8088849 | 7506603 | 8137933 |
| 单板 | | 出口 | 235983 | 276757 | 283714 | 280009 |
| | | 进口 | 142005 | 183822 | 162113 | 157597 |
| 特形材 | | 出口 | 334364 | 355706 | 293881 | 234461 |
| | | 进口 | 28193 | 35357 | 41178 | 51055 |
| 刨花板 | | 出口 | 93181 | 136337 | 114107 | 120502 |
| | | 进口 | 127891 | 141666 | 141018 | 184022 |
| 纤维板 | | 出口 | 1523620 | 1630949 | 1425474 | 1228476 |
| | | 进口 | 100575 | 110055 | 108396 | 125490 |
| 胶合板 | | 出口 | 5033698 | 5813258 | 5487696 | 5275773 |
| | | 进口 | 103104 | 131966 | 121126 | 138484 |
| 木制品 | | 出口 | 5160484 | 5932432 | 6457198 | 6308242 |
| | | 进口 | 500161 | 715093 | 763723 | 771224 |
| 家具 | | 出口 | 19440770 | 22091885 | 22854641 | 22209363 |
| | | 进口 | 707904 | 888821 | 884025 | 961700 |
| 木片 | | 出口 | 57 | 21 | 102 | 823 |
| | | 进口 | 1554275 | 1545100 | 1693669 | 1912019 |
| 木浆 | | 出口 | 14008 | 12433 | 16818 | 17267 |
| | | 进口 | 11316770 | 12004565 | 12701792 | 12196424 |
| 废纸浆 | | 出口 | — | — | — | — |
| | | 进口 | — | — | — | — |
| 废纸 | | 出口 | 418 | 265 | 280 | 495 |
| | | 进口 | 5930000 | 5347795 | 5283161 | 4988961 |
| 纸和纸制品 | | 出口 | 14232066 | 15859260 | 17097590 | 16403632 |
| | | 进口 | 4373700 | 4308915 | 4046869 | 3945233 |
| 木炭 | | 出口 | 64472 | 89129 | 108964 | 101677 |
| | | 进口 | 62857 | 62022 | 50057 | 46031 |
| 松香 | | 出口 | 272145 | 296592 | 194439 | 104297 |
| | | 进口 | 47616 | 25367 | 40434 | 64510 |
| 水果 | 柑橘属 | 出口 | 1155959 | 1170064 | 1258434 | 1303841 |
| | | 进口 | 166152 | 229953 | 267179 | 354846 |
| | 鲜苹果 | 出口 | 1030074 | 1027619 | 1031232 | 1452932 |
| | | 进口 | 67465 | 46278 | 146957 | 123220 |
| | 鲜梨 | 出口 | 361737 | 350656 | 442537 | 487011 |
| | | 进口 | 6041 | 10148 | 12935 | 13300 |
| | 鲜葡萄 | 出口 | 268561 | 358756 | 761873 | 663604 |
| | | 进口 | 514608 | 602607 | 586628 | 629772 |
| | 鲜猕猴桃 | 出口 | 3026 | 4646 | 4463 | — |
| | | 进口 | 121626 | 195481 | 266718 | 145952 |
| | 山竹果 | 出口 | — | — | — | 12932 |
| | | 进口 | 231455 | 158470 | 238200 | 343079 |

# 产品进出口金额(一)

单位:千美元

| 2017年 | 2018年 | 2019年 | 2020年 | 2021年 | 2022年 |
|---|---|---|---|---|---|
| 73405906 | 78491352 | 75395411 | 76469739 | 92155566 | 99242782 |
| 74983984 | 81872984 | 74960493 | 74246066 | 92879432 | 92632136 |
| — | — | — | — | — | — |
| 5138718 | 5785597 | 5642349 | 5463484 | 7881548 | 4986747 |
| 30155 | 23605 | 15330 | 6488 | 3706 | 20202 |
| 4781965 | 5199242 | 3791450 | 2937144 | 3713560 | 3545662 |
| 30155 | 23605 | 15330 | 6488 | 3706 | 20202 |
| 9920683 | 10984839 | 9433798 | 8400629 | 11595109 | 8532409 |
| 204445 | 180496 | 165135 | 149687 | 189154 | 167737 |
| 10067066 | 10132562 | 8592147 | 7646377 | 7856026 | 7528517 |
| 382999 | 481998 | 524959 | 537206 | 800977 | 671101 |
| 156892 | 192217 | 228444 | 249542 | 380088 | 407431 |
| 213652 | 189707 | 143183 | 127286 | 143249 | 133431 |
| 36828 | 45769 | 84477 | 158673 | 258085 | 205151 |
| 97400 | 106627 | 94389 | 162550 | 426751 | 388998 |
| 241020 | 242553 | 234329 | 257698 | 323096 | 410021 |
| 1146604 | 1118496 | 941612 | 829184 | 1201989 | 1209516 |
| 135017 | 141499 | 131212 | 107742 | 132355 | 97580 |
| 5097387 | 5425910 | 4393734 | 4152138 | 5819222 | 5551099 |
| 150851 | 155669 | 125580 | 129439 | 152325 | 188061 |
| 6289577 | 6086516 | 6001919 | 6321856 | 8472553 | 8488601 |
| 740539 | 666670 | 650685 | 898466 | 683928 | 603504 |
| 22692178 | 22933444 | 19919617 | 20006378 | 25600027 | 25597128 |
| 1183797 | 1256034 | 1064381 | 911527 | 995204 | 880722 |
| — | 478 | 198 | 1120 | 623 | 1148 |
| 1897517 | 2263472 | 2400167 | 2264548 | 2763888 | 4026229 |
| 16600 | 20375 | 28759 | 24767 | 69874 | 218648 |
| 15266065 | 19513308 | 16765090 | 15092258 | 18961563 | 21067098 |
| — | — | 315 | 264 | 588 | 428 |
| — | — | 294978 | 505728 | 1035302 | 1227466 |
| 385 | 203 | 241 | 513 | 508 | 147 |
| 5874652 | 4294716 | 1943079 | 1207981 | 132375 | 136268 |
| 16733385 | 17599912 | 20549348 | 20880808 | 24165252 | 31309612 |
| 4981667 | 6203231 | 5272058 | 7333464 | 8828426 | 6978205 |
| 104079 | 80387 | 82425 | 90680 | 110567 | 79204 |
| 50264 | 87121 | 97657 | 69562 | 87064 | 136376 |
| — | 81774 | 49258 | 33008 | 51378 | 48004 |
| — | 84263 | 78339 | 96215 | 144968 | 112644 |
| 1071605 | 1261167 | 1270393 | 1577682 | 1336180 | 1035451 |
| 552051 | 633489 | 594780 | 495488 | 532036 | 456373 |
| 1456372 | 1298926 | 1246333 | 1449615 | 1429757 | 1040165 |
| 115215 | 117385 | 219040 | 138539 | 150977 | 215749 |
| — | 530066 | 573050 | 667737 | 605429 | 495274 |
| — | 12671 | 21186 | 17883 | 17361 | 26697 |
| 735140 | 689676 | 987195 | 1212695 | 757081 | 726727 |
| 590728 | 586352 | 643520 | 642852 | 535397 | 530075 |
| 7061 | 9781 | 13306 | 19816 | 19181 | 16264 |
| 350104 | 411291 | 454609 | 450426 | 550482 | 492175 |
| 28 | 30 | 92 | 135 | 125 | 66 |
| 147070 | 349401 | 794911 | 677684 | 769446 | 628790 |

# 2013—2022 年主要林草

| 产品 | | | 2013 年 | 2014 年 | 2015 年 | 2016 年 |
|---|---|---|---|---|---|---|
| 水果 | 鲜榴莲 | 出口 | — | — | — | — |
| | | 进口 | 543165 | 592625 | 567943 | 693302 |
| | 鲜龙眼 | 出口 | 2158 | 3105 | 10187 | 8763 |
| | | 进口 | 448088 | 328267 | 341923 | 270213 |
| | 鲜火龙果 | 出口 | 736 | 329 | 345 | 538 |
| | | 进口 | 410163 | 529932 | 662882 | 381121 |
| | 樱桃 | 出口 | — | — | — | — |
| | | 进口 | — | — | — | — |
| | 椰子 | 出口 | — | — | — | — |
| | | 进口 | — | — | — | — |
| 坚果 | 核桃 | 出口 | 63087 | 71524 | 60735 | 30301 |
| | | 进口 | 61000 | 62120 | 42335 | 31916 |
| | 板栗 | 出口 | 84255 | 82517 | 77858 | 76939 |
| | | 进口 | 24578 | 18360 | 10504 | 15222 |
| | 松子仁 | 出口 | 212315 | 234068 | 258135 | 272137 |
| | | 进口 | 26953 | 53440 | 64841 | 88809 |
| | 开心果 | 出口 | 28830 | 13482 | 10306 | 9956 |
| | | 进口 | 80886 | 66195 | 75964 | 118898 |
| | 扁桃仁 | 出口 | — | — | — | — |
| | | 进口 | — | — | — | — |
| | 腰果 | 出口 | — | — | — | — |
| | | 进口 | — | — | — | — |
| 干果 | 梅干及李干 | 出口 | 6479 | 4235 | 2294 | 2405 |
| | | 进口 | 9745 | 4251 | 3267 | 6282 |
| | 龙眼干、肉 | 出口 | 1535 | 1657 | 2392 | 1905 |
| | | 进口 | 86062 | 56678 | 26565 | 60613 |
| | 柿饼 | 出口 | 13476 | 14826 | 8830 | 11904 |
| | | 进口 | — | — | — | 2 |
| | 红枣 | 出口 | 24638 | 28535 | 35320 | 37290 |
| | | 进口 | 8 | 8 | 4 | 16 |
| | 葡萄干 | 出口 | 83392 | 74344 | 56891 | 62245 |
| | | 进口 | 37881 | 37952 | 50952 | 55113 |
| 果汁 | 柑橘属果汁 | 出口 | 11209 | 10880 | 10914 | 9353 |
| | | 进口 | 155367 | 153185 | 124160 | 115084 |
| | 苹果汁 | 出口 | 906622 | 638698 | 561250 | 546813 |
| | | 进口 | 2269 | 3209 | 4454 | 4811 |
| 其他林产品 | | 出口 | 13458864 | 14520780 | 15122709 | 15176770 |
| | | 进口 | 19952494 | 19084585 | 18504906 | 17208212 |
| 草产品总计 | | 出口 | — | — | — | — |
| | | 进口 | — | — | — | — |
| 草种子 | | 出口 | — | — | — | — |
| | | 进口 | — | — | — | — |
| 草饲料 | | 出口 | — | — | — | — |
| | | 进口 | — | — | — | — |

说明：

①原始数据来源：海关总署。

②木浆中未包括从回收纸与纸板中提取的木浆。

③纸和纸制品中未包括回收纸和纸板及印刷品等。

④2012—2022 年以造纸工业纸浆消耗价值中木浆价值的比例将从回收的纸与纸板中提取的纤维浆、回收纸与纸板出口
0. 92；2017 年为 0. 93，2018 年为 0. 92，2019 年为 0. 89，2020—2022 年为 1. 0。

⑤2012—2022 年以造纸工业纸浆消耗价值中木浆价值的比例将纸和纸制品出口额折算为木制林产品价值，各年的折算
2019 年为 0. 94；2020—2022 年为 1. 0。

⑥印刷品、手稿、打字稿等的进（出）口额＝进（出）口折算量×纸和纸制品的平均价格。

# 产品进出口金额(二)

单位:千美元

| 2017 年 | 2018 年 | 2019 年 | 2020 年 | 2021 年 | 2022 年 |
|---|---|---|---|---|---|
| 3 | 6 | 7 | 1 | — | 50 |
| 552171 | 1095163 | 1604484 | 2304959 | 4205572 | 4035814 |
| 9936 | 8295 | 4745 | 11210 | 14435 | 7848 |
| 437722 | 365577 | 424880 | 491574 | 705629 | 533569 |
| 1781 | 6422 | 9038 | 13161 | 16813 | 16075 |
| 389512 | 396649 | 362140 | 552933 | 526749 | 511549 |
| — | — | 518 | 126 | 75 | 40 |
| — | — | 1399924 | 1663683 | 1994452 | 2775589 |
| — | — | 614 | 385 | 440 | 713 |
| — | — | 304877 | 321358 | 488292 | 602228 |
| 106052 | 149973 | 341261 | 286002 | 465908 | 388146 |
| 33817 | 34107 | 27409 | 20941 | 15913 | 11620 |
| — | 78469 | 86659 | 81838 | 72173 | 81609 |
| — | 19220 | 13098 | 8433 | 14652 | 12149 |
| 243249 | 184826 | 233554 | 258571 | 308008 | 297081 |
| 96659 | 30162 | 9305 | 26741 | 174190 | 389043 |
| — | 20762 | 19859 | 14226 | 13828 | 21721 |
| — | 352594 | 809186 | 659233 | 841087 | 296679 |
| — | — | 2755 | 2419 | 1575 | 5240 |
| — | — | 525383 | 326099 | 473042 | 496377 |
| — | — | 449 | 75 | 357 | 1729 |
| — | — | 184526 | 166976 | 203612 | 263125 |
| 2096 | 2416 | 2916 | 4392 | 3268 | 3675 |
| 7722 | 11365 | 15271 | 18879 | 19668 | 52714 |
| 1713 | 2765 | 2804 | 4467 | 6165 | 5431 |
| 91308 | 125350 | 144817 | 181624 | 203721 | 186538 |
| 7764 | 7446 | 6749 | 8197 | 10132 | 10653 |
| 17 | 5 | 3 | — | — | — |
| 33361 | 35872 | 38581 | 47413 | 66916 | 61161 |
| 49 | 47 | 94 | 284 | 529 | 62 |
| 29387 | 45737 | 74200 | 54596 | 41075 | 36432 |
| 43633 | 52983 | 58804 | 33480 | 44622 | 44415 |
| 10808 | 9974 | 8892 | 8428 | 6503 | 6647 |
| 160369 | 191326 | 184136 | 120909 | 208058 | 219090 |
| 648227 | 621540 | 425717 | 432605 | 427917 | 462809 |
| 6438 | 5354 | 7171 | 5885 | 10361 | 6583 |
| 16032477 | 19197274 | 17135300 | 16990012 | 19495808 | 20636770 |
| 20706541 | 20818572 | 18760520 | 19589355 | 25863783 | 27307448 |
| — | 307 | 979 | 494 | 340 | 1573 |
| — | 660269 | 664299 | 719386 | 926918 | 1171963 |
| — | 248 | 317 | 168 | 226 | 2 |
| — | 126449 | 110162 | 104544 | 160734 | 169552 |
| — | 59 | 662 | 326 | 114 | 1571 |
| — | 533820 | 554137 | 614842 | 766184 | 1002411 |

额折算为木制林产品价值,各年的折算系数:2012 年为 0. 85;2013 年为 0. 88;2014 年为 0. 89;2015 年为 0. 90;2016 年为

系数:2012 年为 0. 86;2013 年为 0. 89;2014 年为 0. 89;2015 年为 0. 91;2016 年为 0. 93;2017 年为 0. 93;2018 年为 0. 92;

# 2013—2022 年主要林草

| 产 品 | | | 单 位 | 2013 年 | 2014 年 | 2015 年 | 2016 年 |
|---|---|---|---|---|---|---|---|
| 原木 | 针叶原木 | 出口 | 立方米 | — | 2042 | — | — |
| | | 进口 | 立方米 | 33163602 | 35839252 | 30059122 | 33665605 |
| | 阔叶原木 | 出口 | 立方米 | 13128 | 9702 | 12070 | 94565 |
| | | 进口 | 立方米 | 11995831 | 15355616 | 14509893 | 15059132 |
| | 合计 | 出口 | 立方米 | 13128 | 11744 | 12070 | 94565 |
| | | 进口 | 立方米 | 45159433 | 51194868 | 44569015 | 48724737 |
| 锯材 | | 出口 | 立方米 | 458284 | 408970 | 288288 | 262053 |
| | | 进口 | 立方米 | 24042966 | 25739161 | 26597691 | 31526379 |
| 单板 | | 出口 | 立方米 | 204347 | 255744 | 265447 | 246424 |
| | | 进口 | 立方米 | 599518 | 986173 | 998698 | 880574 |
| 特形材 | | 出口 | 吨 | 225281 | 212089 | 176867 | 162298 |
| | | 进口 | 吨 | 11818 | 16072 | 21624 | 27295 |
| 刨花板 | | 出口 | 立方米 | 271316 | 372733 | 254430 | 288177 |
| | | 进口 | 立方米 | 586779 | 577962 | 638947 | 903089 |
| 纤维板 | | 出口 | 立方米 | 3068658 | 3205530 | 3014850 | 2649206 |
| | | 进口 | 立方米 | 226156 | 238661 | 220524 | 241021 |
| 胶合板 | | 出口 | 立方米 | 10263412 | 11633086 | 10766786 | 11172980 |
| | | 进口 | 立方米 | 154695 | 177765 | 165884 | 196145 |
| 木制品 | | 出口 | 吨 | 1935606 | 2175183 | 2269553 | 2302459 |
| | | 进口 | 吨 | 445186 | 670641 | 760350 | 796138 |
| 家具 | | 出口 | 件 | 287405234 | 316268837 | 327246688 | 332626587 |
| | | 进口 | 件 | 7384560 | 9845973 | 10191956 | 11101311 |
| 木片 | | 出口 | 吨 | 69 | 42 | 85 | 5531 |
| | | 进口 | 吨 | 9157137 | 8850785 | 9818990 | 11569916 |
| 木浆 | | 出口 | 吨 | 22759 | 18393 | 25441 | 27790 |
| | | 进口 | 吨 | 16781790 | 17893771 | 19791810 | 21019085 |
| 废纸浆 | | 出口 | 吨 | — | — | — | — |
| | | 进口 | 吨 | — | — | — | — |
| 废纸 | | 出口 | 吨 | 923 | 661 | 631 | 2142 |
| | | 进口 | 吨 | 29236781 | 27518476 | 29283876 | 28498407 |
| 纸和纸制品 | | 出口 | 吨 | 7622315 | 8520484 | 8358720 | 9422457 |
| | | 进口 | 吨 | 2971246 | 2945544 | 2986103 | 3091659 |
| 木炭 | | 出口 | 吨 | 75550 | 80373 | 74075 | 68170 |
| | | 进口 | 吨 | 209273 | 219758 | 172780 | 159338 |
| 松香 | | 出口 | 吨 | 133136 | 122469 | 85322 | 58433 |
| | | 进口 | 吨 | 30413 | 11343 | 23357 | 45857 |
| 水果 | 柑橘属 | 出口 | 吨 | 1041421 | 979882 | 920513 | 934320 |
| | | 进口 | 吨 | 128621 | 161833 | 214890 | 295641 |
| | 鲜苹果 | 出口 | 吨 | 994664 | 865070 | 833017 | 1322042 |
| | | 进口 | 吨 | 38642 | 28148 | 87563 | 67109 |
| | 鲜梨 | 出口 | 吨 | 381374 | 297260 | 373125 | 452435 |
| | | 进口 | 吨 | 3122 | 7379 | 7930 | 8224 |
| | 鲜葡萄 | 出口 | 吨 | 105152 | 125879 | 208015 | 254452 |
| | | 进口 | 吨 | 185228 | 211019 | 215899 | 252396 |
| | 鲜猕猴桃 | 出口 | 吨 | 1478 | 2175 | 2007 | — |
| | | 进口 | 吨 | 48243 | 62829 | 90178 | 66247 |
| | 山竹果 | 出口 | 吨 | — | — | — | 4133 |
| | | 进口 | 吨 | 112945 | 82798 | 104480 | 125988 |
| | 鲜榴莲 | 出口 | 吨 | — | — | — | — |
| | | 进口 | 吨 | 321950 | 315509 | 298793 | 292310 |

# 产品进出口数量(一)

| 2017 年 | 2018 年 | 2019 年 | 2020 年 | 2021 年 | 2022 年 |
|---|---|---|---|---|---|
| — | — | — | — | — | — |
| 38236224 | 41612911 | 44484085 | 46812777 | 49874124 | 31163746 |
| 92491 | 72327 | 50632 | 21764 | 10653 | 52792 |
| 17162103 | 18072555 | 14745446 | 12895217 | 13700606 | 12438605 |
| 92491 | 72327 | 50632 | 21764 | 10653 | 52792 |
| 55398327 | 59685466 | 59229531 | 59707994 | 63574730 | 43602351 |
| 285640 | 255670 | 245820 | 237442 | 287143 | 258914 |
| 37402136 | 36642861 | 37051023 | 33777539 | 28841628 | 26471674 |
| 335140 | 428288 | 461487 | 433315 | 574494 | 442908 |
| 738810 | 958718 | 1244081 | 1576553 | 3456058 | 2606740 |
| 148973 | 132838 | 97267 | 78861 | 79329 | 63150 |
| 18896 | 28971 | 68704 | 132762 | 219263 | 153937 |
| 305917 | 353440 | 336644 | 376527 | 882154 | 567550 |
| 1093961 | 1065331 | 1036113 | 1187368 | 1131043 | 1192578 |
| 2687649 | 2273630 | 2133683 | 2028926 | 3160069 | 2832434 |
| 229508 | 307631 | 242180 | 197920 | 178355 | 117989 |
| 10835369 | 11203381 | 10060581 | 10385333 | 12262732 | 10557211 |
| 185483 | 162996 | 139251 | 224023 | 159200 | 195618 |
| 2420625 | 2392503 | 2357129 | 2376167 | 2912951 | 2634442 |
| 753180 | 664333 | 637822 | 612100 | 574077 | 467450 |
| 367209974 | 386935434 | 353208468 | 386551287 | 451471190 | 387992278 |
| 11888758 | 12246952 | 10275286 | 8027567 | 6965620 | 5376512 |
| — | 230 | 71 | 873 | 663 | 782 |
| 11401753 | 12836122 | 12564718 | 13525672 | 15619705 | 18446927 |
| 24417 | 24370 | 38975 | 35799 | 76855 | 173200 |
| 23652174 | 24419135 | 26226052 | 28787135 | 27215676 | 26250838 |
| — | — | 392 | 444 | 621 | 401 |
| — | — | 908710 | 1681178 | 2443051 | 2882843 |
| 1394 | 537 | 689 | 1233 | 1135 | 301 |
| 25717692 | 17025286 | 10362640 | 6892536 | 537542 | 572981 |
| 9313991 | 8563363 | 9161090 | 9053446 | 9222190 | 12718904 |
| 4874085 | 6404037 | 6379417 | 12541823 | 11926843 | 8947747 |
| 76533 | 60647 | 49491 | 50017 | 58697 | 49236 |
| 170718 | 298037 | 329338 | 287669 | 261350 | 471272 |
| — | 46950 | 35256 | 22754 | 22566 | 24365 |
| — | 69931 | 75707 | 95958 | 96503 | 72630 |
| 775228 | 983551 | 1013842 | 1045332 | 917699 | 876155 |
| 466751 | 533265 | 567157 | 434556 | 453780 | 383065 |
| 1334636 | 1118478 | 971146 | 1058094 | 1078352 | 823128 |
| 68850 | 64512 | 125208 | 75748 | 67985 | 95461 |
| — | 491087 | 470245 | 539446 | 510138 | 444010 |
| — | 7433 | 12849 | 10384 | 9302 | 12161 |
| 280391 | 277162 | 366496 | 424918 | 350609 | 377301 |
| 233931 | 231702 | 252312 | 250499 | 194603 | 180597 |
| 4304 | 6498 | 8852 | 12688 | 11971 | 10708 |
| 112532 | 113344 | 128742 | 116864 | 128026 | 117782 |
| 27 | 26 | 104 | 135 | 129 | 29 |
| 71141 | 159029 | 364584 | 294649 | 248845 | 208793 |
| 3 | 4 | 7 | 1 | — | 10 |
| 224382 | 431956 | 604705 | 575884 | 821589 | 824888 |

# 2013—2022 年主要林草

| 产品 | | | 单位 | 2013 年 | 2014 年 | 2015 年 | 2016 年 |
|---|---|---|---|---|---|---|---|
| 水果 | 鲜龙眼 | 出口 | 吨 | 1892 | 1754 | 3915 | 2760 |
| | | 进口 | 吨 | 365227 | 326079 | 354149 | 348455 |
| | 鲜火龙果 | 出口 | 吨 | 347 | 179 | 146 | 240 |
| | | 进口 | 吨 | 538542 | 603876 | 813480 | 523373 |
| | 樱桃 | 出口 | 吨 | — | — | — | — |
| | | 进口 | 吨 | — | — | — | — |
| | 椰子 | 出口 | 吨 | — | — | — | — |
| | | 进口 | 吨 | — | — | — | — |
| 坚果 | 核桃 | 出口 | 吨 | 18189 | 17571 | 13660 | 9151 |
| | | 进口 | 吨 | 28385 | 26409 | 13137 | 12380 |
| | 板栗 | 出口 | 吨 | 39046 | 35594 | 34590 | 32884 |
| | | 进口 | 吨 | 11788 | 9874 | 6694 | 7213 |
| | 松子仁 | 出口 | 吨 | 10683 | 11428 | 13444 | 13771 |
| | | 进口 | 吨 | 1948 | 3750 | 4228 | 6638 |
| | 开心果 | 出口 | 吨 | 5193 | 3360 | 2596 | 2082 |
| | | 进口 | 吨 | 13651 | 10779 | 11348 | 18331 |
| | 扁桃仁 | 出口 | 吨 | — | — | — | — |
| | | 进口 | 吨 | — | — | — | — |
| | 腰果 | 出口 | 吨 | — | — | — | — |
| | | 进口 | 吨 | — | — | — | — |
| 干果 | 梅干及李干 | 出口 | 吨 | 1504 | 935 | 469 | 497 |
| | | 进口 | 吨 | 6838 | 1613 | 1171 | 3421 |
| | 龙眼干、肉 | 出口 | 吨 | 193 | 216 | 297 | 291 |
| | | 进口 | 吨 | 64471 | 35810 | 16203 | 33729 |
| | 柿饼 | 出口 | 吨 | 5036 | 5492 | 3113 | 4013 |
| | | 进口 | 吨 | — | — | — | — |
| | 红枣 | 出口 | 吨 | 7784 | 7822 | 9573 | 11027 |
| | | 进口 | 吨 | 1 | 1 | — | 4 |
| | 葡萄干 | 出口 | 吨 | 36005 | 30201 | 25500 | 28770 |
| | | 进口 | 吨 | 20073 | 22592 | 34818 | 37087 |
| 果汁 | 柑橘属果汁 | 出口 | 吨 | 5661 | 5265 | 5076 | 4323 |
| | | 进口 | 吨 | 70459 | 69701 | 64356 | 66268 |
| | 苹果汁 | 出口 | 吨 | 601490 | 458590 | 474959 | 507390 |
| | | 进口 | 吨 | 1769 | 2747 | 4770 | 5600 |
| 草产品 | 草种子 | 出口 | 吨 | — | — | — | — |
| | | 进口 | 吨 | — | — | — | — |
| | 草饲料 | 出口 | 吨 | — | — | — | — |
| | | 进口 | 吨 | — | — | — | — |

说明：

①原始数据来源：海关总署。

②表中数据体积与重量按刨花板 650 千克/立方米，单板 750 千克/立方米的标准换算；纤维板折算标准：密度>800 千克/500 千克/立方米的取 425 千克/立方米、密度<350 千克/立方米的取 250 千克/立方米。

③木浆中未包括从回收纸和纸板中提取的木浆。

④纸和纸制品中未包括回收的废纸和纸板、印刷品、手稿等。

⑤2012—2019 年按木纤维浆(原生木浆和废纸中的木浆)比例折算，纸和纸制品出口量按纸和纸产品中木浆比例折算，出0.91；2019 年为 0.89；2019—2022 年为 1.0。

⑥核桃、板栗、开心果、扁桃仁和腰果的进(出)口量包括未去壳的和去壳的果仁，去壳的果仁按出仁率折算为未去壳数

⑦柑橘属水果中包括橙、葡萄柚、柚、蕉柑、其他柑橘、柠檬酸橙、其他柑橘属水果。

# 产品进出口数量(二)

| 2017 年 | 2018 年 | 2019 年 | 2020 年 | 2021 年 | 2022 年 |
|---|---|---|---|---|---|
| 3170 | 3713 | 1628 | 4396 | 5992 | 3167 |
| 528806 | 456603 | 406615 | 346805 | 469020 | 382573 |
| 1092 | 3990 | 5136 | 8048 | 10259 | 9031 |
| 533448 | 510844 | 435716 | 618371 | 587655 | 567821 |
| — | — | 70 | 15 | 16 | 9 |
| — | — | 193587 | 210683 | 313661 | 367015 |
| — | — | 655 | 505 | 519 | 709 |
| — | — | 673216 | 651466 | 892138 | 1095420 |
| 33826 | 51157 | 125343 | 130329 | 229027 | 195326 |
| 12334 | 11114 | 10238 | 7470 | 6511 | 4527 |
| — | 36389 | 39820 | 38949 | 34825 | 37429 |
| — | 7822 | 6641 | 3537 | 5995 | 5324 |
| 16153 | 12750 | 10434 | 11709 | 15959 | 11852 |
| 12980 | 3175 | 539 | 1818 | 13729 | 23069 |
| — | 4939 | 4878 | 2857 | 2234 | 3228 |
| — | 54954 | 114107 | 104522 | 127004 | 44126 |
| — | — | 994 | 1108 | 550 | 2848 |
| — | — | 145741 | 128130 | 171646 | 181754 |
| — | — | 254 | 49 | 201 | 1098 |
| — | — | 91863 | 105430 | 116425 | 150889 |
| 421 | 544 | 896 | 1661 | 1530 | 1968 |
| 4362 | 6304 | 9080 | 11479 | 10420 | 23031 |
| 246 | 410 | 530 | 889 | 1138 | 1030 |
| 57850 | 83965 | 114182 | 133163 | 131762 | 137690 |
| 2614 | 2434 | 2160 | 2630 | 3216 | 3368 |
| 4 | 2 | 1 | — | — | — |
| 9886 | 11172 | 13357 | 16662 | 20434 | 22194 |
| 9 | 3 | 15 | 517 | 1256 | 146 |
| 13792 | 23739 | 40185 | 31388 | 20232 | 17123 |
| 33132 | 37717 | 40666 | 22270 | 25326 | 22681 |
| 4741 | 4553 | 3761 | 3760 | 2961 | 3130 |
| 82451 | 97816 | 104328 | 81865 | 139867 | 151603 |
| 655527 | 558700 | 385966 | 420783 | 419608 | 399780 |
| 7712 | 6445 | 8227 | 7913 | 10640 | 8101 |
| — | 84 | 110 | 62 | 60 | — |
| — | 56296 | 51276 | 61176 | 71559 | 51929 |
| — | 58 | 79 | 30 | 56 | 180 |
| — | 1707104 | 1627174 | 1721993 | 2044320 | 1977097 |

立方米的取 950 千克/立方米、500 千克/立方米<密度<800 千克/立方米的取 650 千克/立方米、350 千克/立方米<密度<

口量的折算系数:2012 年为 0.85;2013 年为 0.88;2014 年为 0.89;2015 年为 0.90;2016 年为 0.92;2017 年为 0.92;2018 为

量,出仁率分别为:核桃 40%、板栗 80%、开心果 50%、扁桃仁 40%、腰果 30%,未去壳的松子按 50%出仁率折算为松子仁。

# 附录七

# 世界主要国家林业情况

ANNEX Ⅶ

# 2020 年世界主要国家森林面积及变化

| 国家(地区) | 森林面积(千公顷) | | | | 森林面积变化 | | | | | |
|---|---|---|---|---|---|---|---|---|---|---|
| | | | | | 1990—2000 年 | | 2000—2010 年 | | 2010—2020 年 | |
| | 1990 年 | 2000 年 | 2010 年 | 2020 年 | 年变化量(千公顷/年) | 年变化率(%) | 年变化量(千公顷/年) | 年变化率(%) | 年变化量(千公顷/年) | 年变化率(%) |
| **非洲** | | | | | | | | | | |
| 中非 | 23203 | 22903 | 22603 | 22303 | -30.0 | -0.13 | -30.0 | -0.13 | -30.0 | -0.13 |
| 刚果(金) | 150629 | 143899 | 137169 | 126155 | -673.0 | -0.46 | -673.0 | -0.48 | -1101.4 | -0.83 |
| 加蓬 | 23762 | 23700 | 23649 | 23531 | -6.2 | -0.03 | -5.1 | -0.02 | -11.9 | -0.05 |
| 苏丹 | 23570 | 21826 | 20081 | 18360 | -174.4 | -0.77 | -174.5 | -0.83 | -172.2 | -0.89 |
| **亚洲** | | | | | | | | | | |
| 日本 | 24950 | 24876 | 24966 | 24935 | -7.4 | -0.03 | 9.0 | 0.04 | -3.1 | -0.01 |
| 蒙古 | 14352 | 14264 | 14184 | 14173 | -8.8 | -0.06 | -8.0 | -0.06 | -1.1 | -0.01 |
| 韩国 | 6551 | 6476 | 6387 | 6287 | -7.5 | -0.12 | -8.9 | -0.14 | -10.0 | -0.16 |
| 印度尼西亚 | 118545 | 101280 | 99659 | 92133 | -1726.5 | -1.56 | -162.1 | -0.16 | -752.6 | -0.78 |
| 老挝 | 17843 | 17425 | 16941 | 16596 | -41.8 | -0.24 | -48.5 | -0.28 | -34.5 | -0.21 |
| 马来西亚 | 20619 | 19691 | 18948 | 19114 | -92.7 | -0.46 | -74.4 | -0.38 | 16.6 | 0.09 |
| 缅甸 | 39218 | 34868 | 31441 | 28544 | -435.0 | -1.17 | -342.7 | -1.03 | -289.7 | -0.96 |
| 泰国 | 19361 | 18998 | 20073 | 19873 | -36.3 | -0.19 | 107.5 | 0.55 | -20.0 | -0.10 |
| 越南 | 9376 | 11784 | 13388 | 14643 | 240.8 | 2.31 | 160.4 | 1.28 | 125.5 | 0.90 |
| **欧洲** | | | | | | | | | | |
| 芬兰 | 21875 | 22446 | 22242 | 22409 | 57.0 | 0.26 | -20.4 | -0.09 | 16.7 | 0.07 |
| 法国 | 14436 | 15288 | 16419 | 17253 | 85.2 | 0.58 | 113.1 | 0.72 | 83.4 | 0.50 |
| 德国 | 11300 | 11354 | 11409 | 11419 | 5.4 | 0.05 | 5.5 | 0.05 | 1.0 | 0.01 |
| 意大利 | 7590 | 8369 | 9028 | 9566 | 78.0 | 0.98 | 65.9 | 0.76 | 53.8 | 0.58 |
| 俄罗斯 | 808950 | 809269 | 815136 | 815312 | 31.9 | — | 586.7 | 0.07 | 17.6 | — |
| 西班牙 | 13905 | 17094 | 18545 | 18572 | 318.9 | 2.09 | 145.1 | 0.82 | 2.7 | 0.01 |
| 瑞典 | 28063 | 28163 | 28073 | 27980 | 10.0 | 0.04 | -9.0 | -0.03 | -9.3 | -0.03 |
| **北美洲和中美洲** | | | | | | | | | | |
| 加拿大 | 348273 | 347802 | 347322 | 346928 | -47.1 | -0.01 | -48.0 | -0.01 | -39.4 | -0.01 |
| 墨西哥 | 70592 | 68381 | 66943 | 65692 | -221.0 | -0.32 | -143.8 | -0.21 | -125.1 | -0.19 |
| 美国 | 302450 | 303536 | 308720 | 309795 | 108.6 | 0.04 | 518.4 | 0.17 | 107.5 | 0.03 |
| **大洋洲** | | | | | | | | | | |
| 澳大利亚 | 133882 | 131814 | 129546 | 134005 | -206.8 | -0.16 | -226.8 | -0.17 | 445.9 | 0.34 |
| 新西兰 | 9372 | 9850 | 9848 | 9893 | 47.8 | 0.50 | -0.2 | — | 4.4 | 0.05 |
| 巴布亚新几内亚 | 36400 | 36278 | 36179 | 35856 | -12.2 | -0.03 | -9.9 | -0.03 | -32.3 | -0.09 |
| **南美洲** | | | | | | | | | | |
| 巴西 | 588898 | 551089 | 511581 | 496620 | -3780.9 | -0.66 | -3950.8 | -0.74 | -1496.1 | -0.30 |
| 智利 | 15246 | 15817 | 16725 | 18211 | 57.1 | 0.37 | 90.8 | 0.56 | 148.5 | 0.85 |
| 哥伦比亚 | 64958 | 62736 | 60808 | 59142 | -222.3 | -0.35 | -192.8 | -0.31 | -166.6 | -0.28 |
| 苏里南 | 15378 | 15341 | 15300 | 15196 | -3.7 | -0.02 | -4.1 | -0.03 | -10.4 | -0.07 |
| 委内瑞拉 | 52026 | 49151 | 47505 | 46231 | -287.5 | -0.57 | -164.6 | -0.34 | -127.4 | -0.27 |

说明:资料来源为联合国粮食及农业组织《2020 年全球森林资源评估报告》。

# 2019年世界主要国家林产品产量、贸易量和消费量(一)

| 国家(地区) | 原木(千立方米) | | | | 锯材(千立方米) | | | |
|---|---|---|---|---|---|---|---|---|
| | 产量 | 消费量 | 进口量 | 出口量 | 产量 | 消费量 | 进口量 | 出口量 |
| **世界总计** | **3969368** | **3973611** | **150068** | **145825** | **488916** | **481782** | **149171** | **156305** |
| **非洲合计** | **784386** | **779164** | **2139** | **7361** | **11993** | **17219** | **8423** | **3197** |
| 刚果(金) | 91313 | 91231 | 16 | 98 | 150 | 130 | — | 20 |
| 加蓬 | 3209 | 3165 | 5 | 49 | 901 | 55 | — | 847 |
| 尼日利亚 | 76563 | 75961 | 2 | 604 | 2002 | 1988 | 2 | 16 |
| 南非 | 28323 | 28528 | 928 | 722 | 2242 | 2183 | 159 | 219 |
| 乌干达 | 49507 | 49507 | — | — | 440 | 440 | — | — |
| **亚洲合计** | **1165381** | **1242970** | **80754** | **3164** | **139289** | **196525** | **65270** | **8033** |
| 印度 | 351761 | 356004 | 4250 | 6 | 6889 | 8260 | 1382 | 11 |
| 印度尼西亚 | 123757 | 124514 | 794 | 36 | 2640 | 2553 | 274 | 361 |
| 日本 | 30349 | 32266 | 3049 | 1131 | 9032 | 14593 | 5708 | 147 |
| 马来西亚 | 17208 | 15981 | 151 | 1378 | 3392 | 2027 | 443 | 1808 |
| 韩国 | 4577 | 8858 | 4282 | 1 | 2052 | 4023 | 1992 | 22 |
| 泰国 | 33033 | 33062 | 39 | 11 | 4500 | 1216 | 640 | 3924 |
| 越南 | 57335 | 59918 | 2628 | 46 | 6000 | 8422 | 2657 | 235 |
| **欧洲合计** | **814950** | **795829** | **60059** | **79180** | **172151** | **115415** | **44354** | **101090** |
| 芬兰 | 63964 | 68840 | 6323 | 1447 | 11390 | 3015 | 595 | 8970 |
| 法国 | 49869 | 46946 | 1440 | 4364 | 7813 | 9105 | 2765 | 1473 |
| 德国 | 76167 | 75059 | 7588 | 8696 | 24573 | 20225 | 5198 | 9546 |
| 意大利 | 18367 | 22118 | 4177 | 426 | 1554 | 5571 | 4534 | 517 |
| 波兰 | 44084 | 40975 | 1215 | 4324 | 5000 | 5313 | 1354 | 1041 |
| 俄罗斯 | 218400 | 202374 | 6 | 16032 | 44466 | 11152 | 48 | 33362 |
| 瑞典 | 75500 | 83484 | 8870 | 887 | 18730 | 6636 | 540 | 12633 |
| **北美洲合计** | **604297** | **595257** | **6755** | **15795** | **124961** | **117511** | **26876** | **34326** |
| 加拿大 | 145168 | 142251 | 4712 | 7629 | 42489 | 15710 | 1533 | 28312 |
| 美国 | 459129 | 453000 | 2037 | 8166 | 82472 | 101782 | 25323 | 6013 |
| **大洋洲合计** | **86799** | **51446** | **20** | **35373** | **9377** | **7782** | **703** | **2298** |
| 澳大利亚 | 36799 | 30437 | 5 | 6368 | 4635 | 4988 | 571 | 218 |
| 新西兰 | 35969 | 13310 | 7 | 22666 | 4340 | 2464 | 66 | 1942 |
| 巴布亚新几内亚 | 9605 | 5852 | — | 3753 | 220 | 108 | — | 112 |
| **拉美和加勒比合计** | **513555** | **508945** | **342** | **4953** | **31146** | **27329** | **3544** | **7362** |
| 巴西 | 266288 | 265288 | 25 | 1025 | 10240 | 7643 | 27 | 2624 |
| 智利 | 63717 | 63366 | 2 | 353 | 8151 | 4499 | 24 | 3676 |
| 墨西哥 | 46477 | 46503 | 82 | 56 | 3362 | 5490 | 2141 | 13 |
| 乌拉圭 | 16037 | 14109 | 13 | 1942 | 528 | 282 | 7 | 253 |

说明:资料来源为联合国粮食及农业组织《林产品年鉴 2019》。

# 2019 年世界主要国家林产品产量、贸易量和消费量(二)

| 国家(地区) | 人造板(千立方米) | | | | 木浆(千吨) | | | | 纸和纸板(千吨) | | | |
|---|---|---|---|---|---|---|---|---|---|---|---|---|
| | 产量 | 消费量 | 进口量 | 出口量 | 产量 | 消费量 | 进口量 | 出口量 | 产量 | 消费量 | 进口量 | 出口量 |
| **世界总计** | **357651** | **358796** | **88861** | **37716** | **190351** | **189273** | **67341** | **68419** | **404288** | **401895** | **110451** | **112843** |
| **非洲合计** | **3017** | **6509** | **4013** | **521** | **2411** | **2322** | **1059** | **1147** | **3062** | **7752** | **5382** | **693** |
| 刚果(金) | 2 | 6 | 4 | — | — | 1 | 1 | — | — | 1 | 13 | — |
| 加蓬 | 42 | 13 | — | 29 | — | — | — | — | — | 3 | 6 | 3 |
| 尼日利亚 | 96 | 444 | 362 | 14 | 23 | 52 | 29 | — | 19 | 393 | 381 | 7 |
| 南非 | 1513 | 1715 | 462 | 261 | 2221 | 1255 | 177 | 1142 | 1801 | 2077 | 710 | 434 |
| 乌干达 | 80 | 37 | 1 | 44 | — | — | — | — | — | 89 | 90 | 1 |
| **亚洲合计** | **196321** | **193613** | **23527** | **26234** | **38322** | **70670** | **39759** | **7410** | **194566** | **200934** | **29359** | **22991** |
| 印度 | 12286 | 12993 | 832 | 125 | 3362 | 4968 | 1610 | 4 | 17284 | 18866 | 3113 | 1531 |
| 印度尼西亚 | 5039 | 2098 | 310 | 3251 | 8364 | 4423 | 1444 | 5385 | 11953 | 7873 | 772 | 4853 |
| 日本 | 5130 | 8630 | 3643 | 142 | 8560 | 9909 | 1691 | 342 | 25376 | 25199 | 1574 | 1751 |
| 马来西亚 | 4050 | 2465 | 1676 | 3261 | 131 | 323 | 457 | 265 | 1750 | 3032 | 1670 | 389 |
| 韩国 | 2579 | 5144 | 2600 | 35 | 510 | 2701 | 2232 | 41 | 11376 | 9563 | 1100 | 2913 |
| 泰国 | 7976 | 2826 | 306 | 5456 | 1143 | 1544 | 543 | 142 | 5033 | 4690 | 1000 | 1343 |
| 越南 | 2090 | 1901 | 1228 | 1417 | 540 | 939 | 403 | 4 | 1742 | 2550 | 1597 | 789 |
| **欧洲合计** | **90052** | **84768** | **38351** | **43635** | **48573** | **48870** | **18682** | **18385** | **102810** | **89081** | **53240** | **66969** |
| 芬兰 | 1202 | 598 | 382 | 986 | 12000 | 7829 | 347 | 4518 | 9710 | 722 | 3005 | 9293 |
| 法国 | 5294 | 4934 | 2458 | 2818 | 1626 | 2768 | 1708 | 566 | 7325 | 8451 | 4849 | 3724 |
| 德国 | 12487 | 12166 | 5667 | 5987 | 2349 | 5614 | 4480 | 1215 | 22073 | 18230 | 9656 | 13500 |
| 意大利 | 4248 | 6179 | 2839 | 908 | 334 | 3809 | 3590 | 115 | 8901 | 11033 | 5320 | 3188 |
| 波兰 | 11690 | 11617 | 3168 | 3240 | 1235 | 2201 | 1063 | 97 | 4860 | 6697 | 4321 | 2484 |
| 俄罗斯 | 17561 | 12398 | 1217 | 6380 | 8227 | 6183 | 147 | 2191 | 9106 | 7164 | 1240 | 3182 |
| 瑞典 | 619 | 1659 | 1195 | 154 | 12074 | 8398 | 557 | 4233 | 9616 | 1228 | 812 | 9201 |
| **北美洲合计** | **45932** | **53066** | **18108** | **10973** | **68877** | **57049** | **5698** | **17526** | **77630** | **71838** | **11475** | **17268** |
| 加拿大 | 11578 | 5280 | 2765 | 9063 | 16815 | 7537 | 398 | 9676 | 9473 | 5209 | 2434 | 6698 |
| 美国 | 34353 | 47781 | 15337 | 1910 | 52062 | 49512 | 5300 | 7850 | 68157 | 66627 | 9039 | 10569 |
| **大洋洲合计** | **3042** | **3563** | **1169** | **647** | **2936** | **2306** | **338** | **968** | **3935** | **4030** | **1636** | **1541** |
| 澳大利亚 | 1732 | 2676 | 1014 | 70 | 1521 | 1808 | 287 | — | 3213 | 3215 | 1124 | 1121 |
| 新西兰 | 1235 | 779 | 113 | 569 | 1415 | 498 | 49 | 967 | 722 | 747 | 443 | 418 |
| 巴布亚新几内亚 | 64 | 60 | 3 | 8 | — | — | — | — | — | 34 | 34 | — |
| **拉美和加勒比合计** | **19289** | **17277** | **3693** | **5705** | **29232** | **8057** | **1806** | **22982** | **22285** | **28261** | **9358** | **3382** |
| 巴西 | 11808 | 8263 | 18 | 3563 | 20277 | 5042 | 256 | 15501 | 10534 | 9111 | 598 | 2021 |
| 智利 | 3199 | 2280 | 334 | 1253 | 5293 | 591 | 18 | 4719 | 1015 | 1121 | 647 | 542 |
| 墨西哥 | 1043 | 2189 | 1230 | 84 | 123 | 907 | 788 | 4 | 5805 | 9118 | 3561 | 248 |
| 乌拉圭 | 238 | 83 | 45 | 200 | 2618 | 25 | 6 | 2599 | 54 | 121 | 70 | 3 |